新HSK 필수어휘로
시험에 착! 착!
3단계 암기법으로
예문을 통해 암기하는

착! 붙는 新HSK 단어장

서정진, 이승우 지음

1~3급

시사중국어사

WOW

착! 붙는 新HSK 단어장 1~3급

新HSK 단어장 1~4급

초판발행	2018년 11월 1일
1판 3쇄	2023년 8월 10일
저자	서정진, 이승우
편집	최미진, 연윤영, 高霞, 엄수연
펴낸이	엄태상
디자인	진지화
콘텐츠 제작	김선웅, 장형진
마케팅본부	이승욱, 왕성석, 노원준, 조성민, 이선민
경영기획	조성근, 최성훈, 김다미, 최수진, 오희연
물류	정종진, 윤덕현, 신승진, 구윤주
펴낸곳	시사중국어사(시사북스)
주소	서울시 종로구 자하문로 300 시사빌딩
주문 및 문의	1588-1582
팩스	0502-989-9592
홈페이지	http://www.sisabooks.com
이메일	book_chinese@sisadream.com
등록일자	1988년 2월 12일
등록번호	제300 - 2014 - 89호

ISBN 979-11-5720-119-8 (14720)
979-11-5720-118-1 (set)

머리말

"HSK 시험을 준비하려는 데, 문제만 열심히 풀면 될까요?"
"단어를 외워야 하는데 너무 안 외워져요."

新HSK 1~4급 시험을 준비하려면 문제를 많이 풀어서 문제 유형에 익숙해지는 것도 중요하지만, 무엇보다도 HSK 시험을 주관하는 중국 한반에서 공식 지정한 1~4급 1,200단어를 외우는 것이 기본입니다. 하지만 무턱대고 1번 단어부터 알파벳 순으로 외운다면 잘 외워지지도 않고, 지루해서 쉽게 포기하게 될 뿐만 아니라 어렵게 외우고 나서도 금방 잊어버리곤 합니다.

하지만 만약 단어의 의미에 따라 주제별, 기능별로 나누고 관련 있는 단어들을 함께 학습한다면 좀 더 효율적인 학습이 될 수 있을 거라 생각합니다. 그리고 중국어 단어의 의미를 이해할 때, 한국어 뜻을 바로 먼저 보기 전에 한국어 문장 속에 섞여서 쓰여진 단어의 의미를 추측해본 다음 한국어 뜻을 본다면 좀 더 오래 기억할 수 있을 것입니다.

이 책은 1~4급 1,200단어를 우선 난이도별로 1~3급 600단어, 4급 600단어 두 부분으로 나누고, 각각 단어의 의미에 따라 주제별, 기능별 단어로 다시 분류했습니다. 주제별 단어는 개인생활, 일상생활, 사회생활, 시간과 장소, 자연, 감정과 태도, 성질과 상태, 행위, 동작, 기타 등 9가지 챕터로 나누고, 기능별 단어는 품사별로 대사, 수사, 양사, 개사, 조사, 부사, 접속사, 조동사 등 8가지 챕터로 나누어 정리하여 연관된 단어들을 함께 학습할 수 있도록 구성했습니다.

각 단어마다 발음, 품사, 뜻, 유의어, 반의어, 예문을 제시하여 사전 없이도 HSK 필수 단어를 학습할 수 있도록 했습니다. 뜻이 여러 개 있는 단어의 경우에는 의미 별로 각각 예문을 제시하여 차이점을 명확하게 알 수 있도록 했고, 어법상 중요한 단어나 사용할 때 주의해야 하는 점은 TIP으로 정리해서 꼼꼼하게 학습하도록 구성했습니다.

특히 1~3급 단어의 경우는 한국어 문장에 중국어 단어를 섞어 쓰는 방법으로 구성하여, 학습자들의 흥미와 학습효과를 높이고자 했습니다. 예를 들어 '灯'이라는 단어를 학습할 때 '방 안이 왜 이렇게 어두운가요? 빨리 灯을 켜세요.' 라는 문장을 먼저 제시하여 '灯'의 의미를 추측해보도록 하고, 아래쪽에 '灯 dēng 명 등, 등불'이라고 설명해줌으로써 단어를 보다 기억하기 쉽게 설계했습니다.

여기에 수록된 1,200개의 단어는 HSK 시험뿐만 아니라 회화나 작문 등 중국어 학습에 꼭 필요한 기본 단어이기도 합니다. 따라서 이 단어들을 습득하게 되면 일상 회화 및 비즈니스 회화 등을 익히는 데도 많은 도움이 될 수 있고, 중국어 실력을 튼튼히 하는 밑거름이 될 것입니다.

끝으로 이 책이 나올 수 있도록 도움을 주신 故엄호열 회장님과 시사중국어사 대표님 및 직원분들, 주위에서 격려해주신 많은 분들께 감사드리며, 이 책이 여러분의 중국어 학습에 조금이나마 도움이 될 수 있기를 바랍니다.

서정진, 이승우

차례

기능별 어휘

이 책의 구성

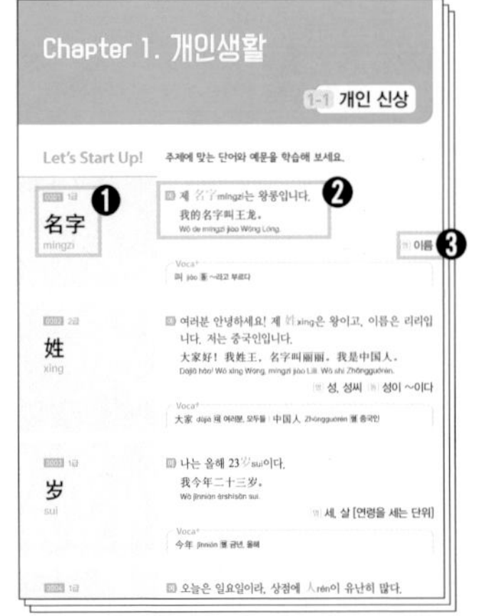
Chapter 1. 개인생활

1-1 개인 신상

Let's Start Up! 주제에 맞는 단어와 예문을 학습해 보세요.

名字 mingzi

제 名字mingzi는 왕룡입니다.
我的名字叫王龙。
Wǒ de míngzi jiào Wáng Lóng.

이름

姓 xìng

여러분 안녕하세요! 제 姓xìng은 왕이고, 이름은 리리입니다. 저는 중국인입니다.
大家好！我姓王，名字叫丽丽。我是中国人。

성, 성씨 / 성이 ~이다

岁 suì

나는 올해 23岁suì이다.
我今年二十三岁。

세, 살 [연령을 세는 단위]

오늘은 일요일이라, 상점에 人rén이 유난히 많다.

Let's start up!

新 HSK 시험에 출제 빈도가 높은 엄선된 단어를 적절한 예문을 통해 학습해 보세요! 학습에 도움이 되는 3단계 학습법으로 먼저 예문 속 쓰임을 통해 단어의 뜻을 유추해 보세요!

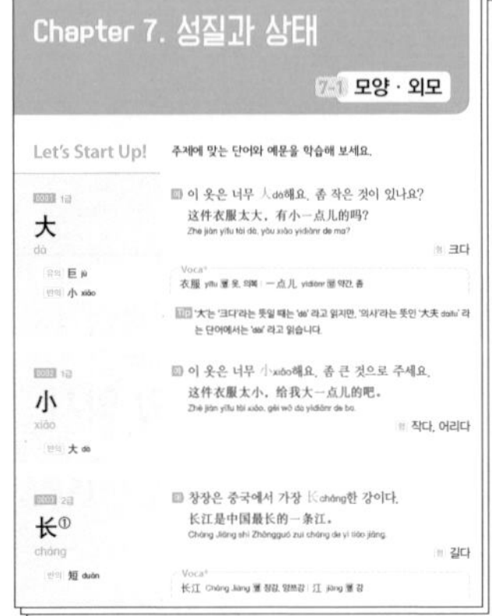
Chapter 7. 성질과 상태

7-1 모양 · 외모

Let's Start Up! 주제에 맞는 단어와 예문을 학습해 보세요.

大 dà

이 옷은 너무 大dà해요. 좀 작은 것이 있나요?
这件衣服太大，有小一点儿的吗？

크다

小 xiǎo

이 옷은 너무 小xiǎo해요. 좀 큰 것으로 주세요.
这件衣服太小，给我大一点儿的吧。

작다, 어리다

长 cháng

창장은 중국에서 가장 长cháng한 강이다.
长江是中国最长的一条江。

길다

Voca+

예문 속에 등장하는 단어를 모아 실었습니다.

TIP

한층 더 깊이 있는 설명을 통해 이해를 도와줍니다. 또한, 다양한 상황에 활용하기에도 좋습니다!

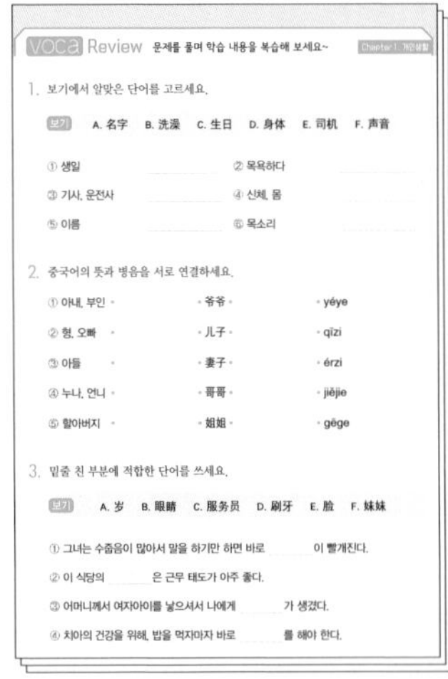
Voca Review 문제를 풀어 학습 내용을 복습해 보세요~

1. 보기에서 알맞은 단어를 고르세요.

보기 A. 名字 B. 洗澡 C. 生日 D. 身体 E. 司机 F. 声音

① 생일 ② 목욕하다
③ 기사, 운전사 ④ 신체, 몸
⑤ 이름 ⑥ 목소리

2. 중국어의 뜻과 병음을 서로 연결하세요.

① 아내, 부인 · 爷爷 · yéye
② 형, 오빠 · 儿子 · qīzi
③ 아들 · 妻子 · érzi
④ 누나, 언니 · 哥哥 · jiějie
⑤ 할아버지 · 姐姐 · gēge

3. 밑줄 친 부분에 적합한 단어를 쓰세요.

보기 A. 岁 B. 眼睛 C. 服务员 D. 刷牙 E. 脸 F. 妹妹

① 그녀는 수줍음이 많아서 말을 하기만 하면 바로 ____ 이 빨개진다.
② 이 식당의 ____ 은 근무 태도가 아주 좋다.
③ 어머니께서 여자아이를 낳으셔서 나에게 ____ 가 생겼다.
④ 치아의 건강을 위해, 밥을 먹자마자 바로 ____ 를 해야 한다.

Voca Review

학습한 단어를 복습해볼 수 있도록 간단한 문제를 구성하였습니다. 꼼꼼하게 풀어보면 실력 체크에 큰 도움이 됩니다.

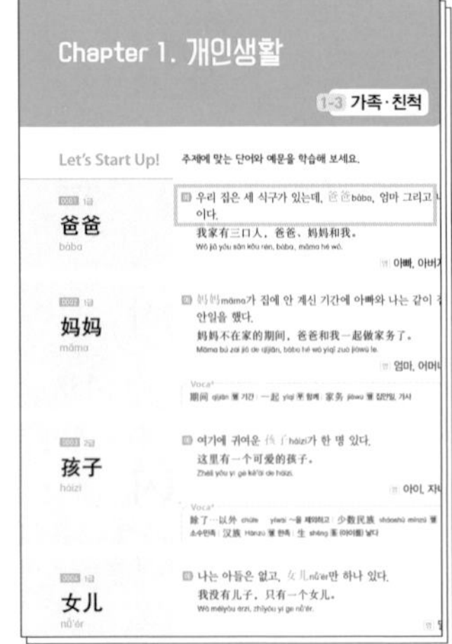
Chapter 1. 개인생활

1-3 가족 · 친척

Let's Start Up! 주제에 맞는 단어와 예문을 학습해 보세요.

爸爸 bàba

우리 집은 세 식구가 있는데, 爸爸bàba, 엄마 그리고 나이다.
我家有三口人，爸爸、妈妈和我。

妈妈 māma

妈妈māma가 집에 안 계신 기간에 아빠와 나는 같이 집안일을 했다.
妈妈不在家的期间，爸爸和我一起做家务了。

孩子 háizi

여기에 귀여운 孩子háizi가 한 명 있다.
这里有一个可爱的孩子。

女儿 nǚ'ér

나는 아들은 없고, 女儿nǚ'ér만 하나 있다.
我没有儿子，只有一个女儿。

1~3급만의 특징!

한국어 해석 중간에 중국어 단어를 넣어서 단어의 의미를 스스로 유추할 수 있습니다. 이처럼 자연스럽게 단어의 뜻을 유추하는 과정을 통해 재미있게 단어를 습득할 수 있고, 외운 단어를 오래 기억할 수 있습니다!

일러두기

- 품사

명사	명 이름 · 개념 등을 가리킨다.
대명사	대 인칭 · 지시 · 의문 대명사 등을 가리킨다.
동사	동 동작 · 상태를 설명한다.
형용사	형 성질 · 모습 · 상태를 설명한다.
조동사	조동 동사 앞에서 의미를 더해준다.
부사	부 동사와 형용사 앞에서 정도 · 시간 · 상태 등을 나타낸다.
접속사	접 단어 · 구 · 절을 연결한다.
개사 (전치사)	개 명사와 대명사 앞에 쓰여 시간 · 장소 · 대상 등을 나타낸다.
조사	조 시제 · 상태 · 어감을 표현한다.
감탄사	감 감정을 나타내는 말을 가리킨다.
수사	수 숫자 표현을 가리킨다.
양사	양 사람이나 사물 등의 수를 세는 단위를 가리킨다.
성어	성 사자성어 · 고사성어를 가리킨다.

- 관계

- 반의어 ▶ 반의
- 유의어 ▶ 유의
- 동의어 ▶ 동의

- 표기

- 중국 인명과 지명 및 기타 고유명사는 중국어 발음으로 표기했습니다.
- 이합동사는 띄어쓰기로 구분했습니다.
- 모든 품사 등의 표기법은 사전에 의거하여 표기했습니다.

新HSK 1~3급

주제별 어휘

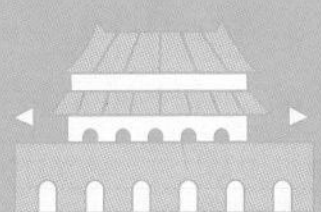

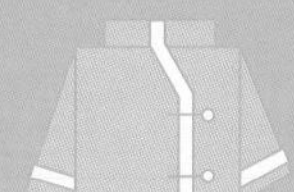

Chapter 1. 개인생활

A1-1 1-1 **개인 신상**

Let's Start Up!

주제에 맞는 단어와 예문을 학습해 보세요.

0001 1급

名字
míngzi

예 제 名字míngzi는 왕룽입니다.
我的名字叫王龙。
Wǒ de míngzi jiào Wáng Lóng.

명 이름

Voca+
叫 jiào 동 ~라고 부르다

0002 2급

姓
xìng

예 여러분 안녕하세요! 제 姓xìng은 왕이고, 이름은 리리입니다. 저는 중국인입니다.
大家好！我姓王，名字叫丽丽。我是中国人。
Dàjiā hǎo! Wǒ xìng Wáng, míngzi jiào Lìli. Wǒ shì Zhōngguórén.

명 성, 성씨 동 성이 ~이다

Voca+
大家 dàjiā 대 여러분, 모두들 | 中国人 Zhōngguórén 명 중국인

0003 1급

岁
suì

예 나는 올해 23岁suì이다.
我今年二十三岁。
Wǒ jīnnián èrshísān suì.

명 세, 살 [연령을 세는 단위]

Voca+
今年 jīnnián 명 금년, 올해

0004 1급

rén

예 오늘은 일요일이라, 상점에 人rén이 유난히 많다.
今天星期天，商店里人特别多。
Jīntiān xīngqītiān, shāngdiàn li rén tèbié duō.

명 사람

Voca+
今天 jīntiān 명 오늘 | 星期天 xīngqītiān 명 일요일 | 商店 shāngdiàn 명 상점 | 里 lǐ 명 안 | 特别 tèbié 부 특히, 유난히

0005 2급

生日
shēngrì

예 내일은 어머니의 生日shēngrì이다. 나는 어머니께 케이크를 사드리고 싶다.

明天是妈妈的生日，我想给她买一个蛋糕。

Míngtiān shì māma de shēngrì, wǒ xiǎng gěi tā mǎi yí ge dàngāo.

명 생일

Voca+

明天 míngtiān 명 내일 | 妈妈 māma 명 엄마 | 想 xiǎng 조동 ~하고 싶다 | 给 gěi 개 ~에게 | 买 mǎi 동 사다 | 蛋糕 dàngāo 명 케이크

0006 2급

女
nǚ

예 우리 반에는 모두 30명의 학생이 있다. 15명의 남학생과 15명의 女nǚ학생이 있다.

我们班一共有三十个学生，有十五个男学生和十五个女学生。

Wǒmen bān yígòng yǒu sānshí ge xuésheng, yǒu shíwǔ ge nán xuésheng hé shíwǔ ge nǚ xuésheng.

명 여자 형 여자의

Voca+

班 bān 명 반, 학급 | 一共 yígòng 부 모두, 합계 | 和 hé 접 그리고

0007 2급

男
nán

예 그녀는 아이 둘을 낳았는데, 모두 男nán이다.

她生了两个孩子，都是男的。

Tā shēng le liǎng ge háizi, dōu shi nán de.

명 남자 형 남자의

Chapter 1. 개인생활

A 1-2 **1-2 신체·건강**

Let's Start Up!

주제에 맞는 단어와 예문을 학습해 보세요.

0001 2급

身体
shēntǐ

예 요즘 당신 부모님 身体shēntǐ는 어떠신가요? 여전히 좋으시죠?
最近你父母身体怎么样？还好吧？
Zuìjìn nǐ fùmǔ shēntǐ zěnmeyàng? Hái hǎo ba?

명 신체, 몸

Voca+
最近 zuìjìn 명 최근, 요즘 | 父母 fùmǔ 명 부모님 | 怎么样? zěnmeyàng? 어때요? | 还 hái 부 여전히

0002 3급

健康
jiànkāng

예 너무 짜고 맵게 먹는 것은 健康jiànkāng에 좋지 않다.
吃得太咸、太辣对健康不好。
Chī de tài xián, tài là duì jiànkāng bù hǎo.

명 건강 형 건강하다

Voca+
吃 chī 동 먹다 | 咸 xián 형 짜다 | 辣 là 형 맵다 | 对 duì 개 ~에 대해

0003 3급

脸
liǎn

예 그녀는 매우 수줍어하는 여자아이이다. 말을 하기만 하면 바로 脸liǎn이 빨개진다.
她是个很害羞的女孩子，一说话就脸红。
Tā shì ge hěn hàixiū de nǚháizi, yì shuō huà jiù liǎn hóng.

명 얼굴

Voca+
害羞 hàixiū 형 부끄러워하다, 수줍어하다 | 孩子 háizi 명 아이 | 红 hóng 형 빨갛다 | 一…就… yī…jiù… ~하자마자 ~하다

0004 2급

眼睛
yǎnjing

예 나는 眼睛yǎnjing이 그다지 좋지 않다. 안경을 쓰지 않으면, 칠판의 글씨가 분명하게 보이지 않는다.
我眼睛不太好，不戴眼镜的话，看不清楚黑板上的字。
Wǒ yǎnjing bú tài hǎo, bú dài yǎnjìng de huà, kàn bu qīngchu hēibǎn shang de zì.

명 눈

Voca+
戴 dài 동 착용하다, 쓰다 | 眼镜 yǎnjìng 명 안경 | 清楚 qīngchu 형 분명하다, 뚜렷하다 | 黑板 hēibǎn 명 칠판 | 字 zì 명 글자, 글씨

0005 3급

鼻子
bízi

예 나는 감기에 걸려서, 머리가 아프고, 기침이 나고, 鼻子bízi도 막혔다.
我得了感冒，头疼、咳嗽、鼻子也不通。
Wǒ dé le gǎnmào, tóu téng、késou、bízi yě bù tōng.

명 코

Voca+
得 dé 동 얻다, (병에) 걸리다 | 感冒 gǎnmào 명 감기 | 头疼 tóu téng 머리가 아프다 | 咳嗽 késou 동 기침하다 | 通 tōng 동 통하다

0006 3급

嘴
zuǐ

예 그는 놀라서 嘴zuǐ가 벌어졌고, 얼굴도 붉어졌다.
他吃惊得张开了嘴，脸也红了。
Tā chījīng de zhāngkāi le zuǐ, liǎn yě hóng le.

명 입

Voca+
吃惊 chījīng 동 놀라다 | 张开 zhāngkāi 동 벌리다, 펼치다 | 脸 liǎn 명 얼굴 | 红 hóng 형 빨갛다

0007 3급

耳朵
ěrduo

예 그는 耳朵ěrduo가 그다지 좋지 않아서 분명하게 들리지 않는다.
他的耳朵不太好，没有听清楚。
Tā de ěrduo bú tài hǎo, méiyǒu tīng qīngchu.

명 귀

Voca+
听 tīng 동 듣다

0008 3급

腿

tuǐ

예 닭은 2개의 腿tuǐ가 있고, 돼지는 4개의 腿tuǐ가 있다.

鸡有两条腿，猪有四条腿。

Jī yǒu liǎng tiáo tuǐ, zhū yǒu sì tiáo tuǐ.

명 다리

Voca+

鸡 jī 명 닭 | 两 liǎng 수 둘 | 条 tiáo 양 가늘고 긴 것을 세는 단위 | 猪 zhū 명 돼지

0009 3급

脚

jiǎo

반의 手 shǒu

예 버스에 사람이 매우 많아서 내 脚jiǎo가 밟혔다.

在公共汽车上人挺多的，我的脚被踩了。

Zài gōnggòng qìchē shang rén tǐng duō de, wǒ de jiǎo bèi cǎi le.

명 발

Voca+

公共汽车 gōnggòng qìchē 명 버스 | 挺 tǐng 부 매우, 무척 | 被 bèi 개 당하다 [피동을 나타냄] | 踩 cǎi 동 밟다

0010 3급

个子

gèzi

예 그는 个子gèzi가 1m 80cm이다. 우리반 학생들 중 가장 크다.

他个子一米八，在我们班同学中最高。

Tā gèzi yì mǐ bā, zài wǒmen bān tóngxué zhōng zuì gāo.

명 키, 체격

Voca+

米 mǐ 양 미터 | 最 zuì 부 가장 | 高 gāo 형 (키가) 크다, 높다

0011 3급

声音

shēngyīn

예 내 여동생이 말하는 声音shēngyīn은 무척 듣기 좋다.

我妹妹说话的声音特别好听。

Wǒ mèimei shuō huà de shēngyīn tèbié hǎotīng.

명 (목)소리

Voca+

妹妹 mèimei 명 여동생 | 好听 hǎotīng 형 듣기 좋다

0012 3급

头发

tóufa

예 그 남자아이는 头发tóufa가 아주 까맣고, 눈이 무척 크며, 얼굴이 매우 둥글다.

那个男孩儿头发黑黑的，眼睛大大的，脸圆圆的。

Nàge nánháir tóufa hēihēi de, yǎnjing dàdā de, liǎn yuányuān de.

명 머리카락, 두발

Voca+

男孩儿 nánháir 명 남자아이 | 黑 hēi 형 까맣다 | 圆 yuán 형 둥글다

0013 2급

生病
shēng bìng

예 그는 최근에 자주 生病shēng bìng한다. 감기에 걸리거나 아니면 열이 난다.

他最近常常生病，不是感冒就是发烧。
Tā zuìjìn chángcháng shēng bìng, bú shì gǎnmào jiù shì fā shāo.

동 병이 나다

Voca+
常常 chángcháng 부 종종, 자주 | 不是 A 就是 B bú shì A jiù shì B A이거나 아니면 B이다 | 发烧 fā shāo 동 열이 나다

0014 2급

药
yào

예 의사 선생님이 나에게 药yào를 처방해주셔서 나는 매일 아침 2알씩 먹어야 한다.

医生给我开药，要我每天早上吃两片。
Yīshēng gěi wǒ kāi yào, yào wǒ měitiān zǎoshang chī liǎng piàn.

명 약

Voca+
医生 yīshēng 명 의사 | 开药 kāi yào 동 약을 처방하다 | 每天 měitiān 명 매일 | 早上 zǎoshang 명 아침 | 片 piàn 양 알 [알갱이를 세는 단위]

0015 3급

锻炼
duànliàn

예 태극권을 하는 것은 일종의 신체를 锻炼duànliàn하는 방법이다.

打太极拳是一种锻炼身体的方法。
Dǎ tàijíquán shì yì zhǒng duànliàn shēntǐ de fāngfǎ.

동 단련하다

Voca+
打 dǎ 동 (운동 등을) 하다 | 太极拳 tàijíquán 명 태극권 | 一种 yì zhǒng 일종의 | 方法 fāngfǎ 명 방법

0016 3급

发烧
fā shāo

예 간호사가 나에게 체온을 재 주었는데, 39도였다. 发烧fā shāo였다.

护士给我量了体温，39度，发烧了。
Hùshi gěi wǒ liáng le tǐwēn, sānshíjiǔ dù, fā shāo le.

동 열이 나다

Voca+
护士 hùshi 명 간호사 | 量 liáng 동 재다, 측정하다 | 体温 tǐwēn 명 체온 | 度 dù 양 도 [온도를 측정하는 단위]

0017 3급

感冒

gǎnmào

예 어제 날씨가 추웠다. 오늘 일어났을 때 나는 몸이 불편하다고 느꼈는데, 感冒gǎnmào였다.

昨天天气很冷，今天起床的时候我觉得不舒服，感冒了。

Zuótiān tiānqì hěn lěng, jīntiān qǐ chuáng de shíhou wǒ juéde bù shūfu, gǎnmào le.

동 감기에 걸리다 명 감기

Voca+

昨天 zuótiān 명 어제 | 天气 tiānqì 명 날씨 | 冷 lěng 형 춥다 | 起床 qǐ chuáng 동 일어나다, 기상하다 | 时候 shíhou 명 ~할 때 | 觉得 juéde 동 생각하다, 느끼다 | 舒服 shūfu 형 편하다

0018 3급

疼

téng

유의 痛 tòng

예 많이 먹었더니, 바로 배가 疼téng하기 시작했다.

吃多了，肚子就疼起来了。

Chīduō le, dùzi jiù téng qǐlái le.

형 아프다 동 몹시 아끼다

Voca+

肚子 dùzi 명 배

0019 3급

刷牙

shuā yá

예 치아의 건강을 위해, 밥을 먹자마자 바로 刷牙shuā yá를 해야 한다.

为了牙齿的健康，你吃完饭就应该刷牙。

Wèile yáchǐ de jiànkāng, nǐ chīwán fàn jiù yīnggāi shuā yá.

동 양치하다, 이를 닦다

Voca+

为了 wèile 개 ~를 위해 | 牙齿 yáchǐ 명 치아, 이빨 | 应该 yīnggāi 조동 ~해야만 한다

Tip '牙刷 yáshuā'는 '칫솔'이라는 뜻입니다. 혼동하지 마세요.

0020 3급

洗澡

xǐ zǎo

예 나는 방금 전기온수기를 한 대 샀다. 앞으로는 매일 洗澡xǐ zǎo를 할 수 있다.

我刚刚买了一台电热水器，以后就可以每天洗澡了。

Wǒ gānggāng mǎi le yì tái diànrèshuǐqì, yǐhòu jiù kěyǐ měitiān xǐ zǎo le.

동 목욕하다

Voca+

刚刚 gānggāng 부 방금, 금방 | 台 tái 양 대 [가전제품을 세는 단위] | 电热水器 diànrèshuǐqì 명 전기온수기 | 以后 yǐhòu 명 이후, 앞으로

Chapter 1. 개인생활

A1-3

1-3 가족·친척

Let's Start Up!

주제에 맞는 단어와 예문을 학습해 보세요.

0001 1급

爸爸

bàba

예 우리 집은 세 식구가 있는데, 爸爸bàba, 엄마 그리고 나이다.

我家有三口人，爸爸、妈妈和我。

Wǒ jiā yǒu sān kǒu rén, bàba、māma hé wǒ.

명 아빠, 아버지

0002 1급

妈妈

māma

예 妈妈māma가 집에 안 계신 기간에 아빠와 나는 같이 집안일을 했다.

妈妈不在家的期间，爸爸和我一起做家务了。

Māma bú zài jiā de qījiān, bàba hé wǒ yìqǐ zuò jiāwù le.

명 엄마, 어머니

Voca+

期间 qījiān 명 기간 | 一起 yìqǐ 부 함께 | 家务 jiāwù 명 집안일, 가사

0003 2급

孩子

háizi

예 여기에 귀여운 孩子háizi가 한 명 있다.

这里有一个可爱的孩子。

Zhèli yǒu yí ge kě'ài de háizi.

명 아이, 자녀

Voca+

除了…以外 chúle … yǐwài ~을 제외하고 | 少数民族 shǎoshù mínzú 명 소수민족 | 汉族 Hànzú 명 한족 | 生 shēng 동 (아이를) 낳다

0004 1급

女儿

nǚ'ér

반의 儿子 érzi

예 나는 아들은 없고, 女儿nǚ'ér만 하나 있다.

我没有儿子，只有一个女儿。

Wǒ méiyǒu érzi, zhǐyǒu yí ge nǚ'ér.

명 딸

0005 1급

儿子
érzi

반의 女儿 nǚ'ér

예 그의 집에는 儿子érzi가 3명 있다. 이번에 그의 아내가 딸을 낳아서, 그는 매우 기뻐했다.

他家有三个儿子，这次他爱人生了个女儿，他高兴极了。

Tā jiā yǒu sān ge érzi, zhè cì tā àirén shēng le ge nǚ'ér, tā gāoxìng jí le.

명 아들

Voca+
次 cì 양 번, 회 [동작의 횟수를 세는 단위] | 爱人 àirén 명 아내, 남편 | 女儿 nǚ'ér 명 딸 | 高兴 gāoxìng 형 기쁘다 | …极了 …jí le 매우 ~하다

0006 3급

爷爷
yéye

예 爷爷yéye는 아버지의 아버지이다.

爷爷是爸爸的爸爸。

Yéye shì bàba de bàba.

명 할아버지

0007 3급

奶奶
nǎinai

예 奶奶nǎinai는 아버지의 어머니이다.

奶奶是爸爸的妈妈。

Nǎinai shì bàba de māma.

명 할머니

0008 2급

哥哥
gēge

예 나는 누나, 남동생, 여동생은 있는데, 그런데 哥哥gēge만 없다.

我有姐姐、弟弟和妹妹，就是没有哥哥。

Wǒ yǒu jiějie、dìdi hé mèimei, jiùshì méiyǒu gēge.

명 형, 오빠

Voca+
就是 jiùshì 부 단지, 그런데, ~뿐이다

0009 2급

姐姐
jiějie

예 내 남동생은 나를 '姐姐jiějie'라고 부르지 않고, 그냥 내 이름을 부른다.

我弟弟不叫我"姐姐"，只叫我的名字。

Wǒ dìdi bú jiào wǒ "jiějie", zhǐ jiào wǒ de míngzi.

명 누나, 언니

0010 2급

弟弟

dìdi

예 나는 弟弟dìdi가 하나 있는데, 그가 나를 '누나'라고 부를 때 무척 귀엽다.

我有一个弟弟，他叫我"姐姐"的时候特别可爱。

Wǒ yǒu yí ge dìdi, tā jiào wǒ "jiějie" de shíhou tèbié kě'ài.

명 남동생

Voca+

可爱 kě'ài 형 귀엽다

0011 2급

妹妹

mèimei

예 어머니께서 여자아이를 낳으셔서 나에게 妹妹mèimei가 생겼다.

妈妈生了女孩子，我有妹妹了。

Māma shēng le nǚ háizi, wǒ yǒu mèimei le.

명 여동생

0012 3급

叔叔

shūshu

예 아이는 아버지의 친구를 '叔叔shūshu'라고 불러도 된다.

小孩儿可以叫爸爸的朋友"叔叔"。

Xiǎoháir kěyǐ jiào bàba de péngyou "shūshu".

명 숙부, 아저씨, 작은아버지

Voca+

朋友 péngyou 명 친구

0013 3급

阿姨

āyí

예 이 阿姨āyí는 우리 엄마의 친구분이다.

这位阿姨是我妈妈的朋友。

Zhè wèi āyí shì wǒ māma de péngyou.

명 이모, 아줌마

0014 3급

结婚

jié hūn

반의 离婚 líhūn

예 우리 오빠는 지난달에 结婚jié hūn했다. 그는 마침내 가정을 이루었다.

我哥哥上个月结婚了，他终于成家了。

Wǒ gēge shàng ge yuè jié hūn le, tā zhōngyú chéng jiā le.

동 결혼하다

Voca+

上个月 shàng ge yuè 명 지난달 | 结婚 jié hūn 동 결혼하다 | 终于 zhōngyú 부 마침내, 결국 | 成家 chéng jiā 동 가정을 이루다

Tip '结婚'은 동사와 목적어로 이루어진 이합동사입니다. '내가 그와 결혼하다'라는 표현을 할 때 '我结婚他'라고 하지 않도록 주의하세요. '我跟他结婚'이라고 해야 합니다.

0015 2급

妻子

qīzi

반의 丈夫 zhàngfu

예 중국의 가정에서는 누가 밥을 하나요? 妻子qīzi 아니면 남편?

在中国的家庭里，谁做饭？妻子还是丈夫？

Zài Zhōngguó de jiātíng li, shéi zuò fàn? Qīzi háishi zhàngfu?

명 아내, 부인

Voca+

家庭 jiātíng 명 가정

0016 2급

丈夫

zhàngfu

반의 妻子 qīzi

예 '장 타이타이'는 그녀의 丈夫zhàngfu의 성이 장 씨인 것이지, 그녀 자신이 장 씨인 것은 아니다..

"张太太"是她丈夫姓张，她自己并不姓张。

"Zhāng tàitai" shì tā zhàngfu xìng Zhāng, tā zìjǐ bìng bú xìng Zhāng.

명 남편

Voca+

太太 tàitai 명 부인 | 自己 zìjǐ 대 자신, 스스로, 혼자서 | 并不 bìng bù 결코 아니다

Chapter 1. 개인생활

A 1-4

1-4 직업

Let's Start Up! 주제에 맞는 단어와 예문을 학습해 보세요.

0001 1급

医生

yīshēng

유의 大夫 dàifu

예 그는 병원에서 일을 한다. 그는 医生yīshēng이다.

他在医院工作，他是医生。

Tā zài yīyuàn gōngzuò, tā shì yīshēng.

명 의사

Voca+

医院 yīyuàn 명 병원 | 工作 gōngzuò 동 일하다

0002 2급

服务员

fúwùyuán

예 이 식당의 服务员fúwùyuán은 태도가 아주 좋다.

这家饭店的服务员态度很好。

Zhè jiā fàndiàn de fúwùyuán tàidù hěn hǎo.

명 종업원, 웨이터

Voca+

饭店 fàndiàn 명 식당 | 态度 tàidù 명 태도

0003 3급

司机

sījī

예 택시 司机sījī는 매일 회사에 500위안을 내야 한다.

出租车司机每天都要交给公司500元。

Chūzūchē sījī měitiān dōu yào jiāogěi gōngsī wǔbǎi yuán.

명 기사

Voca+

出租车 chūzūchē 명 택시 | 每天 měitiān 명 매일 | 交 jiāo 동 제출하다, 내다 | 公司 gōngsī 명 회사

1. 보기에서 알맞은 단어를 고르세요.

보기 A. 名字 B. 洗澡 C. 生日 D. 身体 E. 司机 F. 声音

① 생일 ________ ② 목욕하다 ________

③ 기사, 운전사 ________ ④ 신체, 몸 ________

⑤ 이름 ________ ⑥ 목소리 ________

2. 중국어의 뜻과 병음을 서로 연결하세요.

① 아내, 부인 •	• 爷爷 •	• yéye
② 형, 오빠 •	• 儿子 •	• qīzi
③ 아들 •	• 妻子 •	• érzi
④ 누나, 언니 •	• 哥哥 •	• jiějie
⑤ 할아버지 •	• 姐姐 •	• gēge

3. 밑줄 친 부분에 적합한 단어를 쓰세요.

보기 A. 岁 B. 眼睛 C. 服务员 D. 刷牙 E. 脸 F. 妹妹

① 그녀는 수줍음이 많아서 말을 하기만 하면 바로 ________ 이 빨개진다.

② 이 식당의 ________ 은 근무 태도가 아주 좋다.

③ 어머니께서 여자아이를 낳으셔서 나에게 ________ 가 생겼다.

④ 치아의 건강을 위해, 밥을 먹자마자 바로 ________ 를 해야 한다.

⑤ 나는 올해 23 ________ 이다.

⑥ 나는 ________ 이 좋지 않아서 안경을 쓰지 않으면 칠판이 보이지 않는다.

■ 정답은 194쪽에 있습니다.

Chapter 2. 일상생활

A 2-1 **2-1 음식**

Let's Start Up!

주제에 맞는 단어와 예문을 학습해 보세요.

0001 1급

菜
cài

예 이 菜cài는 아주 맛있다. 나는 단맛의 菜cài를 좋아한다.
这个菜很好吃，我喜欢甜的菜。
Zhège cài hěn hǎochī, wǒ xǐhuan tián de cài.

명 요리, 채소

Voca+
好吃 hǎochī 형 맛있다 | 喜欢 xǐhuan 동 좋아하다 | 甜 tián 형 달다

0002 1급

吃
chī

예 당신은 쓰촨요리를 吃chī해본 적이 있나요? 쓰촨요리는 약간 매워요.
你吃过四川菜没有？四川菜有点儿辣。
Nǐ chīguo Sìchuān cài méiyou? Sìchuān cài yǒudiǎnr là.

동 먹다

Voca+
有点儿 yǒudiǎnr 부 조금, 약간 | 辣 là 형 맵다

0003 1급

喝
hē

예 당신은 무엇을 喝hē할 건가요? 커피 아니면 차?
你要喝什么？咖啡还是茶？
Nǐ yào hē shénme? Kāfēi háishi chá?

동 마시다

Voca+
咖啡 kāfēi 명 커피 | 还是 háishi 접 또는, 아니면 | 茶 chá 명 차

0004 3급

饿
è

반의 饱 bǎo

예 나는 어제부터 밥을 한 끼도 먹지 못해서 饿è해서 죽을 지경이다.
我从昨天一顿饭也没吃，饿死了。
Wǒ cóng zuótiān yí dùn fàn yě méi chī, è sǐ le.

형 배고프다

Voca+
从 cóng 개 ~부터 | 昨天 zuótiān 명 어제 | 顿 dùn 양 끼니 | 饭 fàn 명 밥 | 死 sǐ 동 죽다

0005 3급

渴

kě

예 나는 목이 渴kě한데, 물 있나요?

我口渴了，有水吗?

Wǒ kǒu kě le, yǒu shuǐ ma?

형 목마르다

Voca+

口 kǒu 명 입, 맛 | 水 shuǐ 명 물

0006 2급

好吃

hǎochī

반의 难吃 nánchī

예 엄마가 만드신 요리는 다 好吃hǎochī해서 나는 무척 좋아한다.

妈妈做的菜都很好吃，我很喜欢。

Māma zuò de cài dōu hěn hǎochī, wǒ hěn xǐhuan.

형 맛있다

0007 3급

甜

tián

반의 苦 kǔ

예 나는 甜tián한 것을 먹는 걸 좋아한다, 특히 초콜릿을.

我很喜欢吃甜的东西，特别是巧克力。

Wǒ hěn xǐhuan chī tián de dōngxi, tèbié shì qiǎokèlì.

형 달다, 달콤하다

Voca+

巧克力 qiǎokèlì 명 초콜릿

0008 3급

米

mǐ

예 요즘에 米mǐ로 만든 국수가 매우 인기가 있다.

最近用米做的面条特别受欢迎。

Zuìjìn yòng mǐ zuò de miàntiáo tèbié shòu huānyíng.

명 쌀

Voca+

用 yòng 동 사용하다, 쓰다 | 面条 miàntiáo 명 국수 | 受 shòu 동 받다 | 欢迎 huānyíng 동 환영하다

0009 1급

米饭

mǐfàn

예 한국인은 米饭mǐfàn을 먹는 것을 좋아한다.

韩国人喜欢吃米饭。

Hánguórén xǐhuan chī mǐfàn.

명 쌀밥

Voca+

韩国人 Hánguórén 명 한국인

0010 3급

面包
miànbāo

예 나는 매일 아침 面包miànbāo 한 조각을 먹고, 우유 한 잔을 마신다.

我天天早上吃一块面包，还喝一杯牛奶。
Wǒ tiāntiān zǎoshang chī yí kuài miànbāo, hái hē yì bēi niúnǎi.

명 빵

Voca+
天天 tiāntiān 명 매일 | 早上 zǎoshang 명 아침 | 块 kuài 양 조각을 세는 단위 | 还 hái 부 또 | 杯 bēi 양 컵, 잔 | 牛奶 niúnǎi 명 우유

0011 2급

面条
miàntiáo

예 남방 사람들은 쌀밥 먹는 것을 좋아하고, 북방 사람들은 面条miàntiáo 먹는 것을 좋아한다.

南方人喜欢吃米饭，北方人喜欢吃面条。
Nánfāngrén xǐhuan chī mǐfàn, běifāngrén xǐhuan chī miàntiáo.

명 면, 국수

Voca+
南方 nánfāng 명 남방 | 人 rén 명 사람 | 北方 běifāng 명 북방

0012 2급

鸡蛋
jīdàn

예 우리 집에서 기르는 암탉이 몇 개의 鸡蛋jīdàn을 낳았다.

我家养的母鸡下了几个鸡蛋。
Wǒ jiā yǎng de mǔjī xià le jǐ ge jīdàn.

명 계란, 달걀

Voca+
养 yǎng 동 기르다 | 母鸡 mǔjī 명 암탉 | 下 xià 동 (알을) 낳다

0013 1급

水果
shuǐguǒ

예 나는 水果shuǐguǒ 먹는 것을 좋아한다. 바나나, 사과, 포도 등등.

我喜欢吃水果，香蕉、苹果、葡萄等等。
Wǒ xǐhuan chī shuǐguǒ, xiāngjiāo、píngguǒ、pútáo děngděng.

명 과일

Voca+
香蕉 xiāngjiāo 명 바나나 | 苹果 píngguǒ 명 사과 | 葡萄 pútáo 명 포도 | 等等 děngděng 조 등등

0014 3급

香蕉
xiāngjiāo

예 원숭이가 가장 좋아하는 과일은 香蕉xiāngjiāo이다.

猴子最喜欢的水果是香蕉。

Hóuzi zuì xǐhuan de shuǐguǒ shì xiāngjiāo.

명 바나나

Voca+

猴子 hóuzi 명 원숭이 | 最 zuì 부 가장

0015 3급

饮料
yǐnliào

예 내가 가장 좋아하는 饮料yǐnliào는 커피이다.

我最喜欢的饮料是咖啡。

Wǒ zuì xǐhuan de yǐnliào shì kāfēi.

명 음료

Voca+

咖啡 kāfēi 명 커피

0016 1급

茶
chá

예 중국인은 일반적으로 커피 마시는 것을 좋아하지 않고, 茶chá 마시는 것을 좋아한다.

中国人一般不爱喝咖啡，爱喝茶。

Zhōngguórén yìbān bú ài hē kāfēi, ài hē chá.

명 차

Voca+

一般 yìbān 형 일반적이다 | 爱 ài 동 좋아하다, 사랑하다

0017 2급

咖啡
kāfēi

예 당신은 咖啡kāfēi 마시는 것이 좋아요, 아니면 차 마시는 것이 좋아요?

你喜欢喝咖啡还是喜欢喝茶?

Nǐ xǐhuan hē kāfēi háishi xǐhuan hē chá?

명 커피

0018 2급

牛奶
niúnǎi

예 영국인은 차를 마실 때 종종 牛奶niúnǎi를 첨가하고, 중국인은 牛奶niúnǎi를 넣지 않는다.

英国人喝茶时常常加牛奶，中国人不加牛奶。

Yīngguórén hē chá shí chángcháng jiā niúnǎi, Zhōngguórén bù jiā niúnǎi.

명 우유

Voca+

英国 Yīngguó 명 영국 | 时 shí 명 ~할 때 | 加 jiā 동 더하다, 첨가하다

0019 3급

啤酒

píjiǔ

예 여름에 차가운 啤酒píjiǔ를 마시는 것은 사람을 편하게 해준다.

夏天喝冰镇的啤酒让人轻松。

Xiàtiān hē bīngzhèn de píjiǔ ràng rén qīngsōng.

명 맥주

Voca+

夏天 xiàtiān 명 여름 | 冰镇 bīngzhèn 동 얼음으로 차갑게 하다 | 让 ràng 동 ~에게 ~하도록 하다 | 轻松 qīngsōng 형 편안하다, 홀가분하다

0020 3급

菜单

càidān

유의 菜谱 càipǔ

예 그들은 먼저 菜单càidān을 보고 나서 세 가지 요리를 주문했다.

他们先看了菜单，然后点了三个菜。

Tāmen xiān kàn le càidān, ránhòu diǎn le sān ge cài.

명 메뉴

Voca+

先 xiān 부 먼저, 우선 | 然后 ránhòu 접 그리고 나서 | 点 diǎn 동 주문하다

0021 3급

蛋糕

dàngāo

예 오늘은 내 생일이어서 어머니께서 나에게 蛋糕dàngāo를 만들어 주셨다.

今天是我的生日，妈妈给我做蛋糕了。

Jīntiān shì wǒ de shēngrì, māma gěi wǒ zuò dàngāo le.

명 케이크

Voca+

今天 명 jīntiān 오늘, 오늘날 | 生日 명 shēngrì 생일

0022 2급

羊肉

yángròu

예 이 훠궈 식당에서 쓰는 것은 모두 내몽고의 상등품 羊肉yángròu이다.

这家火锅店用的都是内蒙古的上等羊肉。

Zhè jiā huǒguōdiàn yòng de dōu shì Nèiměnggǔ de shàngděng yángròu.

명 양고기

Voca+

火锅店 huǒguōdiàn 명 훠궈 식당 | 内蒙古 Nèiměnggǔ 명 내몽고 | 上等 shàngděng 형 상등품의, 고급의

Chapter 2. 일상생활

A2-2 **2-2 의복**

Let's Start Up!

주제에 맞는 단어와 예문을 학습해 보세요.

0001 1급

衣服
yīfu

예 밖이 추워요. 衣服yīfu를 좀 많이 입으세요.
外边很冷，你多穿点儿衣服吧。
Wàibian hěn lěng, nǐ duō chuān diǎnr yīfu ba.

명 옷

Voca+
外边 wàibian 명 밖, 외부 | 冷 lěng 형 춥다 | 穿 chuān 동 입다

0002 2급

穿
chuān

예 날씨가 추워졌는데, 외투를 穿chuān해야 할까요?
天气冷了，要不要穿大衣?
Tiānqì lěng le, yào buyào chuān dàyī?

동 입다, 신다

Voca+
天气 tiānqì 명 날씨 | 大衣 dàyī 명 외투

0003 3급

衬衫
chènshān

예 이 衬衫chènshān은 파란색 넥타이와 잘 어울린다.
这件衬衫和蓝色领带很相配。
Zhè jiàn chènshān hé lánsè lǐngdài hěn xiāngpèi.

명 와이셔츠

Voca+
件 jiàn 양 건, 개, 벌 [사건, 옷 등 하나하나 셀 수 있는 물건을 세는 단위] | 蓝色 lánsè 명 파란색 | 领带 lǐngdài 명 넥타이 | 相配 xiāngpèi 형 어울리다

0004 3급

裤子
kùzi

예 그녀는 치마 입는 것을 좋아하지 않아서 매일 裤子kùzi를 입는다.
她不喜欢穿裙子，每天穿裤子。
Tā bù xǐhuan chuān qúnzi, měitiān chuān kùzi.

명 바지

Voca+
裙子 qúnzi 명 치마 | 每天 měitiān 명 매일

0005 3급

帽子
màozi

예 그는 오늘 머리를 감지 않아서, 帽子màozi를 쓰고 나갔다.
他今天没洗头发，所以戴着帽子出去了。
Tā jīntiān méi xǐ tóufa, suǒyǐ dàizhe màozi chūqù le.

명 모자

Voca+
洗 xǐ 동 씻다 | 所以 suǒyǐ 접 그래서

0006 3급

裙子
qúnzi

예 그녀들 학교의 교복은 파란색 裙子qúnzi와 흰색 셔츠이다.
她们学校的校服是蓝色的裙子和白色的衬衫。
Tāmen xuéxiào de xiàofú shì lánsè de qúnzi hé báisè de chènshān.

명 치마

Voca+
学校 xuéxiào 명 학교 | 校服 xiàofú 명 교복 | 白色 báisè 명 흰색 | 衬衫 chènshān 명 셔츠

0007 3급

皮鞋
píxié

예 산에 오를 때는 절대로 皮鞋píxié를 신지 마세요.
你爬山的时候千万不要穿皮鞋。
Nǐ pá shān de shíhou qiānwàn búyào chuān píxié.

명 구두, 가죽 신발

Voca+
爬山 pá shān 동 등산하다 | 千万 qiānwàn 부 제발, 절대

Chapter 2. 일상생활

A2-3 2-3 집·가사

Let's Start Up!

주제에 맞는 단어와 예문을 학습해 보세요.

0001 1급

家

jiā

예 일요일에 당신은 家jiā에서 쉬나요? 아니면 놀러 나가나요?

星期天你在家休息还是出去玩儿?

Xīngqītiān nǐ zài jiā xiūxi háishi chūqù wánr?

명 집

Voca+
星期天 xīngqītiān 명 일요일 | 休息 xiūxi 동 휴식하다, 쉬다 | 玩儿 wánr 동 놀다

0002 2급

房间

fángjiān

유의 屋子 wūzi

예 그가 새로 산 집은 훌륭하다. 3개의 房间fángjiān이 있고, 1개의 주방, 2개의 욕실이 있다.

他新买的房子不错，有三个房间、一个厨房、两个浴室。

Tā xīn mǎi de fángzi búcuò, yǒu sān ge fángjiān, yí ge chúfáng, liǎng ge yùshì.

명 방

Voca+
新 xīn 형 새롭다 | 买 mǎi 동 사다 | 房子 fángzi 명 집 | 不错 búcuò 형 좋다, 훌륭하다 | 厨房 chúfáng 명 주방, 부엌 | 浴室 yùshì 명 욕실

0003 3급

洗手间

xǐshǒujiān

예 그녀는 지금 洗手间xǐshǒujiān에 있어서, 전화를 받을 수가 없다.

她现在在洗手间呢，接不了电话。

Tā xiànzài zài xǐshǒujiān ne, jiēbuliǎo diànhuà.

명 화장실

Voca+
现在 xiànzài 명 지금, 현재 | 接 jiē 동 받다 | …不了 …buliǎo 동 ~할 수 없다 | 电话 diànhuà 명 전화

0004 2급

洗
xǐ

예 그는 식사를 마치자마자 바로 그릇을 洗xǐ한다.
他一吃完饭马上就洗碗。
Tā yì chīwán fàn mǎshàng jiù xǐ wǎn.

동 씻다, 빨다

Voca+
马上 mǎshàng 부 곧, 바로 | 碗 wǎn 명 그릇

0005 3급

打扫
dǎsǎo

예 그는 방을 打扫dǎsǎo할 시간이 없어서, 가끔씩 그의 방은 비교적 지저분하다.
他没有时间打扫房间，有时候他的房间比较脏。
Tā méiyǒu shíjiān dǎsǎo fángjiān, yǒushíhou tā de fángjiān bǐjiào zāng.

동 청소하다

Voca+
时间 shíjiān 명 시간 | 有时候 yǒushíhou 부 가끔씩, 종종 | 比较 bǐjiào 부 비교적 | 脏 zāng 형 더럽다, 지저분하다

0006 3급

楼
lóu

예 한국에서 가장 높은 楼lóu는 롯데월드 타워입니다.
韩国最高的楼是乐天世界塔。
Hánguó zuì gāo de lóu shì Lètiān shìjiè tǎ.

명 건물, 층

0007 2급

门
mén

예 당신 나갈 때, 门mén을 잘 잠그세요.
你出去的时候，把门锁好。
Nǐ chūqù de shíhou, bǎ mén suǒhǎo.

명 문

Voca+
锁 suǒ 동 잠그다

0008 1급

椅子
yǐzi

예 이런 椅子yǐzi에 앉는 것은 편하다.
坐这样的椅子很舒服。
Zuò zhèyàng de yǐzi hěn shūfu.

명 의자

Voca+
坐 zuò 동 앉다 | 这样 zhèyàng 대 이렇다, 이렇게 | 舒服 shūfu 형 편안하다

0009 1급

桌子

zhuōzi

예 桌子zhuōzi 위에 책 한 권과 공책 한 권이 있다.

桌子上有一本书和一个本子。

Zhuōzi shang yǒu yì běn shū hé yí ge běnzi.

명 책상, 탁자

Voca+

蛋糕 dàngāo 명 케이크

0010 3급

盘子

pánzi

예 엄마는 케이크를 아이들의 盘子pánzi에 놓았다.

妈妈把蛋糕放在孩子们的盘子里。

Māma bǎ dàngāo fàngzài háizimen de pánzi li.

명 쟁반, 접시

0011 3급

碗

wǎn

예 그녀는 주방으로 돌아가서 먼저 碗wǎn과 접시를 깨끗하게 씻었다.

她回到厨房先把碗和盘子洗干净了。

Tā huídào chúfáng xiān bǎ wǎn hé pánzi xǐ gānjìng le.

명 양 그릇

Voca+

回 huí 동 돌아가다 | 干净 gānjìng 형 깨끗하다

Chapter 2. 일상생활

A2-4 2-4 일상용품

Let's Start Up!

주제에 맞는 단어와 예문을 학습해 보세요.

0001 1급

杯子

bēizi

예 杯子bēizi를 가득 채우세요. 다시 건배합시다.
把杯子满上，再干一杯吧。
Bǎ bēizi mǎnshang, zài gān yì bēi ba.

명 컵, 잔

Voca+
满 mǎn 형 가득 차다 | 干杯 gān bēi 동 건배하다

0002 3급

瓶子

píngzi

예 저 瓶子píngzi 안에 있는 술을 어느 컵에 따를까요?
把那个瓶子里的酒倒在哪个杯子里?
Bǎ nàge píngzi lǐ de jiǔ dào zài nǎge bēizi lǐ?

명 병

Voca+
倒 dào 동 붓다, 따르다, 쏟다

0003 3급

筷子

kuàizi

예 서양인은 筷子kuàizi를 사용하는 것이 익숙하지 않고, 나이프와 포크를 쓰는 것이 익숙하다.
西方人不习惯用筷子，他们习惯用刀叉。
Xīfāngrén bù xíguàn yòng kuàizi, tāmen xíguàn yòng dāochā.

명 젓가락

Voca+
西方人 xīfāngrén 명 서양인 | 习惯 xíguàn 동 습관이 되다 명 습관 | 刀 dāo 명 칼 | 叉 chā 명 포크

0004 1급

东西

dōngxi

예 기숙사 안에 어떤 东西dōngxi가 있나요? 침대, 책상, 의자 그리고 책꽂이가 있어요.

宿舍里有什么东西？有床、桌子、椅子和书架。

Sùshè li yǒu shénme dōngxi? Yǒu chuáng、zhuōzi、yǐzi hé shūjià.

명 물건

Voca+

宿舍 sùshè 명 기숙사 | 床 chuáng 명 침대 | 书架 shūjià 명 책꽂이

0005 3급

灯

dēng

예 방 안이 왜 이렇게 어두운가요? 빨리 灯dēng을 켜세요.

房间里怎么这么黑呢？你快把灯打开。

Fángjiān li zěnme zhème hēi ne? Nǐ kuài bǎ dēng dǎkāi.

명 등, 등불

Voca+

怎么 zěnme 대 어떻게 | 这么 zhème 대 이렇게 | 黑 hēi 형 까맣다, 어둡다 | 打开 dǎkāi 동 열다, 켜다

0006 3급

伞

sǎn

예 오늘 비가 많이 왔다. 그는 伞sǎn을 가지고 가지 않아서, 온몸이 다 젖었다.

今天下了大雨，他没带伞，全身都淋湿了。

Jīntiān xià le dàyǔ, tā méi dài sǎn, quánshēn dōu línshī le.

명 우산

Voca+

下雨 xià yǔ 동 비가 오다 | 带 dài 동 가지고 있다, 지니다 | 全身 quánshēn 명 온몸, 전신 | 淋湿 línshī 동 젖다

0007 3급

行李箱

xínglixiāng

예 내 남편은 내일 중국 출장을 간다. 나는 그가 行李箱 xínglixiāng을 싸는 것을 도와주고 있다.

我爱人明天要去中国出差，我正在帮他装行李箱。

Wǒ àirén míngtiān yào qù Zhōngguó chūchāi, wǒ zhèngzài bāng tā zhuāng xínglixiāng.

명 트렁크, 짐가방

Voca+

爱人 àirén 명 남편, 아내 | 出差 chūchāi 동 출장가다 | 帮 bāng 동 돕다 | 装 zhuāng 동 포장하다, 싸다

Chapter 2. 일상생활

A 2-5 2-5 **취미 · 여가**

Let's Start Up!

주제에 맞는 단어와 예문을 학습해 보세요.

0001 3급

爱好
àihào

예 그는 다른 爱好àihào는 없고, 단지 농구하는 것만 좋아 한다.

他没有别的爱好，只喜欢打篮球。
Tā méiyǒu biéde àihào, zhǐ xǐhuan dǎ lánqiú.

명 취미, 기호

Voca+
别的 biéde 대 다른 | 只 zhǐ 부 오로지, 단지 | 篮球 lánqiú 명 농구

Tip '好'가 '좋아하다', '즐기다'라는 뜻의 동사로 쓰일 때는 4성 'hào'라고 발음합니다.

0002 2급

玩
wán

예 너는 먼저 숙제를 마치고 난 뒤에 나가서 玩wán해야 해.

你应该先做完作业再出去玩儿。
Nǐ yīnggāi xiān zuòwán zuòyè zài chūqù wánr.

동 놀다

Voca+
应该 yīnggāi 조동 ~해야만 하다 | 完 wán 동 마치다, 끝내다 | 作业 zuòyè 명 숙제

0003 2급

休息
xiūxi

예 당신 많이 피곤하시죠. 우선 잠깐 休息xiūxi하세요.

你挺累吧，先休息一会儿。
Nǐ tǐng lèi ba, xiān xiūxi yíhuìr.

동 쉬다

Voca+
挺 tǐng 부 매우, 아주 | 累 lèi 형 피곤하다 | 一会儿 yíhuìr 명 잠깐

0004 3급

画
huà

예 나는 이 画huà를 좋아한다. 이것은 우리 엄마가 그린 것이다.

我喜欢这幅画，这是我妈妈画的。
Wǒ xǐhuan zhè fú huà, zhè shì wǒ māma huà de.

명 그림 동 그림을 그리다

Voca+
幅 fú 양 장, 폭 [그림을 세는 단위]

0005 1급

电影
diànyǐng

예 내가 가장 좋아하는 중국 电影diànyǐng은 '황비홍'이다.

我最喜欢的中国电影是“黄飞鸿”。
Wǒ zuì xǐhuan de Zhōngguó diànyǐng shì “Huángfēihóng”.

명 영화

0006 2급

票
piào

예 설 기간에는 기차票piào를 구입하기가 어렵다.

春节期间火车票很难买。
Chūn Jié qījiān huǒchēpiào hěn nán mǎi.

명 표, 티켓

Voca+
春节 Chūn Jié 명 설 | 期间 qījiān 명 기간 | 火车 huǒchē 명 기차 | 难 nán 형 어렵다 | 买 mǎi 동 사다

0007 3급

音乐
yīnyuè

예 일요일에는 잠도 자고, 音乐yīnyuè도 듣고, TV도 보고, 수다도 떨고, 매우 홀가분하다.

星期天睡睡觉、听听音乐、看看电视、聊聊天儿，多轻松。
Xīngqītiān shuìshui jiào、tīngting yīnyuè、kànkan diànshì、liáoliao tiānr, duō qīngsōng.

명 음악

Voca+
睡觉 shuì jiào 동 잠을 자다 | 电视 diànshì 명 TV | 聊天儿 liáo tiānr 동 떠들다, 이야기하다 | 轻松 qīngsōng 형 가볍다, 홀가분하다

Tip '乐'는 '음악'이라는 뜻으로 쓰일 때는 'yuè' 라고 읽고, '즐겁다, 기쁘다'라는 뜻으로 쓰일 때는 'lè' 라고 읽습니다.

0008 2급

唱歌

chàng gē

예 그녀는 가수이다. 唱歌chàng gē를 매우 잘한다.

她是个歌手，唱歌唱得很不错。

Tā shì ge gēshǒu, chàng gē chàng de hěn búcuò.

동 노래 부르다

Voca+

歌手 gēshǒu 명 가수

0009 2급

跳舞

tiào wǔ

예 그날 밤 그들은 노래하며 跳舞tiào wǔ를 했다. 아주 늦게 잤다.

那天晚上他们又唱歌又跳舞，睡得很晚。

Nàtiān wǎnshang tāmen yòu chàng gē yòu tiào wǔ, shuì de hěn wǎn.

동 춤을 추다

Voca+

晚上 wǎnshang 명 저녁 | 又…又… yòu… yòu… ~하고 또 ~하다

0010 2급

旅游

lǚyóu

유의 旅行 lǚxíng

예 올해 여름 휴가에 나는 중국으로 旅游lǚyóu하러 가려고 한다.

今年暑假我要去中国旅游。

Jīnnián shǔjià wǒ yào qù Zhōngguó lǚyóu.

동 여행하다

Voca+

暑假 shǔjià 명 여름 휴가, 여름방학

0011 3급

地图

dìtú

예 여행할 때, 나는 地图dìtú를 보며 내가 가려는 곳을 찾았다.

旅游的时候，我看着地图找到了我要去的地方。

Lǚyóu de shíhou, wǒ kànzhe dìtú zhǎodào le wǒ yào qù de dìfang.

명 지도

Voca+

找 zhǎo 동 찾다 | 地方 dìfang 명 곳, 장소

0012 3급

护照

hùzhào

예 해외에서 护照hùzhào를 잃어버렸다면, 대사관에 가서 다시 신청해야 한다.

在国外丢了护照的话，要去大使馆再申请。

Zài guówài diū le hùzhào de huà, yào qù dàshǐguǎn zài shēnqǐng.

명 여권

Voca+

国外 guówài 명 해외 | 丢 diū 동 잃어버리다 | 大使馆 dàshǐguǎn 명 대사관 | 申请 shēnqǐng 동 신청하다

0013 2급

运动

yùndòng

예 당신은 어떤 运动yùndòng을 좋아하나요? 저는 농구와 수영을 좋아해요.

你喜欢什么运动? 我喜欢篮球和游泳。

Nǐ xǐhuan shénme yùndòng? Wǒ xǐhuan lánqiú hé yóu yǒng.

명 운동 동 운동하다

Voca+

游泳 yóu yǒng 동 수영하다

0014 3급

节目

jiémù

예 오늘 저녁에는 내가 좋아하는 TV 节目jiémù가 없다.

今天晚上没有我喜欢的电视节目。

Jīntiān wǎnshang méiyǒu wǒ xǐhuan de diànshì jiémù.

명 프로그램

0015 3급

体育

tǐyù

예 올림픽 경기는 전 세계적인 体育tǐyù 행사이다.

奥林匹克运动会是全球性的体育活动。

Àolínpǐkè yùndònghuì shì quánqiúxìng de tǐyù huódòng.

명 체육, 스포츠

Voca+

奥林匹克运动会 Àolínpǐkè yùndònghuì 명 올림픽 경기 | 全球性 quánqiúxìng 형 전 세계적인, 글로벌한 | 活动 huódòng 명 활동, 행사, 이벤트

0016 3급

比赛

bǐsài

예 토요일 저녁에 TV에서 축구 比赛bǐsài를 한다는데, 당신 보고 싶은가요?

星期六晚上电视里有足球比赛，你想看吗?

Xīngqīliù wǎnshang diànshì li yǒu zúqiú bǐsài, nǐ xiǎng kàn ma?

명 시합, 경기 동 시합하다

Voca+

星期六 xīngqīliù 명 토요일 | 足球 zúqiú 명 축구 | 写 xiě 동 쓰다 | 汉字 Hànzì 명 한자 | 如果 rúguǒ 접 만약 | 赢 yíng 동 이기다

0017 2급

跑步

pǎo bù

예 신체 건강을 위해, 그는 매일 강변에서 跑步pǎo bù를 한다. 그는 매우 빨리 달린다.

为了身体健康，他每天在河边跑步，他跑得真快。

Wèile shēntǐ jiànkāng, tā měitiān zài hébiān pǎo bù, tā pǎo de zhēn kuài.

명 조깅 동 달리다, 뛰다

Voca+

为了 wèile 개 ~를 위해서 | 河边 hébiān 명 강변 | 快 kuài 형 빠르다

0018 2급

打篮球

dǎ lánqiú

예 마이클 조던은 우수한 篮球lánqiú 선수이다. 그는 打篮球dǎ lánqiú를 무척 잘한다.

迈克尔·乔丹是个优秀的篮球运动员。他打篮球打得真棒。

Màikè'ěr·Qiáodān shì ge yōuxiù de lánqiú yùndòngyuán. Tā dǎ lánqiú dǎ de zhēn bàng.

동 농구를 하다

Voca+

迈克尔·乔丹 Màikè'ěr·Qiáodān 명 마이클 조던 [미국의 농구 선수] | 优秀 yōuxiù 형 우수하다 | 运动员 yùndòngyuán 명 운동선수 | 棒 bàng 형 뛰어나다, 잘하다

0019 2급

踢足球

tī zúqiú

예 남아프리카 2010년 월드컵에서 스페인팀이 우승을 했다. 그들은 踢足球tī zúqiú를 무척 잘한다.

在南非2010年世界杯上西班牙队得了冠军，他们踢足球踢得非常好。

Zài Nánfēi èr líng yī líng nián Shìjièbēi shang Xībānyá duì dé le guànjūn, tāmen tī zúqiú tī de fēicháng hǎo.

동 축구를 하다

Voca+

南非 Nánfēi 명 남아프리카 | 世界杯 Shìjièbēi 명 월드컵 | 西班牙 Xībānyá 명 스페인 | 队 duì 명 팀 | 冠军 guànjūn 명 우승

0020 2급

游泳

yóu yǒng

예 박태환은 한국 游泳yóu yǒng팀의 최고 스타이다. 2008년 올림픽에서 400미터 자유형 종목에서 금메달을 땄다.

朴泰桓是韩国游泳队的头号明星，在2008年的奥运会上摘得400米自由泳项目金牌。

Piáo Tàihuán shì Hánguó yóu yǒng duì de tóuhào míngxīng, zài èr líng líng bā nián de Àoyùnhuì shang zhāidé sìbǎi mǐ zìyóuyǒng xiàngmù jīnpái.

동 수영하다 명 수영

Voca+

头号 tóuhào 형 첫째의, 최고의 | 明星 míngxīng 명 스타, 인기인 | 摘得 zhāidé 동 따다 | 米 mǐ 양 미터 | 自由泳 zìyóuyǒng 명 자유형 | 项目 xiàngmù 명 항목, 종목 | 金牌 jīnpái 명 금메달

0021 3급

爬山

pá shān

예 이런 날씨는 爬山pá shān하기에 적합하다.

这样的天气很适合爬山。

Zhèyàng de tiānqì hěn shìhé pá shān.

동 등산하다

Voca+

天气 tiānqì 명 날씨 | 适合 shìhé 동 적합하다

0022 3급

游戏

yóuxì

예 그는 공부를 열심히 하지 않고, 인터넷에서 游戏yóuxì하는 것만 안다.

他不好好儿学习，就知道上网打游戏。

Tā bù hǎohāor xuéxí, jiù zhīdào shàng wǎng dǎ yóuxì.

명 오락, 게임

Voca+

知道 zhīdào 동 알다 | 上网 shàng wǎng 동 인터넷을 하다

0023 3급

照片

zhàopiàn

유의 相片 xiàngpiàn

예 나는 집이 그리울 때, 종종 가족의 照片zhàopiàn을 본다.

我想家的时候，常常看家人的照片。

Wǒ xiǎng jiā de shíhou, chángcháng kàn jiārén de zhàopiàn.

명 사진

Voca+

想 xiǎng 동 그립다, 생각하다 | 常常 chángcháng 부 자주, 종종 | 家人 jiārén 명 가족

Tip 사진과 관련된 다른 단어들도 함께 알아두세요.

照相 zhào xiàng 사진을 찍다 / **洗相** xǐ xiàng 사진을 현상하다 / **照相机** zhàoxiàngjī 카메라

Chapter 2. 일상생활

A 2-6 **2-6 전자·컴퓨터**

Let's Start Up!

주제에 맞는 단어와 예문을 학습해 보세요.

0001 1급

电脑

diànnǎo

유의 计算机 jìsuànjī

예 电脑diànnǎo를 이용해서 이메일 전송, 인터넷, 게임 등을 할 수 있다.

用电脑可以发电子邮件、上网、玩电子游戏什么的。

Yòng diànnǎo kěyǐ fā diànzǐ yóujiàn、shàng wǎng、wán diànzǐ yóuxì shénme de.

명 컴퓨터

Voca+

发 fā 동 보내다, 발송하다 | 电子邮件 diànzǐ yóujiàn 명 이메일 | 什么的 shénmede 대 등등

0002 3급

笔记本

bǐjìběn

예 형은 매일 笔记本bǐjìběn 컴퓨터를 가지고 학교에 간다.

哥哥每天带着笔记本电脑上学。

Gēge měitiān dàizhe bǐjìběn diànnǎo shàng xué.

명 노트북, 노트

Voca+

带着 동 dàizhe ~을 가지고 | 上学 shàng xué 동 등교하다

0003 1급

电视

diànshì

예 일요일에 아빠는 소파에 누워서 电视diànshì를 보신다.

星期天爸爸在沙发上躺着看电视。

Xīngqītiān bàba zài shāfā shang tǎngzhe kàn diànshì.

명 텔레비전, TV

Voca+

沙发 shāfā 명 소파 | 躺 tǎng 동 눕다

0004 3급

冰箱

bīngxiāng

예 맥주를 冰箱bīngxiāng 안에 넣어서 좀 시원하게 하세요.
啤酒放在冰箱里冻一下儿。
Píjiǔ fàngzài bīngxiāng li dòng yíxiàr.

명 냉장고

Voca+
啤酒 píjiǔ 명 맥주 | 冻 dòng 동 차갑게 하다, 얼리다

0005 3급

空调

kōngtiáo

예 오늘 날씨가 너무 더워요. 빨리 空调kōngtiáo를 켜세요.
今天天气太热，你快把空调打开吧。
Jīntiān tiānqì tài rè, nǐ kuài bǎ kōngtiáo dǎkāi ba.

명 에어컨

Voca+
热 rè 형 덥다, 뜨겁다 | 快 kuài 형 빠르다

0006 3급

电梯

diàntī

예 그녀는 살을 빼기 위해 电梯diàntī를 타지 않고, 매일 계단으로 올라간다.
她为了减肥不坐电梯，而每天爬楼梯。
Tā wèile jiǎnféi bú zuò diàntī, ér měitiān pá lóutī.

명 엘리베이터, 승강기

Voca+
为了 wèile 개 ~를 위해 | 减肥 jiǎnféi 동 다이어트하다, 살을 빼다 | 楼梯 lóutī 명 계단

0007 3급

上网

shàng wǎng

예 저는 上网shàng wǎng해서 자료를 찾으려고 하는데, 여기 上网shàng wǎng이 되나요?
我要上网查资料，这儿可以上网吗?
Wǒ yào shàng wǎng chá zīliào, zhèr kěyǐ shàng wǎng ma?

동 인터넷을 하다

Voca+
查 chá 동 찾다 | 资料 zīliào 명 자료

0008 3급

电子邮件

diànzǐ yóujiàn

예 요즘에는 편지를 부치는 사람이 별로 없고, 电子邮件diànzǐ yóujiàn을 보내는 사람이 매우 많다.

最近寄信的人比较少，发电子邮件的人挺多的。

Zuìjìn jì xìn de rén bǐjiào shǎo, fā diànzǐ yóujiàn de rén tǐng duō de.

명 이메일

Voca+

寄 jì 동 (편지를) 부치다 | 信 xìn 명 편지

Tip 이메일은 음역해서 '伊妹儿 yīmèir'이라고도 합니다.

0009 2급

手机

shǒujī

예 지금의 手机shǒujī 기능은 다양하다. 전화하는 것 외에도 인터넷, 쇼핑, 이메일 작성도 할 수 있다.

现在的手机功能很多，除了打电话以外，也可以上网、购物、写电子邮件。

Xiànzài de shǒujī gōngnéng hěn duō, chúle dǎ diànhuà yǐwài, yě kěyǐ shàng wǎng、gòuwù、xiě diànzǐ yóujiàn.

명 휴대전화

Voca+

功能 gōngnéng 명 기능 | 除了…以外 chúle…yǐwài ~외에, ~를 제외하고 | 购物 gòuwù 명 쇼핑

0010 3급

照相机

zhàoxiàngjī

예 이런 종류의 照相机zhàoxiàngjī를 이용해서 찍은 사진은 효과가 매우 좋다.

用这种照相机拍的照片效果特别好。

Yòng zhè zhǒng zhàoxiàngjī pāi de zhàopiàn xiàoguǒ tèbié hǎo.

명 카메라

Voca+

拍 pāi 동 촬영하다, 찍다 | 效果 xiàoguǒ 명 효과

0011 2급

手表

shǒubiǎo

예 내 手表shǒubiǎo가 멈췄어요. 지금 몇 시인가요?

我的手表停了，现在几点？

Wǒ de shǒubiǎo tíng le, xiànzài jǐ diǎn?

명 손목시계

Voca+

停 tíng 동 멈추다, 정지하다

1. 보기에서 알맞은 단어를 고르세요.

보기 A. 吃 B. 画 C. 空调 D. 椅子 E. 伞 F. 旅游

① 그림 ________ ② 의자 ________

③ 먹다 ________ ④ 우산 ________

⑤ 여행하다 ________ ⑥ 에어컨 ________

2. 중국어의 뜻과 병음을 서로 연결하세요.

① 사진 •	• 照片 •	• yùndòng
② 운동하다 •	• 足球 •	• bēizi
③ 음악 •	• 杯子 •	• yīnyuè
④ 컵, 잔 •	• 音乐 •	• zúqiú
⑤ 축구 •	• 运动 •	• zhàopiàn

3. 밑줄 친 부분에 적합한 단어를 쓰세요.

보기 A. 票 B. 冰箱 C. 手机 D. 比赛 E. 手表 F. 游泳

① 지금의 ________ 기능은 다양하다. 전화하는 것 외에도 인터넷, 쇼핑, 이메일 작성도 할 수 있다.

② 내 ________ 가 멈췄어요. 지금 몇 시인가요?

③ 맥주를 ________ 안에 넣어서 좀 시원하게 하세요.

④ 설 기간에는 기차 ________ 를 구입하기가 어렵다.

⑤ 토요일 저녁 TV에서 축구 ________ 를 한다는데, 당신 보고 싶은가요?

⑥ 그는 한국 ________ 팀의 최고 스타이다. 2008년 올림픽에서 400미터 자유형 종목에서 금메달을 땄다.

■ 정답은 194쪽에 있습니다.

1. 보기에서 알맞은 단어를 고르세요.

보기 A. 洗 B. 爱好 C. 菜单 D. 帽子 E. 电梯 F. 咖啡

① 엘리베이터 ______ ② 취미, 기호 ______

③ 씻다, 빨다 ______ ④ 모자 ______

⑤ 메뉴판 ______ ⑥ 커피 ______

2. 중국어의 뜻과 병음을 서로 연결하세요.

① 쌀 •	• 米 •	• chuān
② 차 •	• 喝 •	• chá
③ 입다, 신다 •	• 渴 •	• kě
④ 마시다 •	• 穿 •	• mǐ
⑤ 목마르다 •	• 茶 •	• hē

3. 밑줄 친 부분에 적합한 단어를 쓰세요.

보기 A. 饿 B. 筷子 C. 护照 D. 裤子 E. 打扫 F. 电影

① 나는 어제부터 밥을 한끼도 먹지 못해서 ______ 해 죽을 지경이다.

② 그녀는 치마 입는 것을 좋아하지 않아서 매일 ______ 를 입는다.

③ 해외에서 ______ 를 잃어버렸다면, 대사관에 가서 다시 신청해야 한다.

④ 내가 가장 좋아하는 중국 ______ 은 '황비홍'이다.

⑤ 서양인은 ______ 를 사용하는 것보다 나이프와 포크를 쓰는 것이 익숙하다.

⑥ 그는 방을 ______ 할 시간이 없어서 가끔씩 그의 방은 비교적 지저분하다.

■ 정답은 194쪽에 있습니다.

1. 보기에서 알맞은 단어를 고르세요.

보기 A. 菜 B. 饮料 C. 衣服 D. 爬山 E. 行李箱 F. 上网

① 음료 ______ ② 인터넷을 하다 ______

③ 등산하다 ______ ④ 요리, 채소 ______

⑤ 트렁크, 짐가방 ______ ⑥ 옷 ______

2. 중국어의 뜻과 병음을 서로 연결하세요.

① 물건 •	• 桌子 •	• zhuōzi
② 달리다, 뛰다 •	• 面条 •	• diànshì
③ 책상, 탁자 •	• 跑步 •	• dōngxi
④ 면, 국수 •	• 电视 •	• pǎo bù
⑤ 텔레비전, TV •	• 东西 •	• miàntiao

3. 밑줄 친 부분에 적합한 단어를 쓰세요.

보기 A. 休息 B. 皮鞋 C. 唱歌 D. 电脑 E. 房间 F. 水果

① ______ 를 사용해서 이메일 전송, 인터넷, 게임 등을 할 수 있다.

② 나는 바나나, 사과, 포도 등의 ______ 를 먹는 것을 좋아한다.

③ 산에 오를 때는 절대로 ______ 를 신지 마세요.

④ 그가 새로 산 집은 훌륭하다. 3개의 ______ 이 있고, 1개의 주방, 2개의 욕실이 있다.

⑤ 매우 피곤하시죠. 우선 잠깐 ______ 하세요.

⑥ 그녀는 가수이다. ______ 를 매우 잘한다.

■ 정답은 194쪽에 있습니다.

Chapter 3. 사회생활

A3-1 **3-1 학교·학업**

Let's Start Up!

주제에 맞는 단어와 예문을 학습해 보세요.

0001 1급

学习
xuéxí

예 그는 똑똑하고, 게다가 学习xuéxí도 열심히 한다. 그래서 성적이 좋다.

他很聪明，而且学习努力，所以成绩很好。

Tā hěn cōngmíng, érqiě xuéxí nǔlì, suǒyǐ chéngjì hěn hǎo.

동 공부하다 명 학습

Voca+

聪明 cōngmíng 형 똑똑하다, 총명하다 | 而且 érqiě 접 게다가 | 努力 nǔlì 동 노력하다, 열심히 하다 | 成绩 chéngjì 명 성적

0002 1급

学校
xuéxiào

예 한국의 学校xuéxiào는 일반적으로 3월 2일에 개학을 한다.

韩国的学校一般三月二号开学。

Hánguó de xuéxiào yìbān sān yuè èr hào kāi xué.

명 학교

Voca+

一般 yìbān 형 일반적이다 | 开学 kāi xué 개학을 하다

0003 2급

教室
jiàoshì

예 우리는 503호 教室jiàoshì에서 수업을 한다.

我们在503教室上课。

Wǒmen zài wǔ líng sān jiàoshì shàng kè.

명 교실

Voca+

上课 shàng kè 동 수업을 하다

0004 3급

图书馆
túshūguǎn

예 图书馆túshūguǎn 안은 매우 조용하다. 어떤 학생들은 책을 보고, 어떤 학생들은 숙제를 하고 있다.

图书馆里很安静，有的学生在看书，有的学生在做作业。

Túshūguǎn li hěn ānjìng, yǒu de xuésheng zài kàn shū, yǒu de xuésheng zài zuò zuòyè.

명 도서관

Voca+

安静 ānjìng 형 조용하다 | 作业 zuòyè 명 숙제 동 작업을 하다

0005 3급

班
bān

예 우리 학교는 매 학년 모두 10개 班bān이 있다.

我们学校每个年级都有10个班。

Wǒmen xuéxiào měi ge niánjí dōu yǒu shí ge bān.

명 반, 조

Voca+

年级 niánjí 명 학년

0006 3급

校长
xiàozhǎng

예 그는 우리 학교의 校长xiàozhǎng이다. 학교의 모든 일을 책임지고 있다.

他是我们学校的校长，负责学校的所有的事。

Tā shì wǒmen xuéxiào de xiàozhǎng, fù zé xuéxiào de suǒyǒu de shì.

명 교장

Voca+

负责 fù zé 동 책임지다 | 所有 suǒyǒu 형 모든

0007 1급

老师
lǎoshī

예 왕 老师lǎoshī께서 우리에게 중국어를 가르치신다.

王老师教我们汉语。

Wáng lǎoshī jiāo wǒmen Hànyǔ.

명 선생님

Voca+

教 jiāo 동 가르치다 | 汉语 Hànyǔ 명 중국어

0008 1급

同学
tóngxué

예 우리 반의 同学tóngxué는 하나하나 다 열심히 한다.

我们班的同学人人都很努力。

Wǒmen bān de tóngxué rénrén dōu hěn nǔlì.

명 급우, 동창

Voca+

人人 rénrén 명 사람마다, 매 사람

0009 1급

学生
xuésheng

예 교실 안에 선생님 한 분과 많은 学生xuésheng들이 있다.
教室里有一位老师和很多学生。
Jiàoshì li yǒu yí wèi lǎoshī hé hěn duō xuésheng.

명 학생

0010 2급

考试
kǎoshì

예 내일이 곧 考试kǎoshì이니, 너는 열심히 공부해야 한다.
明天就要考试了，你要好好儿学习。
Míngtiān jiù yào kǎoshì le, nǐ yào hǎohāor xuéxí.

동 시험보다 명 시험

Voca+
明天 míngtiān 명 내일

0011 3급

词典
cídiǎn

예 나는 예습을 할 때, 词典cídiǎn을 이용해서 새 단어의 뜻을 찾는다.
我预习的时候，用词典查生词的意思。
Wǒ yùxí de shíhou, yòng cídiǎn chá shēngcí de yìsi.

명 사전

Voca+
预习 yùxí 동 예습하다 | 用 yòng 동 이용하다 | 查 chá 동 찾다, 조사하다 | 生词 shēngcí 명 새 단어 | 意思 yìsi 명 뜻

0012 3급

留学
liúxué

예 대학을 졸업한 이후 나는 중국에 가서 留学liúxué를 하려고 한다.
大学毕业以后，我要去中国留学。
Dàxué bì yè yǐhòu, wǒ yào qù Zhōngguó liúxué.

동 유학하다

Voca+
大学 dàxué 명 대학 | 毕业 bì yè 동 졸업하다 | 以后 yǐhòu 명 이후

0013 3급

中文
Zhōngwén

예 나의 중국어 수준은 높지 않아서 中文Zhōngwén책을 보고 이해할 수가 없다.
我的汉语水平不高，看不懂中文书。
Wǒ de Hànyǔ shuǐpíng bù gāo, kànbudǒng Zhōngwén shū.

명 중문, 중국어 글

Voca+
水平 shuǐpíng 명 수준 | 看不懂 kànbudǒng 보고 이해할 수 없다

0014 2급

铅笔
qiānbǐ

예 铅笔qiānbǐ로 써도 되고, 볼펜으로 써도 됩니다.
你可以用铅笔写，也可以用圆珠笔写。
Nǐ kěyǐ yòng qiānbǐ xiě, yě kěyǐ yòng yuánzhūbǐ xiě.

명 연필

Voca+
圆珠笔 yuánzhūbǐ 명 볼펜

0015 1급

书
shū

예 나는 도서관에 가서 书shū를 한 권 빌리려고 한다.
我要去图书馆借一本书。
Wǒ yào qù túshūguǎn jiè yì běn shū.

명 책

Voca+
借 jiè 동 빌리다 | 本 běn 양 권 [책을 셀 때 쓰는 단위]

0016 2급

课
kè

예 선생님, 내일은 일요일이니까 课kè가 없으시겠네요.
老师，明天是星期天，您没有课吧。
Lǎoshī, míngtiān shì xīngqītiān, nín méiyǒu kè ba.

명 수업, 과

0017 2급

题
tí

예 이 题tí들은 너무 어렵다. 나는 어떻게 해도 답을 낼 수가 없다.
这些题太难了，我怎么也答不出来。
Zhèxiē tí tài nán le, wǒ zěnme yě dá bu chūlai.

명 문제

Voca+
难 nán 형 어렵다 | 答 dá 동 대답하다

0018 2급

问题
wèntí

예 이 问题wèntí는 결코 쉽지 않다. 아무도 답을 맞추지 못했다.
这个问题可不简单，谁也没回答对。
Zhègè wèntí kě bù jiǎndān, shéi yě méi huídá duì.

명 문제, 질문

Voca+
可 kě 강조를 나타냄 | 简单 jiǎndān 형 간단하다, 쉽다 | 谁 shéi 대 누구, 누가 | 回答 huídá 동 대답하다 | 对 duì 형 맞다

0019 3급

成绩
chéngjì

예 시험 成绩chéngjì가 그다지 좋지 않아서, 대학에 합격하지 못했다.
考试的成绩不太好，考不上大学了。
Kǎoshì de chéngjì bú tài hǎo, kǎobushàng dàxué le.

명 성적

Voca+
大学 dàxué 명 대학 | 不上 búshàng ~하지 못하다

0020 3급

复习
fùxí

반의 预习 yùxí

예 수업을 마친 뒤 나는 매일 그날의 학습 내용을 复习fùxí한다.
下课以后我每天复习那天的学习内容。
Xià kè yǐhòu wǒ měitiān fùxí nà tiān de xuéxí nèiróng.

동 복습하다 명 복습

Voca+
下课 xià kè 동 수업을 마치다 | 以后 yǐhòu 명 이후, 나중 | 内容 nèiróng 명 내용

0021 3급

黑板
hēibǎn

예 수업할 때, 선생님께서는 黑板hēibǎn 위에 글자를 쓰신다.
上课的时候，老师在黑板上写字。
Shàng kè de shíhou, lǎoshī zài hēibǎn shang xiě zì.

명 칠판

0022 3급

教
jiāo

반의 学 xué

예 이 선생님은 매우 잘 教jiāo하신다. 그분이 강의한 수업은 학생들이 한번 들으면 바로 이해한다.
这位老师教得很不错，他讲的课学生一听就明白。
Zhè wèi lǎoshī jiāo de hěn búcuò, tā jiǎng de kè xuésheng yì tīng jiù míngbai.

동 가르치다

Voca+
讲 jiǎng 동 강의하다, 이야기하다 | 明白 míngbai 동 이해하다, 명백하다

Tip '教'가 동사로 쓰일 때는 1성 'jiāo'으로 발음하고, 그 외의 경우에는 4성 'jiào'으로 발음합니다.

0023 3급

作业
zuòyè

예 그는 作业zuòyè를 안 해서, 선생님께 야단맞았다.
他没做作业，被老师批评了。
Tā méi zuò zuòyè, bèi lǎoshī pīpíng le.

명 숙제

Voca+
批评 pīpíng 동 야단치다, 비평하다

0024 3급

句子

jùzi

예 이 句子jùzi는 새로 나온 단어가 너무 많아서 나는 봐도 이해가 안 된다.

这个句子生词太多，我看不懂。

Zhège jùzi shēngcí tài duō, wǒ kànbudǒng.

명 문장

Voca+

生词 shēngcí 명 새 단어 | 懂 dǒng 동 이해하다, 알다

0025 3급

年级

niánjí

예 그는 올해 대학교 4年级niánjí이다. 곧 졸업이다.

他今年大学四年级，快要毕业了。

Tā jīnnián dàxué sì niánjí, kuài yào bì yè le.

명 학년

Voca+

快要…了 kuài yào…le 곧 ~하다

0026 1급

汉语

Hànyǔ

예 내가 중국에 온 목적은 汉语Hànyǔ를 공부하는 것이다.

我来中国的目的是学习汉语。

Wǒ lái Zhōngguó de mùdì shì xuéxí Hànyǔ.

명 중국어

Voca+

目的 mùdì 명 목적

0027 3급

数学

shùxué

예 어문, 영어, 数学shùxué는 주요 과목이다.

语文、英语和数学是主要课程。

Yǔwén、Yīngyǔ hé shùxué shì zhǔyào kèchéng.

명 수학

Voca+

英语 Yīngyǔ 명 영어 | 主要 zhǔyào 형 주요한 | 课程 kèchéng 명 과목, 과정

0028 1급

字

zì

예 선생님이 칠판에 쓰신 字zì가 너무 작아서 잘 안 보인다.

老师在黑板上写的字太小，看不清楚。

Lǎoshī zài hēibǎn shang xiě de zì tài xiǎo, kàn bu qīngchu.

명 글자

Chapter 3. 사회생활

A3-2 **3-2 회사·업무**

Let's Start Up!

주제에 맞는 단어와 예문을 학습해 보세요.

0001 2급

公司

gōngsī

예 우리 公司gōngsī에는 3,000명의 직원이 있다.

我们公司有3000个职员。

Wǒmen gōngsī yǒu sānqiān ge zhíyuán.

명 회사

Voca+

职员 zhíyuán 명 직원

0002 1급

工作

gōngzuò

예 그는 요즘 매우 바쁘다. 신제품을 개발하기 위해 매일 10시간이 넘게 工作gōngzuò한다.

他最近挺忙的，为了开发新产品每天工作十多个小时。

Tā zuìjìn tǐng máng de, wèile kāifā xīn chǎnpǐn měitiān gōngzuò shí duō ge xiǎoshí.

명 일 동 일하다

Voca+

开发 kāifā 동 개발하다 | 产品 chǎnpǐn 명 제품, 상품

0003 2급

上班

shàng bān

반의 下班 xià bān

예 나는 월요일부터 금요일까지 9시에 上班shàng bān한다. 회사가 집에서 가까워서 걸어서 10분이면 도착한다.

我从星期一到星期五9点上班，公司离我家很近，走10分钟就到。

Wǒ cóng xīngqīyī dào xīngqīwǔ jiǔ diǎn shàng bān, gōngsī lí wǒ jiā hěn jìn, zǒu shí fēnzhōng jiù dào.

동 출근하다

Voca+

从 A 到 B cóng A dào B A부터 B까지 | 离 lí 개 ~로부터 | 近 jìn 형 가깝다 | 走 zǒu 동 걷다, 가다

0004 3급

办公室
bàngōngshì

예 나는 평소에 일이 매우 바빠서, 늘 办公室bàngōngshì에 앉아 있기 때문에 신체를 단련할 시간이 없다.

我平时工作非常忙，总是坐在办公室，没有时间锻炼身体。

Wǒ píngshí gōngzuò fēicháng máng, zǒngshì zuò zài bàngōngshì, méiyǒu shíjiān duànliàn shēntǐ.

명 사무실

Voca+
平时 píngshí 명 평소 | 总是 zǒngshì 부 늘

0005 3급

会议
huìyì

예 내일 10시에 会议huìyì가 있는데, 회사의 직원은 모두 참가해야 한다.

明天10点有个会议，公司的职员都要参加。

Míngtiān shí diǎn yǒu ge huìyì, gōngsī de zhíyuán dōu yào cānjiā.

명 회의

Voca+
参加 cānjiā 동 참가하다

0006 3급

经理
jīnglǐ

예 그는 졸업 후에 스스로 회사를 열어, 经理jīnglǐ가 되었다.

他毕业以后自己开了个公司，当经理了。

Tā bì yè yǐhòu zìjǐ kāi le ge gōngsī, dāng jīnglǐ le.

명 매니저, 사장

Voca+
自己 zìjǐ 대 스스로 | 开 kāi 동 열다, 개업하다 | 当 dāng 동 되다, 담당하다

0007 3급

同事
tóngshì

예 우리 회사 업무 환경은 좋다. 급여도 높고, 同事tóngshì들도 친절하다.

我们公司工作环境不错，工资也高，同事们也很热情。

Wǒmen gōngsī gōngzuò huánjìng búcuò, gōngzī yě gāo, tóngshìmen yě hěn rèqíng.

명 직장 동료

Voca+
环境 huánjìng 명 환경 | 工资 gōngzī 명 월급, 급여 | 热情 rèqíng 형 친절하다, 열정적이다

0008 3급

请假

qǐng jià

예 오늘 몸이 불편해서 출근할 수 없다. 请假qǐng jià를 해야겠다.

今天身体不舒服，不能上班，我要请假。

Jīntiān shēntǐ bù shūfu, bù néng shàng bān, wǒ yào qǐng jià.

동 휴가를 내다

Voca+

身体 shēntǐ 명 몸, 신체 | 舒服 shūfu 형 편안하다

Chapter 3. 사회생활

A3-3 **3-3 정치·경제**

Let's Start Up!

주제에 맞는 단어와 예문을 학습해 보세요.

0001 1급

钱
qián

예 어제 나는 물건을 많이 사느라 적지 않은 钱qián을 썼다.

昨天我买了很多东西，花了不少钱。

Zuótiān wǒ mǎi le hěn duō dōngxi, huā le bù shǎo qián.

명 돈

Voca+

东西 dōngxi 명 물건 | 花 huā 동 (돈 · 시간을) 쓰다, 소비하다

0002 3급

信用卡
xìnyòngkǎ

예 이 상점에서는 信用卡xìnyòngkǎ를 쓸 수가 없다. 오직 현금만 쓸 수 있다.

在这家商店不能用信用卡，只能用现金。

Zài zhè jiā shāngdiàn bù néng yòng xìnyòngkǎ, zhǐnéng yòng xiànjīn.

명 신용카드

Voca+

商店 shāngdiàn 명 상점 | 用 yòng 동 사용하다, 쓰다 | 只 zhǐ 부 단지, 오직

0003 3급

国家
guójiā

예 아시아에는 한국, 중국, 일본 등 모두 40여 개의 国家guójiā가 있다.

在亚洲，韩国、中国、日本等一共有四十多个国家。

Zài Yàzhōu, Hánguó、Zhōngguó、Rìběn děng yígòng yǒu sìshí duō ge guójiā.

명 국가

Voca+

亚洲 Yàzhōu 명 아시아 | 韩国 Hánguó 명 한국 | 日本 Rìběn 명 일본 | 一共 yígòng 부 모두

Chapter 3. 사회생활

A3-4 3-4 **사회·문화**

Let's Start Up!

주제에 맞는 단어와 예문을 학습해 보세요.

0001 3급

文化
wénhuà

예 한국은 유구한 전통 文化wénhuà를 가지고 있다.
韩国有着悠久的传统文化。
Hánguó yǒuzhe yōujiǔ de chuántǒng wénhuà.

명 문화

Voca+
悠久 yōujiǔ 형 유구하다 | 传统 chuántǒng 명 전통 형 전통적인

0002 3급

节日
jiérì

예 설은 중국 최대의 전통 节日jiérì이다.
春节是中国最大的传统节日。
Chūn Jié shì Zhōngguó zuì dà de chuántǒng jiérì.

명 명절

Voca+
春节 Chūn Jié 명 설, 춘절

0003 3급

历史
lìshǐ

예 중의는 중국 전통의 의학으로, 5천 년의 历史lìshǐ를 가지고 있다.
中医是中国传统的医学，有五千年的历史了。
Zhōngyī shì Zhōngguó chuántǒng de yīxué, yǒu wǔqiān nián de lìshǐ le.

명 역사

Voca+
中医 Zhōngyī 명 중의, 한의 | 医学 yīxué 명 의학

0004 3급

世界
shìjiè

예 아시아의 인구는 世界shìjiè 인구의 절반 정도이다.
亚洲的人口是世界人口的一半左右。
Yàzhōu de rénkǒu shì shìjiè rénkǒu de yí bàn zuǒyòu.

명 세계

Voca+
人口 rénkǒu 명 인구 | 世界 shìjiè 명 세계 | 半 bàn 수 반, 절반 | 左右 zuǒyòu 명 정도 [어림수를 나타냄]

0005 3급

新闻

xīnwén

예 서울방송국은 세계를 향해 중요한 新闻xīnwén을 방송했다.

首尔电视台向全世界播送了重要新闻。

Shǒu'ěr Diànshìtái xiàng quán shìjiè bōsòng le zhòngyào xīnwén.

명 뉴스

Voca+

首尔 Shǒu'ěr 명 서울 | 电视台 diànshìtái 명 방송국 | 向 xiàng 개 ~를 향해 | 播送 bōsòng 동 방송하다 | 重要 zhòngyào 형 중요하다

0006 2급

报纸

bàozhǐ

예 매일 퇴근할 때 오는 김에 报纸bàozhǐ를 한 부 사서 돌아온다.

每天下班的时候顺便买一份报纸回来。

Měitiān xià bān de shíhou shùnbiàn mǎi yí fèn bàozhǐ huílai.

명 신문

Voca+

顺便 shùnbiàn 부 ~하는 김에 | 份 fèn 양 부 [신문을 세는 단위]

0007 3급

故事

gùshi

예 아이가 매일 잠자기 전에, 엄마는 아이에게 재미있는 故事gùshi를 들려준다.

孩子每天睡觉之前，妈妈都给孩子讲一个有趣的故事。

Háizi měitiān shuì jiào zhīqián, māma dōu gěi háizi jiǎng yí ge yǒuqù de gùshi.

명 이야기

Voca+

讲 jiǎng 동 이야기하다 | 有趣 yǒuqù 형 재미있다

Chapter 3. 사회생활

A3-5 3-5 **교제·교류**

Let's Start Up!

주제에 맞는 단어와 예문을 학습해 보세요.

0001 1급

朋友
péngyou

유의 友人 yǒurén
반의 敌人 dírén

예 우리는 초등학교 때 같은 반이었다. 그는 나의 가장 좋은 朋友péngyou이다.

我们是小学时候的同班同学，他是我最好的朋友。
Wǒmen shì xiǎoxué shíhou de tóngbān tóngxué, tā shì wǒ zuì hǎo de péngyou.

명 친구

Voca+
小学 xiǎoxué 명 초등학교 | 同班同学 tóngbān tóngxué 명 같은 반 친구

0002 3급

客人
kèrén

유의 顾客 gùkè
반의 主人 zhǔrén

예 이 레스토랑의 요리는 맛있고 가격도 싸서, 客人kèrén이 언제나 아주 많다.

这家饭馆儿的菜又好吃又便宜，客人总是挺多。
Zhè jiā fànguǎnr de cài yòu hǎochī yòu piányi, kèrén zǒngshì tǐng duō.

명 손님

Voca+
便宜 piányi 형 저렴하다 | 总是 zǒngshì 부 늘, 언제나

0003 3급

邻居
línjū

유의 隔壁 gébì

예 내 친구가 우리 집 맞은편으로 이사를 해서, 우리는 지금 邻居línjū가 되었다.

我朋友搬到我家对面了，我们现在是邻居了。
Wǒ péngyou bāndào wǒ jiā duìmiàn le, wǒmen xiànzài shì línjū le.

명 이웃

Voca+
搬 bān 동 옮기다 | 对面 duìmiàn 명 맞은편

0004 1급

先生
xiānsheng

예 先生xiānsheng 숙녀 여러분, 지금부터 파티를 시작하겠습니다!

先生们、女士们，晚会现在开始!

Xiānshengmen、nǚshìmen, wǎnhuì xiànzài kāishǐ!

명 선생 [성인 남자에 대한 호칭], 신사

Voca+

女士 nǚshì 명 숙녀 | 开始 kāishǐ 동 시작하다 | 晚会 wǎnhuì 명 파티, 연회

Tip '先生'은 남성에 대한 일반적인 호칭입니다. 한자 음 그대로 읽어서 선생님이라고 생각하지 않도록 주의하세요. 중국어로 선생님은 '老师 lǎoshī'라고 합니다.

0005 1급

小姐
xiǎojiě

예 나는 친구에게 小姐xiǎojiě 한 명을 소개해 주었다. 그녀는 키도 크고 예쁘다.

我给朋友介绍了一位小姐，她又高又漂亮。

Wǒ gěi péngyou jièshào le yí wèi xiǎojiě, tā yòu gāo yòu piàoliang.

명 아가씨

Voca+

介绍 jièshào 동 소개하다 | 漂亮 piàoliang 형 예쁘다

0006 3급

见面
jiàn miàn

예 그는 요즘 몸이 어떤가요? 지난번에 그와 见面jiàn miàn 했을 때, 건강해 보이더군요.

他最近身体怎么样? 上次跟他见面的时候，看起来很健康。

Tā zuìjìn shēntǐ zěnmeyàng? Shàngcì gēn tā jiàn miàn de shíhou, kàn qǐlái hěn jiànkāng.

동 만나다

Voca+

上次 shàngcì 명 지난번 | 看起来 kàn qǐlái 보아하니

0007 1급

再见
zàijiàn

예 그는 再见zàijiàn이라고 말하지도 않고 바로 떠났다.

他连再见也不说就离开了。

Tā lián zàijiàn yě bù shuō jiù líkāi le.

동 안녕, 다시 만나자

Voca+

连 lián 개 ~조차 | 离开 líkāi 동 떠나다, 이별하다

0008 2급

介绍
jièshào

예 관광가이드가 고궁의 역사를 介绍jièshào했다.

导游介绍了故宫的历史。

Dǎoyóu jièshào le Gùgōng de lìshǐ.

동 소개하다

Voca+
导游 dǎoyóu 명 관광가이드

0009 1급

打电话
dǎ diànhuà

예 내일 당신이 오기 전에 먼저 저에게 打电话dǎ diànhuà하세요. 알았죠?

明天你来之前先给我打电话，好吗?

Míngtiān nǐ lái zhīqián xiān gěi wǒ dǎ diànhuà, hǎo ma?

동 전화하다

Voca+
…之前 …zhīqián 명 ~이전

0010 1급

喂
wéi

예 喂wéi, 안녕하세요? 샤오왕 집에 있나요?

喂，你好? 小王在家吗?

Wéi, nǐ hǎo? Xiǎo Wáng zài jiā ma?

동 (전화상에서) 여보세요

0011 3급

别人
biérén

예 죄송합니다. 저는 모르겠네요. 别人biérén에게 물어보세요.

对不起，我不知道。问问别人吧。

Duìbuqǐ, wǒ bù zhīdào. Wènwen biérén ba.

명 다른 사람

0012 3급

关系
guānxì

예 그들은 무슨 关系guānxì인가요?

他们是什么关系?

Tāmen shì shénme guānxì?

명 관계, 연줄

0013 3급

礼物

lǐwù

예 내일 친구가 생일을 맞이하는데, 나는 어떤 礼物lǐwù를 보내는 게 좋을지 모르겠다.

明天朋友过生日，我不知道送什么礼物好。

Míngtiān péngyou guò shēngrì, wǒ bù zhīdào sòng shénme lǐwù hǎo.

명 선물

Voca+

过 guò 동 보내다, 지내다 | 生日 shēngrì 명 생일 | 送 sòng 동 보내다, 전달하다

0014 3급

聊天

liáo tiān

예 쉬는 시간에 나는 종종 친구들과 함께 聊天liáo tiān한다.

休息时间我常常跟朋友们一起聊天。

Xiūxi shíjiān wǒ chángcháng gēn péngyoumen yìqǐ liáo tiān.

동 수다를 떨다, 이야기하다

Voca+

休息 xiūxi 동 쉬다 명 휴식 | 常常 chángcháng 부 종종, 자주 | 跟 gēn 개 ~와 | 一起 yìqǐ 부 함께

1. 보기에서 알맞은 단어를 고르세요.

보기 A. 课 B. 学校 C. 学习 D. 考试 E. 老师 F. 题

① 수업, 과 ________ ② 시험보다, 시험 ________

③ 학교 ________ ④ 문제 ________

⑤ 선생님 ________ ⑥ 공부하다, 공부 ________

2. 중국어의 뜻과 병음을 서로 연결하세요.

① 교실 •	• 教室 •	• niánjí
② 학년 •	• 词典 •	• shùxué
③ 사전 •	• 数学 •	• cídiǎn
④ 수학 •	• 年级 •	• hēibǎn
⑤ 칠판 •	• 黑板 •	• jiàoshì

3. 밑줄 친 부분에 적합한 단어를 쓰세요.

보기 A. 故事 B. 班 C. 再见 D. 成绩 E. 客人 F. 书

① 그는 ________ 이라고도 말하지 않고 바로 떠났다.

② 우리 학교는 매 학년이 다 10개 ________ 이 있다.

③ 시험 ________ 이 그다지 좋지 않아서, 대학에 합격하지 못했다.

④ 나는 도서관에 가서 ________ 를 한 권 빌리려고 한다.

⑤ 아이가 매일 잠자기 전에, 엄마는 아이에게 재미있는 ________ 를 들려준다.

⑥ 이 레스토랑의 요리는 맛있고 가격도 싸서 ________ 이 언제나 아주 많다.

■ 정답은 194쪽에 있습니다.

Chapter 4. 시간과 장소

A4-1 4-1 시간·날짜

Let's Start Up! 주제에 맞는 단어와 예문을 학습해 보세요.

0001 1급

昨天
zuótiān

예 昨天zuótiān은 수요일이고, 오늘은 목요일이다.
昨天星期三，今天星期四。
Zuótiān xīngqīsān, jīntiān xīngqīsì.

명 어제

0002 1급

今天
jīntiān

예 그제 그녀는 이틀 후에 온다고 했으니, 今天jīntiān 반드시 올 것이다.
前天她说两天以后来，她今天一定会来。
Qiántiān tā shuō liǎng tiān yǐhòu lái, tā jīntiān yídìng huì lái.

명 오늘

Voca+
前天 qiántiān 명 그제 | 一定 yídìng 부 반드시

0003 1급

明天
míngtiān

예 오늘은 월요일이고, 明天míngtiān은 화요일이다.
今天星期一，明天星期二。
Jīntiān xīngqīyī, míngtiān xīngqī'èr.

명 내일

0004 1급

年
nián

예 1年nián은 365일이다.
一年有365天。
Yì nián yǒu sānbǎi liùshíwǔ tiān.

명 해, 년

0005 1급

月
yuè

예 당신들은 몇 月yuè에 방학이 시작하나요?
你们几月开始放假？
Nǐmen jǐ yuè kāishǐ fàng jià?

명 월

Voca+
放假 fàng jià 동 방학하다

0006 1급

星期
xīngqī

예 우리는 매우 빠듯하게 공부한다. 거의 매 星期xīngqī마다 모두 시험이 있다.

我们学习很紧张，几乎每个星期都有考试。

Wǒmen xuéxí hěn jǐnzhāng, jīhū měi ge xīngqī dōu yǒu kǎoshì.

명 주, 요일

Voca+
紧张 jǐnzhāng 형 여유가 없다, 바쁘다 | 几乎 jīhū 부 거의

Tip 요일을 나타낼 때는 '星期' 뒤에 숫자를 써서 나타냅니다. 단, 일요일은 '星期天'이라고 합니다.

星期一 월요일 / 星期二 화요일 / 星期三 수요일 / 星期四 목요일 / 星期五 금요일 / 星期六 토요일 / 星期天 일요일

0007 2급

日
rì

예 나는 중국에 놀러갈 것이다. 10월 1日rì 출발이다.

我要去中国玩儿。十月一日出发。

Wǒ yào qù Zhōngguó wánr. Shí yuè yī rì chūfā.

명 날, 일

Voca+
出发 chūfā 동 출발하다

Tip 회화에서는 날짜를 나타낼 때, '日'보다 '号 hào'를 더 많이 씁니다.

0008 1급

号
hào

예 오늘은 5월 6号hào이다.

今天五月六号。

Jīntiān wǔ yuè liù hào.

명 (날짜를 가리키는) 일, 번호

0009 2급

早上
zǎoshang

반의 晚上 wǎnshang

예 당신 빨리 주무세요. 그렇지 않으면 내일 早上zǎoshang에 못 일어날 거예요.

你快点儿睡觉吧，要不明天早上起不来。

Nǐ kuài diǎnr shuì jiào ba, yàobù míngtiān zǎoshang qǐbulái.

명 아침

Voca+
要不 yàobù 접 그렇지 않으면

0010 1급

上午

shàngwǔ

반의 下午 xiàwǔ

예 나는 매일 上午shàngwǔ 8시 반에 학교에 가고, 9시에 수업을 한다.

我每天上午八点半去学校，九点上课。

Wǒ měitiān shàngwǔ bā diǎn bàn qù xuéxiào, jiǔ diǎn shàng kè.

명 오전

0011 1급

中午

zhōngwǔ

예 그는 매일 中午zhōngwǔ 12시에 점심을 먹는다.

他每天中午十二点吃午饭。

Tā měitiān zhōngwǔ shí'èr diǎn chī wǔfàn.

명 정오, 대낮

Voca+

午饭 wǔfàn 명 점심 식사

0012 1급

下午

xiàwǔ

반의 上午 shàngwǔ

예 중국인의 업무시간은 일반적으로 오전 8시부터 下午xiàwǔ 5시까지이다.

中国人的工作时间一般从上午八点到下午五点。

Zhōngguórén de gōngzuò shíjiān yìbān cóng shàngwǔ bā diǎn dào xiàwǔ wǔ diǎn.

명 오후

Voca+

一般 yìbān 부 일반적으로 형 일반적이다

0013 2급

晚上

wǎnshang

반의 早上 zǎoshang

예 그는 매일 晚上wǎnshang 11시에 잠을 잔다.

他每天晚上十一点睡觉。

Tā měitiān wǎnshang shíyī diǎn shuì jiào.

명 저녁

0014 2급

去年

qùnián

예 나는 去年qùnián에 베이징에 왔다. 베이징에 온 지 벌써 1년이 되었다.

我是去年来北京的，已经来了一年。

Wǒ shì qùnián lái Běijīng de, yǐjīng lái le yì nián.

명 작년

Voca+

已经 yǐjīng 부 이미, 벌써

0015 2급

时间

shíjiān

유의 空 kòng

예 당신 내일 时间shíjiān이 있으면, 우리 집에 와서 같이 놀아요.

你明天有时间的话，到我家来一起玩儿吧。

Nǐ míngtiān yǒu shíjiān de huà, dào wǒ jiā lái yìqǐ wánr ba.

명 시간

Voca+

…的话 …de huà 조 ~하다면, ~이면

0016 2급

小时

xiǎoshí

예 오늘 나는 4小时xiǎoshí의 수업이 있다. 8시부터 시작해서 12시에 끝난다.

今天我有四个小时的课，从八点开始十二点结束。

Jīntiān wǒ yǒu sì ge xiǎoshí de kè, cóng bā diǎn kāishǐ shí'èr diǎn jiéshù.

명 시간 [시간의 양을 나타내는 단위]

Voca+

结束 jiéshù 동 끝나다

Tip '小时'는 '한 시간, 두 시간' 같은 시간의 양을 나타내는 단위입니다. 시각을 나타내는 '点 diǎn', 추상적인 개념의 시간을 나타내는 '时间 shíjiān'과 구별하여 사용하세요.

0017 1급

分钟

fēnzhōng

예 매 교시 수업 이후에 10分钟fēnzhōng을 쉬고, 2교시 이후에는 20分钟fēnzhōng을 쉰다.

每一节课以后休息十分钟，第二节课以后休息二十分钟。

Měi yì jié kè yǐhòu xiūxi shí fēnzhōng, dì-èr jié kè yǐhòu xiūxi èrshí fēnzhōng.

명 분 [시간의 양을 나타내는 단위]

Voca+

节 jié 양 교시 [수업을 세는 단위] | 休息 xiūxi 동 쉬다, 휴식하다

0018 3급

周末

zhōumò

예 그는 월요일부터 금요일까지 열심히 일하고, 周末zhōumò에는 푹 쉰다.

他从星期一到星期五努力工作，周末好好儿休息。

Tā cóng xīngqīyī dào xīngqīwǔ nǔlì gōngzuò, zhōumò hǎohāor xiūxi.

명 주말

Voca+

努力 nǔlì 동 노력하다, 열심히 하다

0019 3급

最近

zuìjìn

예 이전에 그녀는 조금 통통했는데, 最近zuìjìn에는 야위었다.

以前她有点儿胖，最近变瘦了。

Yǐqián tā yǒudiǎnr pàng, zuìjìn biàn shòu le.

명 최근

Voca+

胖 pàng 형 뚱뚱하다 | 变 biàn 동 변하다 | 瘦 shòu 형 마르다

0020 1급

现在

xiànzài

유의 现今 xiànjīn

예 제가 现在xiànzài는 바쁘니, 이후에 다시 오세요.

我现在很忙，你以后再来吧。

Wǒ xiànzài hěn máng, nǐ yǐhòu zài lái ba.

명 현재, 지금

Voca+

忙 máng 형 바쁘다

0021 3급

过去①

guòqù

예 경제의 발전에 따라, 사람들의 생활이 过去guòqù에 비해 많이 좋아졌다.

随着经济的发展，人民的生活比过去好多了。

Suízhe jīngjì de fāzhǎn, rénmín de shēnghuó bǐ guòqù hǎo duō le.

명 과거

Voca+

随着 suízhe 개 ~를 따라 | 经济 jīngjì 명 경제 | 发展 fāzhǎn 명 발전 | 生活 shēnghuó 명 생활

过去②

guòqù

예 그는 방금 저기에서 过去guòqù했어요.

他刚才从那儿过去了。

Tā gāngcái cóng nàr guòqù le.

동 지나가다

Voca+

刚才 gāngcái 명 방금

0022 1급

时候

shíhou

예 그가 돌아왔을 时候shíhou, 나는 숙제를 하고 있는 중이었다.

他回来的时候，我正在做作业。

Tā huílai de shíhou, wǒ zhèngzài zuò zuòyè.

명 때, 무렵

Voca+

正在 zhèngzài 부 ~하는 중이다

0023 3급

以前

yǐqián

반의 以后 yǐhòu

예 그녀는 중국에 오기 以前yǐqián에는 중국어를 배운 적이 없다.

她来中国以前没学过汉语。

Tā lái Zhōngguó yǐqián méi xuéguo Hànyǔ.

명 이전

0024 3급

刚才

gāngcái

예 당신 어떻게 지금에서야 오는 거예요? 刚才gāngcái 그가 당신을 찾았는데, 급한 일이 있는 것 같았어요.

你怎么现在才来呢? 刚才他找你了，好像有急事。

Nǐ zěnme xiànzài cái lái ne? Gāngcái tā zhǎo nǐ le, hǎoxiàng yǒu jíshì.

명 방금, 조금 전

Voca+

找 zhǎo 동 찾다 | 好像 hǎoxiàng 부 마치 ~인 것 같다 | 急事 jíshì 급한 일

Tip '방금, 얼마 전에'라는 비슷한 뜻을 가진 '刚刚'과 구별해서 써야 합니다. '刚才'는 명사이므로 주어보다 앞에 쓸 수 있으며 문장의 맨 앞에 올 수 있지만, 부사인 '刚刚'은 주어보다 앞에 올 수 없습니다.

0025 3급

后来

hòulái

반의 起初 qǐchū

예 나는 이전에는 수영을 못 했는데, 后来hòulái 배워서 할 수 있게 되었다.

以前我不会游泳，后来我学会了。

Yǐqián wǒ bú huì yóu yǒng, hòulái wǒ xuéhuì le.

명 나중에, 그다음에

Voca+

游泳 yóu yǒng 동 수영하다 | 学会 xuéhuì 동 배워서 할 수 있다

0026 3급

最后

zuìhòu

유의 最终 zuìzhōng

반의 最初 zuìchū

예 이것은 最后zuìhòu의 기회이다. 다시는 이런 좋은 기회가 없을 것이다.

这是最后的机会，不会再有这么好的机会。

Zhè shì zuìhòu de jīhuì, búhuì zài yǒu zhème hǎo de jīhuì.

명 제일 마지막, 최후

Voca+

机会 jīhuì 명 기회 | 这么 zhème 대 이렇게, 이런

Chapter 4. 시간과 장소

A4-2 **4-2 교통·방향**

Let's Start Up! 주제에 맞는 단어와 예문을 학습해 보세요.

0001 1급

飞机

fēijī

예 서울에서 베이징까지 飞机fēijī를 타면 2시간이 걸린다.

从首尔到北京得坐两个小时的飞机。

Cóng Shǒu'ěr dào Běijīng děi zuò liǎng ge xiǎoshí de fēijī.

명 비행기

Voca+

首尔 Shǒu'ěr 명 서울 [한국의 수도] | 得 děi 조동 ~해야만 한다

0002 1급

出租车

chūzūchē

예 버스 타는 건 너무 붐벼요. 우리 出租车chūzūchē를 탑시다. 빠르고 편하잖아요.

坐公共汽车太挤，咱们坐出租车吧。又快又舒服。

Zuò gōnggòng qìchē tài jǐ, zánmen zuò chūzūchē ba. Yòu kuài yòu shūfu.

명 택시

Voca+

公共汽车 gōnggòng qìchē 명 버스 | 挤 jǐ 형 붐비다 | 咱们 zánmen 대 우리 | 舒服 shūfu 형 편안하다

0003 2급

公共汽车

gōnggòng qìchē

예 우리 집 근처에는 지하철역이 없어서 오로지 公共汽车 gōnggòng qìchē를 타고 출퇴근할 수밖에 없다.

我家附近没有地铁站，只能坐公共汽车上下班。

Wǒ jiā fùjìn méiyǒu dìtiězhàn, zhǐnéng zuò gōnggòng qìchē shàngxiàbān.

명 버스

Voca+

附近 fùjìn 명 근처 | 地铁站 dìtiězhàn 명 지하철역 | 上下班 shàngxiàbān 동 출퇴근하다

0004 3급

地铁

dìtiě

예 지금은 차가 막히니, 우리 地铁dìtiě를 타요.

现在堵车，咱们坐地铁吧。

Xiànzài dǔchē, zánmen zuò dìtiě ba.

명 지하철

Voca+

堵车 dǔchē 동 차가 막히다

0005 3급

船

chuán

예 船chuán을 타고 중국에 가는 것은, 비록 시간은 오래 걸리지만 재미있다.

坐船去中国，虽然时间长，但是很有意思。

Zuò chuán qù Zhōngguó, suīrán shíjiān cháng, dànshì hěn yǒuyìsi.

명 배, 선박

Voca+

有意思 yǒuyìsi 형 재미있다

0006 3급

自行车

zìxíngchē

예 自行车zìxíngchē를 타는 것은 몸에 좋을 뿐 아니라, 게다가 환경을 보호할 수도 있다.

骑自行车不但对身体好，而且可以保护环境。

Qí zìxíngchē búdàn duì shēntǐ hǎo, érqiě kěyǐ bǎohù huánjìng.

명 자전거

Voca+

骑 qí 동 타다 | 保护 bǎohù 동 보호하다 | 环境 huánjìng 명 환경

0007 2급

机场

jīchǎng

예 내 친구가 탄 비행기가 2시간 연착해서, 나는 机场jīchǎng에서 그를 기다리는 중이다.

我朋友坐的飞机晚点两个小时，我正在机场等他。

Wǒ péngyou zuò de fēijī wǎndiǎn liǎng ge xiǎoshí, wǒ zhèng zài jīchǎng děng tā.

명 공항

Voca+

晚点 wǎndiǎn 동 연착하다 | 等 děng 동 기다리다

0008 3급

起飞

qǐfēi

반의 降落 jiàngluò

예 눈이 와서 9시 비행기가 10시가 되어서야 겨우 起飞qǐfēi 했다.

因为下雪，九点的飞机十点才起飞了。

Yīnwèi xià xuě, jiǔ diǎn de fēijī shí diǎn cái qǐfēi le.

동 이륙하다

Voca+

因为 yīnwèi 접 ~때문에 | 下雪 xià xuě 동 눈이 오다 | 飞机 fēijī 명 비행기 | 才 cái 부 겨우, 비로소

0009 2급

火车站

huǒchēzhàn

예 내가 火车站huǒchēzhàn에 도착했을 때, 기차는 이미 떠났다.

我赶到火车站的时候，火车已经开走了。

Wǒ gǎndào huǒchēzhàn de shíhou, huǒchē yǐjīng kāizǒu le.

명 기차역

Voca+

赶 gǎn 동 (시간에 늦지 않도록) 서두르다, 대다

0010 1급

上

shàng

반의 下 xià

예 그는 침대 上shàng에서 잠을 잔다.

他在床上睡觉。

Tā zài chuángshang shuì jiào.

명 위 동 오르다

Voca+

床 chuáng 명 침대

0011 1급

下①

xià

반의 上 shàng

예 날이 어두워졌어요. 우리 산을 下xià해요.

天黑了，我们下山吧。

Tiān hēi le, wǒmen xià shān ba.

동 내려가다

Voca+

黑 hēi 형 까맣다, 어둡다

下②

xià

예 그는 밖에 또 비가 下xià하는 것을 보았다.

他看到外面又下雨了。

Tā kàndào wàimian yòu xià yǔ le.

동 (눈 또는 비가) 내리다

Voca+

外面 wàimian 명 밖

下③
xià

예 이번 주는 제가 비교적 바빠요. 우리 下xià 주에 봐요.

这个星期我比较忙，我们下星期见吧。

Zhège xīngqī wǒ bǐjiào máng, wǒmen xià xīngqī jiàn ba.

명 다음

Voca+

比较 bǐjiào 부 비교적 | 下星期 xià xīngqī 명 다음 주

下④
xià

예 비행기를 탔을 때, 그는 下xià쪽으로 지면의 풍경을 보았다.

在乘飞机时，他往下看地面的风景。

Zài chéng fēijī shí, tā wǎng xià kàn dìmiàn de fēngjǐng.

명 아래

Voca+

乘 chéng 동 타다, 탑승하다 | 地面 dìmiàn 명 지면, 땅 | 风景 fēngjǐng 명 경치, 풍경

0012 1급

里
lǐ

반의 外 wài

예 밖이 너무 추워요. 빨리 里lǐ쪽으로 들어가세요.

外边太冷，快进里边吧。

Wàibian tài lěng, kuài jìn lǐbian ba.

명 안

Voca+

冷 lěng 형 춥다 | 进 jìn 동 들어가다

0013 2급

外
wài

반의 内 nèi, 里 lǐ

예 학교 안에 사는 게 좋아요, 아니면 학교 外wài에 사는 게 좋아요?

住学校里边好还是住学校外边好?

Zhù xuéxiào lǐbian hǎo háishi zhù xuéxiào wàibian hǎo?

명 바깥

Voca+

住 zhù 동 살다 | 还是 háishi 접 또는, 아니면 [의문문에 쓰임]

0014 1급

前面
qiánmian

유의 前边 qiánbian

반의 后面 hòumian

예 눈이 너무 많이 와서, 前面qiánmian이 잘 안 보인다.

雪下得太大，看不清前面。

Xuě xià de tài dà, kànbuqīng qiánmian.

명 전면, 앞

Voca+

雪 xuě 명 눈 | 清 qīng 형 선명하다

0015 1급

后面

hòumian

유의 后边 hòubian

반의 前面 qiánmian

예 중국어의 어순은 일반적으로 주어가 앞에 오고, 술어가 뒤에 오며, 목적어는 술어의 后面hòumian에 온다.

汉语的语序一般是主语在前，谓语在后，宾语在谓语的后面。

Hànyǔ de yǔxù yìbān shì zhǔyǔ zài qián, wèiyǔ zài hòu, bīnyǔ zài wèiyǔ de hòumian.

명 뒤, 뒤쪽

Voca+

语序 yǔxù 명 어순 | 主语 zhǔyǔ 명 주어 | 谓语 wèiyǔ 명 술어 | 宾语 bīnyǔ 명 목적어

0016 2급

旁边

pángbiān

예 여자친구가 입원을 해서 그는 계속 여자친구 旁边 pángbiān에서 그녀를 돌보았다.

女朋友住院了，他一直在女朋友旁边照顾她。

Nǚpéngyou zhù yuàn le, tā yìzhí zài nǚpéngyou pángbiān zhàogù tā.

명 옆, 근처

Voca+

住院 zhù yuàn 동 입원하다 | 一直 yìzhí 부 줄곧, 죽 | 照顾 zhàogù 동 돌보다

0017 2급

右边

yòubian

반의 左边 zuǒbian

예 한국의 버스는 右边yòubian으로 타고 내린다.

韩国的公共汽车从右边上下车。

Hánguó de gōnggòng qìchē cóng yòubian shàngxiàchē.

명 오른쪽

0018 2급

左边

zuǒbian

반의 右边 yòubian

예 은행의 오른쪽은 우체국이다. 우체국의 左边zuǒbian은 은행이다.

银行的右边是邮局，邮局的左边是银行。

Yínháng de yòubian shì yóujú, yóujú de zuǒbian shì yínháng.

명 왼쪽

Voca+

邮局 yóujú 명 우체국 | 银行 yínháng 명 은행

0019 3급

附近
fùjìn

예 그의 집은 우리 집 附近fùjìn에 있으니, 집에 가는 길에 이 책을 그에게 돌려줄게요.
他家就在我家附近，回家的时候顺便把这本书还给他。
Tā jiā jiù zài wǒ jiā fùjìn, huíjiā de shíhou shùnbiàn bǎ zhè běn shū huángěi tā.

명 근처, 부근

Voca+
顺便 shùnbiàn 부 ~하는 김에, 겸사겸사 | 还 huán 동 돌려주다, 반납하다

0020 3급

中间
zhōngjiān

유의 当中 dāngzhōng

예 학교에서 버스를 타고 기차역에 갈 때는 中间zhōngjiān에서 차를 한 번 갈아타야 한다.
从学校坐公共汽车去火车站，中间要换一次车。
Cóng xuéxiào zuò gōnggòng qìchē qù huǒchēzhàn, zhōngjiān yào huàn yí cì chē.

명 중간, 사이, 가운데

Voca+
换 huàn 동 갈아타다 | 火车站 huǒchēzhàn 명 기차역

0021 3급

东
dōng

반의 西 xī

예 한국은 중국의 东dōng쪽에 위치한다.
韩国位于中国的东边。
Hánguó wèiyú Zhōngguó de dōngbian.

명 동쪽

Voca+
位于 wèiyú 동 ~에 위치하다

0022 3급

西
xī

반의 东 dōng

예 중국은 한국의 西xī쪽에 위치한다.
中国位于韩国的西边。
Zhōngguó wèiyú Hánguó de xībian.

명 서쪽

0023 3급

南
nán

반의 北 běi

예 가을에는 제비가 南nán쪽을 향해 날아간다.
秋天，燕子朝南飞去。
Qiūtiān, yànzi cháo nán fēiqù.

명 남쪽

Voca+
燕子 yànzi 명 제비 | 朝 cháo 개 ~쪽으로 | 飞 fēi 동 날다

0024 3급

北方
bĕifāng

반의 南方 nánfāng

예 선양은 중국 北方bĕifāng의 한 도시이다.
沈阳是中国北方的一个城市。
Shěnyáng shì Zhōngguó běifāng de yí ge chéngshì.

명 북쪽, 북방

Voca+
城市 chéngshì 명 도시

Chapter 4. 시간과 장소

A4-3 **4-3 장소·지역**

Let's Start Up! 주제에 맞는 단어와 예문을 학습해 보세요.

0001 1급

中国
Zhōngguó

예 中国Zhōngguó는 세계에서 인구가 가장 많은 나라이다.
中国是世界上人口最多的国家。
Zhōngguó shì shìjiè shang rénkǒu zuì duō de guójiā.

명 중국

0002 1급

北京
Běijīng

예 北京Běijīng은 중국의 수도이다.
北京是中国的首都。
Běijīng shì Zhōngguó de shǒudū.

명 베이징, 북경

Voca+
首都 shǒudū 명 수도

0003 3급

黄河
Huáng Hé

예 黄河Huáng Hé는 중국에서 두 번째로 긴 강이다.
黄河是中国第二长的江。
Huáng Hé shì Zhōngguó dì-èr cháng de jiāng.

명 황허(강)

Voca+
长 cháng 형 길다 | 江 jiāng 명 강

Tip 중국에서 가장 긴 강은 '长江 Cháng Jiāng(장강, 양쯔강)'입니다.

0004 3급

城市
chéngshì

반의 乡村 xiāngcūn

예 그는 전국 각지의 城市chéngshì와 농촌을 가봤다.
他去过全国各地的城市和农村。
Tā qùguo quánguó gèdì de chéngshì hé nóngcūn.

명 도시

Voca+
全国 quánguó 명 전국 | 各地 gèdì 명 각지 | 农村 nóngcūn 명 농촌

0005 3급

地方

dìfang

예 중국에는 여행할 地方dìfang이 많이 있는데, 당신은 어디에 가봤나요?

中国有很多旅游的地方，你去过哪儿?

Zhōngguó yǒu hěn duō lǚyóu de dìfang, nǐ qùguo nǎr?

명 장소, 부분

Voca+

旅游 lǚyóu 동 여행하다

0006 1급

商店

shāngdiàn

예 이 商店shāngdiàn 안은 물건이 전부 구비되어 있다. 먹을 것, 입을 것, 쓸 것 등 전부 다 있다.

这个商店里东西很全，吃的、穿的、用的什么都有。

Zhège shāngdiàn li dōngxi hěn quán, chī de、chuān de、yòng de shénme dōu yǒu.

명 상점

Voca+

全 quán 형 완전하다, 완비되어 있다

0007 3급

银行

yínháng

예 우리는 银行yínháng에서 출금, 입금, 환전을 할 수 있다.

我们可以在银行取钱、存钱、换钱。

Wǒmen kěyǐ zài yínháng qǔ qián、cún qián、huàn qián.

명 은행

Voca+

取钱 qǔ qián 동 출금하다 | 存钱 cún qián 동 입금하다 | 换钱 huàn qián 동 환전하다

Tip '行'은 '직업, 분야'라는 뜻으로 쓰일 때 'háng' 이라고 읽고, '좋다' 또는 '가다'라는 뜻으로 쓰일 때 'xíng' 이라고 읽습니다.

0008 1급

医院

yīyuàn

예 나는 医院yīyuàn에 가서 신체검사를 하려고 한다.

我要去医院检查身体。

Wǒ yào qù yīyuàn jiǎnchá shēntǐ.

명 병원

Voca+

检查 jiǎnchá 동 검사하다

0009 2급

宾馆

bīnguǎn

유의 饭店 fàndiàn
酒店 jiǔdiàn

예 나는 사장님을 위해 宾馆bīnguǎn에 방 하나를 예약했다.

我为老板在宾馆预定了一个房间。

Wǒ wèi lǎobǎn zài bīnguǎn yùdìng le yí ge fángjiān.

명 호텔

Voca+

老板 lǎobǎn 명 사장 | 预定 yùdìng 동 예약하다

0010 3급

超市

chāoshì

예 우리 집 근처에 超市chāoshì와 시장이 있어서 물건 사기가 아주 편리하다.

我家附近有超市和市场，买东西很方便。

Wǒ jiā fùjìn yǒu chāoshì hé shìchǎng, mǎi dōngxi hěn fāngbiàn.

명 슈퍼마켓

Voca+

市场 shìchǎng 명 시장 | 方便 fāngbiàn 형 편리하다

Tip '**超市**'는 슈퍼마켓의 의역인 '**超级市场** chāojí shìchǎng'의 줄임말입니다.

0011 1급

饭店

fàndiàn

예 지난번 여행 때 내가 묵었던 饭店fàndiàn은 깨끗하고 좋았다.

上次旅行时我住的饭店很干净也很不错。

Shàng cì lǚxíng shí wǒ zhù de fàndiàn hěn gānjìng yě hěn búcuò.

명 호텔

Voca+

旅行 lǚxíng 동 여행하다 | 住 zhù 동 묵다, 거주하다 | 干净 gānjìng 형 깨끗하다 | 不错 búcuò 형 좋다, 훌륭하다

0012 3급

公园

gōngyuán

예 많은 어르신들이 아침에 公园gōngyuán에서 태극권을 하신다.

很多老人早上在公园里打太极拳。

Hěn duō lǎorén zǎoshang zài gōngyuán li dǎ tàijíquán.

명 공원

Voca+

老人 lǎorén 명 노인, 어르신

0013 2급

路

lù

유의 道 dào

예 톈안먼에 가려면 어떤 路lù가 가장 가까운가요?

去天安门走哪条路最近?

Qù Tiān'ānmén zǒu nǎ tiáo lù zuì jìn?

명 길

Voca+

天安门 Tiān'ānmén 명 톈안먼

0014 3급

街道

jiēdào

예 베이징의 대부분 街道jiēdào에는 다 자전거 전용 도로가 있다.

北京的大部分街道都有专门的自行车道。

Běijīng de dàbùfen jiēdào dōu yǒu zhuānmén de zìxíngchē dào.

명 거리

Voca+

大部分 dàbùfen 명 대부분 | 专门 zhuānmén 형 전용의, 전문적인

1. 보기에서 알맞은 단어를 고르세요.

보기 A. 前面 B. 后面 C. 刚才 D. 地方 E. 中间 F. 附近

① 근처, 부근 ________ ② 중간, 사이, 가운데 ________

③ 전면, 앞 ________ ④ 장소, 부분 ________

⑤ 뒤, 뒤쪽 ________ ⑥ 방금, 조금 전 ________

2. 중국어의 뜻과 병음을 서로 연결하세요.

① 오전 •	• 昨天 •	• shàngwǔ
② 현재 •	• 今天 •	• xiànzài
③ 어제 •	• 过去 •	• zuótiān
④ 오늘 •	• 上午 •	• jīntiān
⑤ 과거 •	• 现在 •	• guòqù

3. 밑줄 친 부분에 적합한 단어를 쓰세요.

보기 A. 小时 B. 自行车 C. 明天 D. 火车站 E. 年 F. 晚上

① ________ 를 타는 것은 신체 건강에 좋을 뿐 아니라, 환경을 보호할 수도 있다.

② 1 ________ 은 365일이다.

③ 오늘 나는 4 ________ 의 수업이 있다. 8시부터 시작해서 12시에 끝난다.

④ 내가 ________ 에 도착했을 때, 기차는 이미 떠났다.

⑤ 그는 매일 ________ 11시에 잠을 잔다.

⑥ 오늘은 월요일이고, ________ 은 화요일이다.

■ 정답은 194쪽에 있습니다.

1. 보기에서 알맞은 단어를 고르세요.

보기 A. 后来 B. 南 C. 旁边 D. 时候 E. 里 F. 外

① 바깥 ______ ② 때, 시각, 무렵 ______

③ 나중에, 이후에 ______ ④ 안 ______

⑤ 남쪽 ______ ⑥ 옆, 근처 ______

2. 중국어의 뜻과 병음을 서로 연결하세요.

① 공원 •	• 北京 •	• běifāng
② 이륙하다 •	• 北方 •	• gōngyuán
③ 베이징 •	• 最后 •	• qǐfēi
④ 마지막, 최후 •	• 公园 •	• zuìhòu
⑤ 북쪽, 북방 •	• 起飞 •	• Běijīng

3. 밑줄 친 부분에 적합한 단어를 쓰세요.

보기 A. 银行 B. 左边 C. 中国 D. 医院 E. 机场 F. 西

① 나는 ______에 가서 신체검사를 하려고 한다.

② 은행의 오른쪽은 우체국이다. 우체국의 ______은 바로 은행이다.

③ 중국은 한국의 ______쪽에 위치한다.

④ ______은 세계에서 인구가 가장 많은 나라이다.

⑤ 내 친구가 탄 비행기가 2시간 연착해서 나는 ______에서 그를 기다리는 중이다.

⑥ 우리는 ______에서 출금, 입금, 환전을 할 수 있다.

■ 정답은 195쪽에 있습니다.

1. 보기에서 알맞은 단어를 고르세요.

보기 A. 月 B. 时间 C. 出租车 D. 地铁 E. 日 F. 船

① 날, 일 ______ ② 월 ______

③ 지하철 ______ ④ 시간 ______

⑤ 택시 ______ ⑥ 배, 선박 ______

2. 중국어의 뜻과 병음을 서로 연결하세요.

① 일, 번호 •	• 城市 •	• shāngdiàn
② 작년 •	• 公共汽车 •	• hào
③ 버스 •	• 去年 •	• qùnián
④ 도시 •	• 号 •	• chéngshì
⑤ 상점 •	• 商店 •	• gōnggòng qìchē

3. 밑줄 친 부분에 적합한 단어를 쓰세요.

보기 A. 周末 B. 飞机 C. 中午 D. 现在 E. 早上 F. 以前

① 서울에서 베이징까지 ______ 를 타면 2시간이 걸린다.

② 빨리 주무세요. 그렇지 않으면 내일 ______ 에 못 일어날 거예요.

③ 그는 매일 ______ 12시에 점심을 먹는다.

④ 그는 월요일부터 금요일까지 열심히 일하고, ______ 에는 푹 쉰다.

⑤ 그녀는 중국에 오기 ______ 에는 중국어를 배운 적이 없다.

⑥ 이전에 그녀는 조금 통통했는데, ______ 에는 야위었다.

■ 정답은 195쪽에 있습니다.

Chapter 5. 자연

A5-1 5-1 **계절·날씨**

Let's Start Up!

주제에 맞는 단어와 예문을 학습해 보세요.

0001 3급

季节

jìjié

예 한국의 1년은 4개의 季节jìjié가 있으며, 사계절이 분명하다.

韩国的一年有四个季节，四季分明。

Hánguó de yì nián yǒu sì ge jìjié, sìjì fēnmíng.

명 계절

Voca+

分明 fēnmíng 형 분명하다

0002 3급

春

chūn

예 春chūn날이 왔다. 날씨가 따뜻해졌고, 꽃이 벌써 피었다.

春天来了，天气暖和了，花儿都开了。

Chūntiān lái le, tiānqì nuǎnhuo le, huār dōu kāi le.

명 봄

Voca+

暖和 nuǎnhuo 형 따뜻하다 | 花儿 huār 명 꽃 | 开 kāi 동 (꽃이) 피다

0003 3급

夏

xià

예 夏xià날이 왔다. 날씨가 더워졌고, 종종 비가 온다.

夏天来了，天气热了，常常下雨。

Xiàtiān lái le, tiānqì rè le, chángcháng xià yǔ.

명 여름

Voca+

热 rè 형 덥다

0004 3급

秋

qiū

예 秋qiū날이 왔다. 날씨가 선선해져서, 나는 단풍을 보러 가고 싶다.

秋天来了，天气凉快了，我想去看红叶。

Qiūtiān lái le, tiānqì liángkuài le, wǒ xiǎng qù kàn hóngyè.

명 가을

Voca+

凉快 liángkuài 형 시원하다 | 红叶 hóngyè 명 단풍

0005 3급

冬

dōng

예 일 년에는 춘하추冬dōng, 사계절이 있다.

一年有春夏秋冬，四个季节。

Yì nián yǒu chūn xià qiū dōng, sì ge jìjié.

명 겨울

0006 1급

天气

tiānqì

예 겨울이 되어서 天气tiānqì 가 매우 춥다.

冬天来了，天气很冷。

Dōngtiān lái le, tiānqì hěn lěng.

명 날씨

Voca+

冬天 dōngtiān 명 겨울 | 冷 lěng 형 춥다

0007 2급

晴

qíng

반의 阴 yīn

예 지금은 비가 오지 않는다. 날씨가 晴qíng해졌다.

现在不下雨了，天晴了。

Xiànzài bú xià yǔ le, tiān qíng le.

형 개다, (하늘이) 맑다

0008 2급

阴

yīn

반의 晴 qíng

예 날씨가 阴yīn해졌다. 보아하니 곧 비가 올 것 같다.

天阴了，看起来快要下雨了。

Tiān yīn le, kàn qǐlái kuàiyào xià yǔ le.

형 흐리다

0009 1급

下雨

xià yǔ

예 한국은 여름에 종종 下雨xià yǔ해요. 당신은 항상 우산을 가지고 다니는 게 좋아요.

韩国夏天常常下雨，你最好常带雨伞。

Hánguó xiàtiān chángcháng xià yǔ, nǐ zuìhǎo cháng dài yǔsǎn.

동 비가 오다

Voca+

雨伞 yǔsǎn 명 우산 | 带 dài 동 지니다, 휴대하다

0010 1급

热

rè

반의 冷 lěng

예 한국의 여름은 热rè하다.

韩国的夏天很热。

Hánguó de xiàtiān hěn rè.

형 덥다, 뜨겁다

0011 2급

雪

xuě

예 나는 겨울을 좋아한다. 왜냐하면 겨울에는 종종 雪xuě가 오기 때문이다.

我很喜欢冬天，因为冬天常常下雪。

Wǒ hěn xǐhuan dōngtiān, yīnwèi dōngtiān chángcháng xià xuě.

명 눈

0012 3급

刮风

guā fēng

예 밖에 刮风guā fēng하고 비가 오고 있어요. 당신은 자전거를 타지 마세요.

外边正刮风下雨呢，你别骑自行车了。

Wàibian zhèng guā fēng xià yǔ ne, nǐ bié qí zìxíngchē le.

동 바람 불다

Voca+

骑 qí 동 (자전거나 오토바이 등에) 타다

0013 3급

太阳

tàiyáng

예 그곳은 자주 비가 와서 太阳tàiyáng을 볼 수가 없다.

那个地方常常下雨，见不到太阳。

Nàge dìfang chángcháng xià yǔ, jiànbudào tàiyáng.

명 태양

Voca+

地方 dìfang 명 장소, 곳

0014 3급

月亮

yuèliang

예 8월 15일의 月亮yuèliang은 어느 때보다도 둥글고 밝다.

八月十五的月亮比什么时候都圆，都明亮。

Bā yuè shíwǔ de yuèliang bǐ shénme shíhou dōu yuán, dōu míngliàng.

명 달

Voca+

圆 yuán 형 둥글다 | 明亮 míngliàng 형 밝다

0015 1급

冷

lěng

반의 热 rè

예 올해 겨울은 매우 冷lěng하네요. 당신 감기에 걸리지 않도록 조심하세요.

今年冬天很冷。你要小心，别感冒。

Jīnnián dōngtiān hěn lěng. Nǐ yào xiǎoxīn, bié gǎnmào.

형 춥다, 차다

Voca+

小心 xiǎoxīn 동 조심하다

Chapter 5. 자연

A5-2 **5-2 환경**

Let's Start Up!

주제에 맞는 단어와 예문을 학습해 보세요.

0001 3급

环境

huánjìng

예 그는 최근 이사를 했는데, 주위의 环境huánjìng이 매우 좋다.

他最近搬家了，周围的环境很好。

Tā zuìjìn bān jiā le, zhōuwéi de huánjìng hěn hǎo.

명 환경

Voca+

搬家 bān jiā 동 이사하다 | 周围 zhōuwéi 명 주위

0002 1급

水

shuǐ

예 보아하니, 당신 개가 목이 마른 것 같아요. 水shuǐ를 좀 마시게 해주세요.

看起来，你的狗很渴，让它喝点儿水。

Kàn qǐlái, nǐ de gǒu hěn kě, ràng tā hē diǎnr shuǐ.

명 물

Voca+

狗 gǒu 명 개 | 渴 kě 형 목마르다

Chapter 5. 자연

A5-3 5-3 동물·식물

Let's Start Up!

주제에 맞는 단어와 예문을 학습해 보세요.

0001 3급

动物

dòngwù

예 중국 문화에서 사람들은 12종류의 动物dòngwù로 사람이 태어난 해를 나타내는데, 이것을 '띠'라고 부른다.

在中国文化中，人们用十二种动物来代表人的出生年，叫做“生肖”。

Zài Zhōngguó wénhuà zhōng, rénmen yòng shí'èr zhǒng dòngwù lái dàibiǎo rén de chūshēngnián, jiào zuò "shēngxiào".

명 동물

Voca+

文化 wénhuà 명 문화 | 代表 dàibiǎo 동 나타내다 | 出生 chūshēng 동 태어나다 | 生肖 shēngxiào 명 띠

0002 1급

狗

gǒu

예 그가 기르는 狗gǒu는 말을 잘 듣는다. 주인이 부르면 바로 온다.

他养的小狗很听话，主人叫它就过来。

Tā yǎng de xiǎogǒu hěn tīnghuà, zhǔrén jiào tā jiù guòlái.

명 개

Voca+

听话 tīnghuà 동 말을 잘 듣다 | 主人 zhǔrén 명 주인 | 叫 jiào 동 부르다

0003 1급

猫

māo

예 우리 집의 猫māo는 소파 위에 누워있고, 우리 집의 개는 바닥에 누워있다.

我们家的猫在沙发上躺着呢，我们家的狗在地上躺着呢。

Wǒmen jiā de māo zài shāfā shang tǎngzhe ne, wǒmen jiā de gǒu zài dì shang tǎngzhe ne.

명 고양이

Voca+

沙发 shāfā 명 소파 | 躺 tǎng 동 눕다 | 地 dì 명 땅, 바닥

0004 3급

熊猫
xióngmāo

예 熊猫xióngmāo는 중국 고유의 동물이다. 熊猫xióngmāo는 대나무 먹는 것을 좋아한다.

熊猫是中国特有的动物，熊猫喜欢吃竹子。

Xióngmāo shì Zhōngguó tèyǒu de dòngwù, xióngmāo xǐhuan chī zhúzi.

명 판다

Voca+

特有 tèyǒu 동 고유하다, 특유하다 | 竹子 zhúzi 명 대나무

0005 3급

马
mǎ

예 제주도에서 아빠는 나를 데리고 马mǎ를 타러 갔다. 马mǎ는 정말 귀여웠다.

在济州岛爸爸带我去骑马了。马真可爱。

Zài Jìzhōu Dǎo bàba dài wǒ qù qí mǎ le. Mǎ zhēn kě'ài.

명 말

Voca+

济州岛 Jìzhōu Dǎo 명 제주도 | 可爱 kě'ài 형 귀엽다

0006 3급

鸟
niǎo

예 鸟niǎo 한 마리가 공중에서 날아서 내려왔다.

一只鸟从空中飞下来了。

Yì zhī niǎo cóng kōngzhōng fēi xiàlai le.

명 새

Voca+

只 zhī 양 마리 [동물 · 짐승을 세는 단위] | 空中 kōngzhōng 명 공중

0007 2급

鱼
yú

예 이 강에는 鱼yú가 아주 많다. 그래서 鱼yú를 낚는 사람도 많다.

这条河里有很多鱼，所以钓鱼的人也很多。

Zhè tiáo hé li yǒu hěn duō yú, suǒyǐ diào yú de rén yě hěn duō.

명 물고기

Voca+

条 tiáo 양 줄기, 가닥 [가늘고 긴 것을 세는 단위] | 钓鱼 diào yú 동 낚시하다

0008 3급

花
huā

예 봄이 왔고, 花huā가 피었다.

春天来了，花开了。

Chūntiān lái le, huā kāi le.

명 꽃

Voca+

春天 chūntiān 명 봄 | 开 kāi 동 (꽃이) 피다

0009 3급

树

shù

예 가을이 되었다. 어떤 树shù들은 이미 낙엽이 지기 시작했다.

秋天了，有些树已经开始落叶了。

Qiūtiān le, yǒu xiē shù yǐjīng kāishǐ luò yè le.

명 나무

Voca+

落 luò 동 떨어지다 | 叶 yè 명 나뭇잎

0010 3급

草

cǎo

예 양이 산 위에서 草cǎo를 먹고 있다.

羊在山上吃草。

Yáng zài shān shang chī cǎo.

명 풀

Voca+

羊 yáng 명 (동물) 양

0011 1급

苹果

píngguǒ

예 아침에 苹果píngguǒ를 먹는 것은 몸에 매우 좋다. 저녁에 먹는 것은 효과가 그리 좋지 않다.

早上吃苹果对身体很好，晚上吃效果不太好。

Zǎoshang chī píngguǒ duì shēntǐ hěn hǎo, wǎnshang chī xiàoguǒ bú tài hǎo.

명 사과

Voca+

效果 xiàoguǒ 명 효과

0012 2급

西瓜

xīguā

예 여름에 나는 西瓜xīguā를 먹는 것을 가장 좋아한다. 새빨간 과육이 매우 달다.

夏天我最喜欢吃西瓜，红红的果肉很甜。

Xiàtiān wǒ zuì xǐhuan chī xīguā, hónghóng de guǒròu hěn tián.

명 수박

Voca+

果肉 guǒròu 명 과육

1. 보기에서 알맞은 단어를 고르세요.

보기 A. 苹果 B. 树 C. 月亮 D. 晴 E. 阴 F. 夏

① 나무 ________ ② 달 ________

③ 흐리다 ________ ④ 여름 ________

⑤ 개다, (하늘이) 맑다 ________ ⑥ 사과 ________

2. 중국어의 뜻과 병음을 서로 연결하세요.

① 풀 •	• 刮风 •	• tiānqì
② 날씨 •	• 天气 •	• xióngmāo
③ 판다 •	• 熊猫 •	• cǎo
④ 덥다 •	• 草 •	• rè
⑤ 바람 불다 •	• 热 •	• guā fēng

3. 밑줄 친 부분에 적합한 단어를 쓰세요.

보기 A. 太阳 B. 环境 C. 动物 D. 雪 E. 冷 F. 季节

① 그는 최근 이사를 했는데, 주위의 ________ 이 매우 좋다.

② 한국의 1년은 4개의 ________ 가 있어 사계절이 분명하다.

③ 나는 겨울을 좋아한다. 왜냐하면 종종 ________ 가 오기 때문이다.

④ 올해 겨울은 매우 ________ 하네요. 감기 걸리지 않도록 조심하세요.

⑤ 그곳은 자주 비가 와서 ________ 을 볼 수가 없다.

⑥ 중국 문화에서 사람들은 12종류의 ________ 로 사람이 태어난 해를 나타내는데, 이 것을 '띠'라고 부른다.

■ 정답은 195쪽에 있습니다.

Chapter 6. 감정과 태도

A6-1 **6-1 감정·느낌**

Let's Start Up!

주제에 맞는 단어와 예문을 학습해 보세요.

0001 1급

爱

ài

반의 恨 hèn, 恶 wù

예 나는 축구하는 것을 爱ài하지 않고, 농구하는 것을 좋아한다.

我不爱踢足球，我喜欢打篮球。

Wǒ bú ài tī zúqiú, wǒ xǐhuan dǎ lánqiú.

동 사랑하다, 좋아하다

0002 1급

喜欢

xǐhuan

유의 喜爱 xǐ'ài

반의 讨厌 tǎoyàn

예 나는 중국 영화 보는 것을 좋아하고, 중국 드라마를 보는 것도 喜欢xǐhuan한다.

我爱看中国电影，也喜欢看中国电视剧。

Wǒ ài kàn Zhōngguó diànyǐng, yě xǐhuan kàn Zhōngguó diànshìjù.

동 좋아하다

Voca+

电影 diànyǐng 명 영화 | 电视剧 diànshìjù 명 드라마

0003 2급

希望

xīwàng

유의 期望 qīwàng

반의 失望 shīwàng

예 당신 절망하지 마세요. 이 일은 아직 希望xīwàng이 있어요.

你别灰心，这件事还有希望。

Nǐ bié huīxīn, zhè jiàn shì hái yǒu xīwàng.

명 희망 동 희망하다, 바라다

Voca+

灰心 huīxīn 동 절망하다, 실망하다

0004 3급

愿意

yuànyì

유의 希望 xīwàng

예 나는 당신과 함께 여행하기를 愿意yuànyì해요. 우리 같이 가요.

我愿意跟你一起去旅行，我们一起去吧。

Wǒ yuànyì gēn nǐ yìqǐ qù lǚxíng, wǒmen yìqǐ qù ba.

동 원하다, 바라다

0005 3급

担心

dānxīn

유의 操心 cāoxīn

반의 放心 fàng xīn

예 나는 그가 병이 날까 봐 担心dānxīn이다.

我担心他会生病。

Wǒ dānxīn tā huì shēng bìng.

동 염려하다

0006 3급

放心

fàng xīn

반의 担心 dānxīn

예 당신 放心fàng xīn하세요. 제가 당신의 강아지를 잘 돌봐 줄게요.

你放心吧，我会好好照顾你的小狗的。

Nǐ fàng xīn ba, wǒ huì hǎohāo zhàogù nǐ de xiǎogǒu de.

동 안심하다

Voca+

照顾 zhàogù 동 돌보다

0007 3급

关心

guān xīn

유의 关怀 guānhuái

예 사람들이 일본의 지진 상황에 매우 关心guānxīn하고 있어서 매일 뉴스를 본다.

人们很关心日本的地震情况，每天都看新闻。

Rénmen hěn guān xīn Rìběn de dìzhèn qíngkuàng, měitiān dōu kàn xīnwén.

동 관심을 갖다 명 관심

Voca+

地震 dìzhèn 명 지진 | 情况 qíngkuàng 명 상황

0008 3급

害怕

hàipà

예 어릴 때 나는 개에게 물려서 지금도 개를 매우 害怕hàipà 한다.

小时候我被狗咬了，所以现在也很害怕狗。

Xiǎo shíhou wǒ bèi gǒu yǎo le, suǒyǐ xiànzài yě hěn hàipà gǒu.

동 두려워하다, 무서워하다

Voca+

被 bèi 개 당하다 [피동구에서 주어가 동작의 대상임을 나타냄] | 咬 yǎo 동 물다

0009 3급

哭

kū

반의 笑 xiào

예 그녀의 아버지가 병이 났다는 소식을 듣고, 그녀는 哭kū 하기 시작했다.

听到她父亲生病的消息，她就哭起来了。

Tīngdào tā fùqīn shēng bìng de xiāoxi, tā jiù kū qǐlái le.

동 울다

Voca+

消息 xiāoxi 명 소식

0010 3급

生气

shēng qì

예 그가 매일 지각을 해서, 선생님은 매우 生气shēng qì했다.

他每天迟到，老师非常生气。

Tā měitiān chídào, lǎoshī fēicháng shēng qì.

동 화내다

Voca+

迟到 동 chídào 지각하다

0011 2급

觉得

juéde

예 나는 이 물건이 괜찮다고 생각하는데, 당신이 觉得juéde 하기에는요?

我想这个东西不错，你觉得呢?

Wǒ xiǎng zhège dōngxi búcuò, nǐ juéde ne?

동 ~라고 여기다, 느끼다

0012 1급

谢谢

xièxie

예 그들이 나를 하루 종일 도와줬다. 나는 그들에게 谢谢 xièxie하다고 말해야만 한다.

他们帮了我一天忙，我应该向他们说谢谢。

Tāmen bāng le wǒ yì tiān máng, wǒ yīnggāi xiàng tāmen shuō xièxie.

동 감사하다, 고맙다

Tip '谢谢'는 고마움을 나타내는 인사말로 단독으로 쓸 수도 있고, '谢谢你'처럼 뒤에 고마움을 표시하는 대상이 올 수도 있습니다.

0013 1급

不客气

búkèqi

예 A : 너무 감사합니다. B : 不客气Bú kèqi.

A：太感谢你了。 B：不客气。

Tài gǎnxiè nǐ le. Bú kèqi.

천만에요, 사양하지 않다

Tip '不客气'는 '谢谢'에 대한 대답으로 주로 쓰이며, 비슷한 표현으로는 '不谢 búxiè'가 있습니다.

0014 1급

对不起

duìbuqǐ

예 정말 对不起duìbuqǐ합니다. 제가 늦게 왔네요.

真对不起，我来晚了。

Zhēn duìbuqǐ, wǒ láiwǎn le.

동 미안하다, 죄송하다

0015 1급

没关系

méi guānxi

예 당신 오지 않아도 没关系méi guānxi해요. 시간이 있으면 오세요.

你不来也没关系，有时间的话来吧。

Nǐ bù lái yě méi guānxi, yǒu shíjiān de huà lái ba.

동 괜찮다, 상관없다

Voca+

…的话 …de huà 조 ~라면

Tip '没关系'는 상대방이 미안함을 표시할 때, 답하는 말로 자주 쓰입니다.

0016 1급

高兴

gāoxìng

유의 愉快 yúkuài

반의 难过 nánguò

예 나는 지난 시험에서 100점을 받아서 매우 高兴gāoxìng하다.

我上次考试得了100分，很高兴。

Wǒ shàng cì kǎoshì dé le yì bǎi fēn, hěn gāoxìng.

형 기쁘다, 즐겁다

Voca+

上次 shàng cì 명 지난번 | 得分 dé fēn 동 득점하다, 점수를 얻다

0017 2급

快乐

kuàilè

유의 欢乐 huānlè

반의 痛苦 tòngkǔ

예 그들의 아들이 대학에 합격해서 그들은 매우 만족했고, 또 무척 快乐kuàilè했다.

他们的儿子考上大学了，他们很满意，也非常快乐。

Tāmen de érzi kǎoshàng dàxué le, tāmen hěn mǎnyì, yě fēicháng kuàilè.

형 즐겁다

Voca+

考上 kǎoshàng 동 시험에 합격하다 | 满意 mǎnyì 형 만족하다

0018 3급

难过

nánguò

유의 痛苦 tòngkǔ

반의 好过 hǎoguò

예 그녀의 남편이 죽은 뒤, 그녀는 매일 무척 难过nánguò하게 지내고 있다.

她爱人去世以后，她每天都很难过。

Tā àirén qùshì yǐhòu, tā měitiān dōu hěn nánguò.

형 괴롭다, 슬프다

Voca+

爱人 àirén 명 남편 혹은 아내, 애인 | 去世 qùshì 동 죽다, 돌아가시다

0019 3급

满意

mǎnyì

반의 不满 bùmǎn

예 그의 회사 업무 환경은 좋지 않다. 그는 회사에 대해 满意mǎnyì하지 않는다.

他的公司工作环境不好。他对公司很不满意。

Tā de gōngsī gōngzuò huánjìng bù hǎo. Tā duì gōngsī hěn bù mǎnyì.

형 만족하다

0020 3급

啊

a

예 그녀는 얼마나 예쁜가 啊a!

她多漂亮啊!

Tā duō piàoliang a!

감 감탄 · 찬탄 등의 어기를 나타냄

Voca+

多 duō 부 얼마나 [의문에 쓰여 정도를 나타냄]

0021 3급

感兴趣

gǎn xìngqù

예 나는 중국 영화에 대해 아주 感兴趣gǎn xìngqù하다.

我对中国电影很感兴趣。

Wǒ duì Zhōngguó diànyǐng hěn gǎn xìngqù.

관심이 있다, 흥미를 느끼다

Voca+

对 duì 개 ~에 대해 | 电影 diànyǐng 명 영화

Chapter 6. 감정과 태도

A 6-2 6-2 판단·사고

Let's Start Up!

주제에 맞는 단어와 예문을 학습해 보세요.

0001 1급

是

shì

예 나는 학생 是shì, 나는 선생님이 아니다.
我是学生，我不是老师。
Wǒ shì xuésheng, wǒ búshì lǎoshī.

동 ~이다

0002 2급

对

duì

반의 错 cuò

예 그의 대답은 전부 对duì해서 100점을 받았다.
他的回答全都对了，得了100分。
Tā de huídá quán dōu duì le, dé le yì bǎi fēn.

형 맞다, 옳다

Voca+
全 quán 부 모두, 완전히

0003 2급

错

cuò

반의 对 duì

예 당신이 쓴 것은 맞지 않아요. 错cuò하게 썼어요.
你写得不对，写错了。
Nǐ xiě de bú duì, xiěcuò le.

형 틀리다

Tip '不错 bú cuò'는 '좋다, 괜찮다' 라는 뜻이고, '没错 méicuò'는 '맞다, 옳다'라는 뜻입니다. '不错'와 '没错' 모두 일상생활에서 많이 사용되는 표현이므로 헷갈리지 않게 주의하세요!

0004 2급

知道

zhīdào

예 이 아이는 오로지 노는 것만 知道zhīdào하고, 열심히 공부하는 것은 知道zhīdào하지 않는다.
这个小孩只知道玩，不知道好好儿学习。
Zhège xiǎohái zhǐ zhīdào wán, bù zhīdào hǎohāor xuéxí.

동 알다

Voca+
小孩 xiǎohái 명 아이, 어린이 | 玩 wán 동 놀다

0005 2급

懂

dǒng

예 내가 하는 얘기를 당신은 懂dǒng했나요?

我说的话你懂了吗?

Wǒ shuō de huà nǐ dǒng le ma?

동 알다, 이해하다

0006 1급

认识

rènshi

예 나는 그녀의 이름을 들어본 적이 있다. 하지만 그녀를 认识rènshi한 것은 아니다.

我听过她的名字，但是我不认识她。

Wǒ tīngguo tā de míngzi, dànshì wǒ bú rènshi tā.

동 알다, 인식하다

Voca+

名字 míngzi 명 이름

0007 3급

了解

liǎojiě

유의 熟悉 shúxī

예 그는 역사과 학생으로, 중국 역사에 대해 매우 잘 了解liǎojiě하고 있다.

他是历史系的学生，对中国历史很了解。

Tā shì lìshǐxì de xuésheng, duì Zhōngguó lìshǐ hěn liǎojiě.

동 알다

Voca+

历史 lìshǐ 명 역사 | 系 xì 명 과, 계열

0008 3급

明白

míngbai

예 그의 해설을 다 듣고 나서야, 나는 비로소 그의 뜻을 明白míngbai했다.

听完他的解释，我才明白他的意思。

Tīngwán tā de jiěshì, wǒ cái míngbai tā de yìsi.

동 이해하다 형 명백하다

Voca+

解释 jiěshì 명 해설 동 해설하다 | 意思 yìsi 명 뜻, 의사

0009 3급

记得

jìde

반의 忘记 wàngjì

예 우리는 이전에 만난 적이 있는데, 당신은 아직 제 이름을 记得jìde하고 있나요?

咱们以前见过，你还记得我的名字吗?

Zánmen yǐqián jiànguo, nǐ hái jìde wǒ de míngzi ma?

동 기억하고 있다

0010 3급

决定

juédìng

예 갈지 안 갈지, 그는 아직 决定juédìng하지 않았다.

去还是不去，他还没有决定。

Qù háishi bú qù, tā hái méiyǒu juédìng.

동 결정하다 명 결정

0011 3급

认为

rènwéi

유의 以为 yǐwéi

예 자연 자원이 무한한 것이라고 认为rènwéi하지 마라.

不要认为自然资源是无限的。

Búyào rènwéi zìrán zīyuán shì wúxiàn de.

동 ~로 여기다, ~라고 생각하다

Voca+

自然 zìrán 명 자연 | 资源 zīyuán 명 자원 | 无限 wúxiàn 형 무한하다

0012 3급

同意

tóngyì

유의 赞成 zànchéng

예 나는 그녀와 결혼하고 싶다. 그러나 나의 가족들이 同意tóngyì하지 않는다. 나는 어떻게 해야 할지 모르겠다.

我想跟她结婚，可是我的家人不同意，我不知道该怎么办。

Wǒ xiǎng gēn tā jié hūn, kěshì wǒ de jiārén bù tóngyì, wǒ bù zhīdào gāi zěnme bàn.

동 동의하다

Voca+

结婚 jié hūn 동 결혼하다 | 办 bàn 동 하다

0013 3급

相信

xiāngxìn

유의 信任 xìnrèn

반의 怀疑 huáiyí

예 당신이 또 어떻게 말하든 상관없이 나는 相信xiāngxìn할 수 없어요.

无论你再怎么说我也不会相信的。

Wúlùn nǐ zài zěnme shuō wǒ yě bú huì xiāngxìn de.

동 믿다

Voca+

无论 wúlùn 접 ~에 상관없이, ~를 막론하고

0014 3급

难

nán

반의 容易 róngyì

예 이 문제는 매우 难nán하다. 나는 선생님께 한번 여쭤보려고 한다.

这道题很难，我要问问老师。

Zhè dào tí hěn nán, wǒ yào wènwen lǎoshī.

형 어렵다, 힘들다

0015 3급

容易

róngyì

반의 难 nán

예 겨울은 감기에 걸리기 容易róngyì하다.

冬天，很容易感冒。

Dōngtiān, hěn róngyì gǎnmào.

형 쉽다

0016 3급

奇怪

qíguài

예 나는 밖에서 매우 奇怪qíguài한 소리가 나는 것을 듣고, 무섭게 느껴졌다.

我听到外边有很奇怪的声音，感到很害怕。

Wǒ tīngdào wàibian yǒu hěn qíguài de shēngyīn, gǎndào hěn hàipà.

형 이상하다

Voca+

声音 shēngyīn 명 (목)소리 | 感到 gǎndào 동 느끼다 | 害怕 hàipà 동 무섭다

Chapter 6. 감정과 태도

A6-3 6-3 **태도·방식**

Let's Start Up!

주제에 맞는 단어와 예문을 학습해 보세요.

0001 3급

办法
bànfǎ

예 모두들 이 办法bànfǎ는 안 된다고 말하니, 다시는 시도하지 말아요.

大家都说这个办法不行，不要再试了。
Dàjiā dōu shuō zhège bànfǎ bù xíng, búyào zài shì le.

명 방법

Voca+
试 shì 동 시도하다, 해보다

0002 3급

认真
rènzhēn

반의 马虎 mǎhu

예 수업할 때, 그는 늘 认真rènzhēn하게 중요한 점을 공책에 필기한다.

上课时，他总是认真地把重点记在本子上。
Shàngkè shí, tā zǒngshì rènzhēn de bǎ zhòngdiǎn jìzài běnzi shang.

형 진지하다, 열심히 하다

Voca+
总是 zǒngshì 부 늘, 언제나 | 重点 zhòngdiǎn 명 중요한 점 | 记 jì 동 기록하다 | 本子 běnzi 명 공책

0003 3급

小心
xiǎoxīn

예 나는 당신이 가는 것을 막을 수는 없겠네요. 하지만 당신 반드시 小心xiǎoxīn해야 해요.

我不能阻止你去，但你一定要小心。
Wǒ bù néng zǔzhǐ nǐ qù, dàn nǐ yídìng yào xiǎoxīn.

동 조심하다

Voca+
阻止 zǔzhǐ 동 저지하다, 막다

0004 3급

注意

zhùyì

유의 留心 liú xīn

예 중국어를 배울 때는 반드시 성조에 注意zhùyì해야 한다.

学汉语时应该多注意声调。

Xué Hànyǔ shí yīnggāi duō zhùyì shēngdiào.

동 주의하다

Voca+

声调 shēngdiào 명 성조

1. 보기에서 알맞은 단어를 고르세요.

보기 A. 愿意 B. 奇怪 C. 害怕 D. 觉得 E. 生气 F. 知道

① 두려워하다 ______ ② 느끼다 ______

③ 원하다, 바라다 ______ ④ 알다 ______

⑤ 이상하다 ______ ⑥ 화내다 ______

2. 중국어의 뜻과 병음을 서로 연결하세요.

① 진지하다, 열심히 하다 •	• 喜欢 •	• gāoxìng
② 기억하고 있다 •	• 认真 •	• rènshi
③ 알다, 인식하다 •	• 认识 •	• xǐhuan
④ 기쁘다, 즐겁다 •	• 高兴 •	• rènzhēn
⑤ 좋아하다 •	• 记得 •	• jìde

3. 밑줄 친 부분에 적합한 단어를 쓰세요.

보기 A. 满意 B. 同意 C. 希望 D. 明白 E. 小心 F. 容易

① 절망하지 마세요. 이 일은 아직 ______ 이 있어요.

② 그의 회사 업무 환경은 좋지 않아서 그는 회사에 대해 ______ 하지 않는다.

③ 나는 당신이 가는 것을 막을 수는 없겠네요. 하지만 제발 ______ 해야 해요.

④ 그의 해설을 다 듣고 나서야 나는 비로소 그의 뜻을 ______ 했다.

⑤ 나는 그녀와 결혼하고 싶은데, 우리 가족들이 ______ 하지 않아 걱정이다.

⑥ 겨울은 감기에 걸리기 ______ 하다.

■ 정답은 195쪽에 있습니다.

Chapter 7. 성질과 상태

A7-1 **7-1 모양·외모**

Let's Start Up!

주제에 맞는 단어와 예문을 학습해 보세요.

0001 1급

大

dà

유의 巨 jù

반의 小 xiǎo

예 이 옷은 너무 大dà해요. 좀 작은 것이 있나요?
这件衣服太大，有小一点儿的吗?
Zhè jiàn yīfu tài dà, yǒu xiǎo yìdiǎnr de ma?

형 크다

Voca+
衣服 yīfu 명 옷, 의복 | 一点儿 yìdiǎnr 양 약간, 좀

Tip '大'는 '크다'라는 뜻일 때는 'dà' 라고 읽지만, '의사'라는 뜻인 '大夫 dàifu' 라는 단어에서는 'dài' 라고 읽습니다.

0002 1급

小

xiǎo

반의 大 dà

예 이 옷은 너무 小xiǎo해요. 좀 큰 것으로 주세요.
这件衣服太小，给我大一点儿的吧。
Zhè jiàn yīfu tài xiǎo, gěi wǒ dà yìdiǎnr de ba.

형 작다, 어리다

0003 2급

长①

cháng

반의 短 duǎn

예 창장은 중국에서 가장 长cháng한 강이다.
长江是中国最长的一条江。
Cháng Jiāng shì Zhōngguó zuì cháng de yì tiáo jiāng.

형 길다

Voca+
长江 Cháng Jiāng 명 장강, 양쯔강 | 江 jiāng 명 강

Tip '长'은 '생기다, 자라다'라는 뜻일 때 'zhǎng'이라고 읽습니다.
예 他长得很像他爸爸。그는 생긴 것이 그의 아빠를 닮았다.
Tā zhǎng de hěn xiàng tā bàba.

3급

长②

zhǎng

예 그는 长zhǎng한 것이 그의 엄마를 닮았다.
他长得很像他妈妈。
Tā zhǎng de hěn xiàng tā māma.

동 생기다, 자라다

Voca+
像 xiàng 동 닮다, 비슷하다, 같다

0004 3급

短

duǎn

반의 长 cháng

예 이 치마는 너무 短duǎn해요. 좀 더 긴 것이 있나요?
这条裙子太短，有长一点儿的吗?
Zhè tiáo qúnzi tài duǎn, yǒu cháng yìdiǎnr de ma?

형 짧다

Voca+
裙子 qúnzi 명 치마

0005 2급

高

gāo

반의 低 dī, 矮 ǎi

예 우리 오빠는 나보다 10센티미터 高gāo하다.
我哥哥比我高十厘米。
Wǒ gēge bǐ wǒ gāo shí límǐ.

형 높다

Voca+
比 bǐ 개 ~에 비해 | 厘米 límǐ 양 센티미터(cm)

0006 3급

矮

ǎi

유의 低 dī

반의 高 gāo

예 내 여동생은 나보다 矮ǎi하다.
我妹妹比我矮。
Wǒ mèimei bǐ wǒ ǎi.

형 (키가) 작다, (높이가) 낮다

Tip '矮'와 '低'는 둘 다 '낮다'는 의미이지만, '矮'는 키가 작거나 높이가 낮다는 것을 나타낼 때만 쓰이고, '低'는 높이가 낮은 것을 포함해서 조건이나 대우가 낮다는 것을 표현할 때도 쓰입니다.

0007 1급

漂亮

piàoliang

유의 美丽 měilì

예 그녀는 한국에서 가장 유명한 배우이다. 漂亮piàoliang하고 날씬하다.
她是韩国最有名的演员，又漂亮又苗条。
Tā shì Hánguó zuì yǒumíng de yǎnyuán, yòu piàoliang yòu miáotiao.

형 아름답다

Voca+
有名 yǒumíng 형 유명하다 | 演员 yǎnyuán 명 배우 | 苗条 miáotiao 형 날씬하다

0008 3급

可爱

kě'ài

예 아기 고양이가 자는 모습은 정말 可爱kě'ài하다.

小猫睡觉的样子真可爱。

Xiǎomāo shuì jiào de yàngzi zhēn kě'ài.

형 귀엽다

Voca+

猫 māo 명 고양이 | 样子 yàngzi 명 모습, 모양

0009 3급

老

lǎo

반의 年轻 niánqīng

예 나는 올해 이미 70세이다. 사람이 老lǎo하게 되면, 힘도 없어진다.

我今年已经七十岁了，人也变老了，也没力气了。

Wǒ jīnnián yǐjīng qīshí suì le, rén yě biànlǎo le, yě méi lìqi le.

형 늙다, 오래되다

Voca+

已经 yǐjīng 부 이미, 벌써 | 变 biàn 동 변하다 | 力气 lìqi 명 기력, 힘

0010 3급

年轻

niánqīng

반의 老 lǎo

예 年轻niánqīng할 때 언어를 공부하는 것이 비교적 쉽다. 나이가 많아지면 언어를 배우는 게 어려워진다.

人在年轻的时候学习语言比较容易，年龄大了学习语言就难了。

Rén zài niánqīng de shíhou xuéxí yǔyán bǐjiào róngyì, niánlíng dà le xuéxí yǔyán jiù nán le.

형 (나이가) 젊다

Voca+

比较 bǐjiào 부 비교적 | 年龄 niánlíng 명 연령, 나이 | 语言 yǔyán 명 언어

0011 3급

胖

pàng

예 그는 요즘에 너무 많이 먹어서 조금 胖pàng해졌다.

他最近吃得太多，有点儿胖了。

Tā zuìjìn chī de tài duō, yǒudiǎnr pàng le.

형 살찌다

0012 3급

瘦

shòu

예 그는 요즘 위가 좋지 않아서 아무것도 먹고 싶지 않다. 그래서 몸이 약간 瘦shòu해졌다.

他最近胃不好，什么也不想吃，所以身体有点瘦了。

Tā zuìjìn wèi bù hǎo, shénme yě bù xiǎng chī, suǒyǐ shēntǐ yǒudiǎn shòu le.

형 마르다

Voca+

胃 wèi 명 위, 위장 | 想 xiǎng 조동 ~하고 싶다

Chapter 7. 성질과 상태

A7-2 **7-2 상태 · 색깔**

Let's Start Up!

주제에 맞는 단어와 예문을 학습해 보세요.

0001 1급

多①
duō

예 시합에 참가한 사람이 매우 多duō하다. 모두 1,000명이 왔다.

参加比赛的人很多，一共来了一千人。

Cānjiā bǐsài de rén hěn duō, yígòng lái le yì qiān rén.

형 많다

Voca+
参加 cānjiā 동 참가하다 | 比赛 bǐsài 명 시합, 경기 | 一共 yígòng 부 총, 합계

多②
duō

예 당신은 만리장성이 多duō 긴지 아나요?

你知道长城多长吗?

Nǐ zhīdào Chángchéng duōcháng ma?

부 얼마나

Voca+
长城 Chángchéng 명 만리장성(万里长城)

0002 1급

少
shǎo

예 밥을 少shǎo하게 먹는 것은 비록 다이어트는 될 수 있지만, 너무 少shǎo하게 먹는 것은 건강에 좋지 않다.

少吃饭虽然能减肥，但是吃得太少对身体不好。

Shǎo chī fàn suīrán néng jiǎnféi, dànshì chī de tài shǎo duì shēntǐ bù hǎo.

형 적다, 부족하다

Voca+
虽然 suīrán 접 비록 ~일지라도 | 减肥 jiǎnféi 동 다이어트하다, 살을 빼다

Tip '少'가 '어리다, 젊다'는 뜻으로 쓰일 때는 'shào'라고 4성으로 발음합니다.

0003 1급

好
hǎo

반의 坏 huài

예 오늘 날씨는 好hǎo해요. 춥지도 덥지도 않아요.

今天天气很好，不冷也不热。

Jīntiān tiānqì hěn hǎo, bù lěng yě bú rè.

형 좋다

Tip '好'가 '좋아하다'라는 뜻의 동사로 쓰일 경우에는 '爱好 àihào(취미)'와 같이 'hào'라고 4성으로 읽습니다.

0004 3급

坏①

huài

예 내 컴퓨터가 坏huài했어요. 당신 수리할 수 있으세요?

我的电脑坏了，您能修好吗?

Wǒ de diànnǎo huài le, nín néng xiūhǎo ma?

동 고장나다, 망가지다

Voca+

修 xiū 동 고치다, 수리하다

坏②

huài

반의 好 hǎo

예 그는 坏huài한 습관이 있다. 바로 지각을 잘 하는 것이다.

他有个坏习惯，就是爱迟到。

Tā yǒu ge huài xíguàn, jiùshì ài chídào.

형 나쁘다

Voca+

习惯 xíguàn 명 습관

0005 1급

有

yǒu

예 나는 오빠가 有yǒu하지 않다. 단지 여동생만 하나 有하다.

我没有哥哥，只有一个妹妹。

Wǒ méiyǒu gēge, zhǐ yǒu yí ge mèimei.

동 있다

0006 3급

有名

yǒumíng

반의 无名 wúmíng

예 베이징오리구이는 중국에서 심지어 세계에서도 매우 有名yǒumíng하다.

北京烤鸭在中国甚至世界都非常有名。

Běijīng kǎoyā zài Zhōngguó shènzhì shìjiè dōu fēicháng yǒumíng.

형 유명하다

Voca+

烤鸭 kǎoyā 명 오리구이 | 甚至 shènzhì 부 심지어

0007 2급

贵

guì

유의 富 fù

반의 便宜 piányi, 贱 jiàn

예 이 물건은 너무 贵guì해요. 좀 싸게 해주세요.

这个东西太贵，便宜一点儿吧。

Zhège dōngxi tài guì, piányi yìdiǎnr ba.

형 비싸다, 귀하다

Voca+

便宜 piányi 형 싸다

0008 2급

便宜

piányi

반의 贵 guì

예 이 옷은 너무 비싸요. 저는 좀 便宜piányi한 게 필요해요.

这件衣服太贵了，我要便宜点儿的。

Zhè jiàn yīfu tài guì le, wǒ yào piányi diǎnr de.

형 싸다

0009 2급

近

jìn

반의 远 yuǎn

예 학교는 우리 집에서 近jìn하다. 걸어서 5분이면 도착한다.

学校离我家很近，走五分钟就到。

Xuéxiào lí wǒ jiā hěn jìn, zǒu wǔ fēnzhōng jiù dào.

형 가깝다

0010 2급

远

yuǎn

반의 近 jìn

예 기차역은 여기에서 하나도 远yuǎn하지 않다. 아주 가깝다.

火车站离这儿一点儿也不远，很近。

Huǒchēzhàn lí zhèr yìdiǎnr yě bù yuǎn, hěn jìn.

형 멀다

0011 2급

快

kuài

반의 慢 màn

예 기사님, 좀 快kuài하게 운전할 수 있으세요? 제가 9시 이전에 공항에 도착해야 해서요.

司机，你开快点儿可以吗？我九点以前得到机场。

Sījī, nǐ kāi kuài diǎnr kěyǐ ma? Wǒ jiǔ diǎn yǐqián děi dào jīchǎng.

형 빠르다

Voca+

司机 sījī 명 기사, 운전사 | 得 děi 조동 ~해야 한다 | 到 dào 동 도착하다 | 机场 jīchǎng 명 공항

0012 2급

慢

màn

반의 快 kuài

예 나는 막 타자치는 것을 배웠는데, 내가 타자치는 속도는 정말 慢màn하다.

我刚学打字，我打字的速度真的很慢。

Wǒ gāng xué dǎ zì, wǒ dǎ zì de sùdù zhēnde hěn màn.

형 느리다

Voca+

刚 gāng 부 막, 방금 | 打字 dǎ zì 동 타자를 치다 | 速度 sùdù 명 속도

0013 2급

忙

máng

예 나는 忙máng하지 않다. 남는 게 시간이다.

我不忙，有的是时间。

Wǒ bù máng, yǒudeshì shíjiān.

형 바쁘다

0014 2급

累

lèi

예 요즘 일이 너무 바빠서, 매일 야근을 한다. 나는 매우 累lèi하다.

最近工作太忙，每天加班，我很累。

Zuìjìn gōngzuò tài máng, měitiān jiā bān, wǒ hěn lèi.

형 피곤하다

Voca+

加班 jiā bān 통 추가 근무하다

0015 3급

舒服

shūfu

반의 难受 nánshòu

예 몸이 舒服shūfu하지 않아서 침대에서 하루 종일 누워있었다.

身体不舒服在床上躺了一整天。

Shēntǐ bù shūfu zài chuáng shang tǎng le yì zhěngtiān.

형 편안하다

Voca+

躺 tǎng 통 눕다 | 整天 zhěngtiān 명 하루 종일

0016 2급

新

xīn

반의 旧 jiù

예 우리 집의 냉장고가 고장이 났다. 그래서 나는 新xīn 냉장고를 샀다.

我家的冰箱出了毛病，所以我买了个新冰箱。

Wǒ jiā de bīngxiāng chū le máobìng, suǒyǐ wǒ mǎi le ge xīn bīngxiāng.

형 새롭다

Voca+

冰箱 bīngxiāng 명 냉장고 | 出毛病 chū máobìng 고장 나다

0017 3급

旧

jiù

반의 新 xīn

예 그는 새것을 좋아한다. 旧jiù한 것은 좋아하지 않는다.

他喜欢新的，不喜欢旧的。

Tā xǐhuan xīn de, bù xǐhuan jiù de.

형 낡다, 오래되다

0018 3급

jiǔ

반의 暂 zàn

예 죄송합니다. 제가 늦게 왔네요. 당신을 久jiǔ동안 기다리게 했네요.

对不起，我来晚了，让你久等了。

Duìbuqǐ, wǒ láiwǎn le, ràng nǐ jiǔ děng le.

형 오래되다

Voca+

让 ràng 동 ~하도록 하다 | 等 děng 동 기다리다

0019 3급

安静

ānjìng

반의 吵闹 chǎonào

예 도서관 안은 아주 安静ānjìng하다.

图书馆里特别安静。

Túshūguǎn li tèbié ānjìng.

형 조용하다, 평온하다

Voca+

特别 tèbié 부 특히 형 특별하다

0020 3급

饱

bǎo

반의 饿 è

예 식사할 때 너무 饱bǎo하게 먹지 마라. 7, 8할 정도 먹으면 된다. 너무 饱bǎo하게 먹으면 병에 걸리기 쉽다.

吃饭不要吃得太饱，吃七八分饱就行了，吃太饱了容易得病。

Chī fàn búyào chī de tài bǎo, chī qī bā fēn bǎo jiù xíng le, chī tài bǎo le róngyì dé bìng.

형 배부르다

Voca+

得病 dé bìng 동 병에 걸리다

0021 3급

差

chà

예 그의 중국어 수준은 아직 한참 差chà하다.

他的中文水平还差得远。

Tā de Zhōngwén shuǐpíng hái chà de yuǎn.

형 부족하다, 뒤떨어지다

Voca+

中文 Zhōngwén 명 중국어 | 水平 shuǐpíng 명 수준

Tip '差'는 어떤 의미로 쓰이는지에 따라 발음이 달라집니다. 발음을 주의해서 익혀두세요.

chà: 차이가 나다, 떨어지다 / chā: 다르다 / chāi: 파견하다

0022 3급

聪明

cōngmíng

반의 笨 bèn

예 그는 매우 聪明cōngmíng하고, 공부도 열심히 한다. 그래서 공부를 잘한다.

他很聪明，而且努力学习，所以学得很好。

Tā hěn cōngmíng, érqiě nǔlì xuéxí, suǒyǐ xué de hěn hǎo.

형 총명하다

Voca+

努力 nǔlì 통 열심히 하다, 노력하다

0023 3급

干净

gānjìng

반의 脏 zāng

예 나는 방금 청소를 다 해서 방이 干净gānjìng해졌다.

我刚打扫完了，房间变干净了。

Wǒ gāng dǎsǎo wán le, fángjiān biàn gānjìng le.

형 깨끗하다, 청결하다

Voca+

打扫 dǎsǎo 통 청소하다

0024 3급

新鲜

xīnxiān

반의 陈旧 chénjiù

예 이 과일들은 新鲜xīnxiān하다. 오늘 아침에 딴 것이다.

这些水果很新鲜，今天早上摘的。

Zhèxiē shuǐguǒ hěn xīnxiān, jīntiān zǎoshang zhāi de.

형 신선하다

Voca+

水果 shuǐguǒ 명 과일 | 摘 zhāi 통 따다

0025 3급

简单

jiǎndān

반의 复杂 fùzá

예 이 문제는 매우 简单jiǎndān해서 어린아이조차 대답할 수 있다.

这个问题很简单，连小孩子也能回答。

Zhège wèntí hěn jiǎndān, lián xiǎoháizi yě néng huídá.

형 간단하다

Voca+

回答 huídá 통 대답하다

0026 3급

结束

jiéshù

반의 开始 kāishǐ

예 오늘 나는 2교시 수업이 있다. 8시에 시작해서 12시에 结束jiéshù한다.

今天我有两节课，八点开始，十二点结束。

Jīntiān wǒ yǒu liǎng jié kè, bā diǎn kāishǐ, shí'èr diǎn jiéshù.

동 끝나다

Voca+

节 jié 양 교시, 절, 마디 [여러 개로 나누어진 것을 세는 단위]

0027 3급

清楚

qīngchu

반의 模糊 móhu

예 지도의 글씨가 너무 작아서, 나는 清楚qīngchu하게 볼 수가 없다.

因为地图上的字太小，我看不清楚。

Yīnwèi dìtú shang de zì tài xiǎo, wǒ kàn bu qīngchu.

형 명백하다, 명료하다

Voca+

地图 dìtú 명 지도

0028 3급

像

xiàng

예 이 아이는 생긴 것이 그의 아빠와 像xiàng하다.

这孩子长得像他爸爸。

Zhè háizi zhǎng de xiàng tā bàba.

동 닮다, 비슷하다

0029 3급

需要①

xūyào

예 이 일을 하려면, 나는 어느 정도 시간이 需要xūyào하다.

要做这件事的话，我需要一点儿时间。

Yào zuò zhè jiàn shì de huà, wǒ xūyào yìdiǎnr shíjiān.

동 필요하다

Voca+

件 jiàn 양 건, 개 [일이나 사건 등 하나로 셀 수 있는 물건을 세는 단위]

需要②

xūyào

예 이 식당의 서비스는 나의 需要xūyào를 만족시켰다.

这家饭馆的服务满足了我的需要。

Zhè jiā fànguǎn de fúwù mǎnzú le wǒ de xūyào.

명 요구

Voca+

服务 fúwù 명 서비스 | 满足 mǎnzú 동 만족하다

0030 3급

一般

yìbān

유의 普通 pǔtōng

반의 特殊 tèshū

예 내가 생각하기에 이 식당의 양고기 맛은 一般yìbān하다.

我觉得这家餐厅羊肉的味道一般。

Wǒ juéde zhè jiā cāntīng yángròu de wèidào yìbān.

형 일반적이다, 보통이다

Voca+

羊肉 yángròu 명 양고기 | 味道 wèidào 명 맛, 냄새

0031 3급

一样

yíyàng

반의 不同 bùtóng

예 실제로 중국 각지의 음식 스타일은 一样yíyàng하지 않다.

实际上中国各地的饮食风格是不一样的。

Shíjìshàng Zhōngguó gèdì de yǐnshí fēnggé shì bù yíyàng de.

형 같다

Voca+

实际上 shíjìshàng 부 실제로, 사실상 | 各地 gèdì 명 각지 | 饮食 yǐnshí 명 음식 | 风格 fēnggé 명 스타일, 풍격

Tip '一样'은 주로 동급을 나타내는 비교문으로 많이 쓰이는데, 'A + 跟 + B + 一样'의 형식으로 사용되어 'A는 B와 같다'는 뜻을 나타냅니다.

0032 3급

重要

zhòngyào

예 이 일은 매우 重要zhòngyào하다. 너는 절대로 잊어버리지 마라.

这件事很重要，你千万别忘了。

Zhè jiàn shì hěn zhòngyào, nǐ qiānwàn bié wàng le.

형 중요하다

Voca+

千万 qiānwàn 부 절대로, 제발 | 别…了 bié…le ~하지 마라

0033 3급

主要

zhǔyào

반의 次要 cìyào

예 그의 主要zhǔyào한 업무는 다른 나라에 자동차를 수출하는 것이다.

他主要的工作是向别的国家出口汽车。

Tā zhǔyào de gōngzuò shì xiàng biéde guójiā chūkǒu qìchē.

형 주요하다

Voca+

向 xiàng 개 ~를 향해, ~에 | 出口 chūkǒu 동 수출하다 | 汽车 qìchē 명 자동차

0034 2급

颜色

yánsè

예 빨간색은 중국인이 가장 좋아하는 颜色yánsè이다.

红色是中国人最喜欢的颜色。

Hóngsè shì Zhōngguórén zuì xǐhuan de yánsè.

명 색깔

Voca+

红色 hóngsè 명 빨간색

0035 2급

黑

hēi

예 이미 7시가 됐네요. 날이 黑hēi해 졌어요. 우리 어서 집에 갑시다.

已经七点了，天黑了，咱们快回家吧。

Yǐjīng qī diǎn le, tiān hēi le, zánmen kuài huí jiā ba.

형 검다, 어둡다

0036 2급

白

bái

반의 黑 hēi

예 이 옷은 눈처럼 白bái하다.

这件衣服像雪一样白。

Zhè jiàn yīfu xiàng xuě yíyàng bái.

형 희다, 하얗다

0037 2급

红

hóng

예 중국에서는 红hóng색이 행운을 나타낸다. 그래서 중국인들은 红hóng색을 좋아한다.

在中国红色代表吉祥，所以中国人很喜欢红色。

Zài Zhōngguó hóngsè dàibiǎo jíxiáng, suǒyǐ Zhōngguórén hěn xǐhuan hóngsè.

형 붉다, 빨갛다

Voca+

吉祥 jíxiáng 형 길하다, 운수가 좋다

0038 3급

蓝

lán

예 오늘 날씨가 정말 좋다. 하늘이 온통 蓝lán색이다.

今天天气真好，天空一片蓝色。

Jīntiān tiānqì zhēn hǎo, tiānkōng yípiàn lánsè.

형 파랗다

Voca+

天空 tiānkōng 명 하늘

0039 3급

绿

lǜ

예 봄이 왔다. 나무에 绿lǜ색의 나뭇잎이 자랐다.

春天来了，树上长出了绿色的叶子。

Chūntiān lái le, shù shang zhǎngchū le lǜsè de yèzi.

명 녹색 형 푸르다

Voca+

树 shù 명 나무 | 长出 zhǎngchū 자라나다 | 叶子 yèzi 명 잎

Chapter 7. 성질과 상태

A7-3 **7-3 성질·성격**

Let's Start Up!

주제에 맞는 단어와 예문을 학습해 보세요.

0001 3급

方便
fāngbiàn

유의 便利 biànlì

반의 麻烦 máfan

예 우리 집 맞은편에 슈퍼마켓이 있어서 물건을 사는 것이 매우 方便fāngbiàn하다.

我家对面有一个超市，买东西很方便。

Wǒ jiā duìmiàn yǒu yí ge chāoshì, mǎi dōngxi hěn fāngbiàn.

형 편리하다

Voca+

对面 duìmiàn 명 맞은편

0002 3급

热情
rèqíng

반의 冷淡 lěngdàn

예 이 식당의 음식은 맛있고, 게다가 종업원도 매우 热情rèqíng하다.

这家饭馆的饭菜很好吃，而且服务员也很热情。

Zhè jiā fànguǎn de fàncài hěn hǎochī, érqiě fúwùyuán yě hěn rèqíng.

형 열정적이다, 친절하다

Voca+

服务员 fúwùyuán 명 종업원

0003 3급

着急
zháojí

예 着急zháojí하지 말아요. 우리 늦지 않을 거예요.

不要着急，我们不会迟到。

Búyào zháojí, wǒmen bú huì chídào.

형 조급하다, 급하다

1. 보기에서 알맞은 단어를 고르세요.

보기 A. 像 B. 矮 C. 坏 D. 快 E. 慢 F. 黑

① (키가) 작다, 낮다 ______ ② 닮다, 비슷하다 ______

③ 느리다 ______ ④ 검다, 어둡다 ______

⑤ 고장 나다, 나쁘다 ______ ⑥ 빠르다 ______

2. 중국어의 뜻과 병음을 서로 연결하세요.

① 유명하다 •	• 可爱 •	• piányi
② 저렴하다 •	• 有名 •	• kě'ài
③ 귀엽다 •	• 便宜 •	• yìbān
④ 조용하다, 편안하다 •	• 安静 •	• yǒumíng
⑤ 일반적이다, 보통이다 •	• 一般 •	• ānjìng

3. 밑줄 친 부분에 적합한 단어를 쓰세요.

보기 A. 舒服 B. 绿 C. 远 D. 干净 E. 短 F. 新鲜

① 이 치마는 너무 ______ 해요. 좀 더 긴 게 있나요?

② 봄이 왔다. 나무에 ______ 색의 나뭇잎이 자랐다.

③ 나는 방금 청소를 다 했다. 방이 ______ 해졌다.

④ 기차역은 여기에서 하나도 ______ 하지 않고 아주 가깝다.

⑤ 이 과일들은 오늘 아침에 따서 매우 ______ 하다.

⑥ 몸이 ______ 하지 않아 침대에서 하루 종일 누워있었다.

■ 정답은 195쪽에 있습니다.

Chapter 8. 행위와 동작

A8-1 **8-1 행위**

Let's Start Up!

주제에 맞는 단어와 예문을 학습해 보세요.

0001 1급

叫
jiào

예 당신은 무슨 이름으로 叫jiào하나요?
你叫什么名字?
Nǐ jiào shénme míngzi?

동 부르다

0002 1급

买
mǎi

유의 购 gòu
반의 卖 mài

예 이 슈퍼마켓의 물건은 싸기도 하고 좋기도 하다. 나는 언제나 여기서 买mǎi한다.
这家超市的东西又便宜又好，我总是在这儿买。
Zhè jiā chāoshì de dōngxi yòu piányi yòu hǎo, wǒ zǒngshì zài zhèr mǎi.

동 사다

Voca+
总是 zǒngshì 부 언제나, 늘

0003 2급

卖
mài

유의 售 shòu
반의 买 mǎi

예 이 상점이 卖mài하는 찻잎은 매우 좋다.
这个商店卖的茶叶特别好。
Zhège shāngdiàn mài de cháyè tèbié hǎo.

동 팔다

Voca+
茶叶 cháyè 명 찻잎

0004 1급

请
qǐng

예 나는 판매원에게 42호 신발을 달라고 请qǐng했다.
我请售货员给我一双42号的鞋。
Wǒ qǐng shòuhuòyuán gěi wǒ yì shuāng sìshí'èr hào de xié.

동 청하다, 부탁하다

Voca+
售货员 shòuhuòyuán 명 판매원, 점원 | 双 shuāng 양 켤레 [신발, 젓가락 등 쌍을 이룬 것을 세는 단위]

0005 1급

住

zhù

예 나는 서울에서 住zhù해요. 당신은 어디서 住zhù하나요?
我住在首尔，你住在哪儿？
Wǒ zhùzài Shǒu'ěr, nǐ zhùzài nǎr?

동 살다

0006 2급

帮助

bāngzhù

예 그는 계속 온힘을 다해 우리를 帮助bāngzhù했다.
他一直在尽心尽力地帮助我们。
Tā yìzhí zài jìnxīnjìnlì de bāngzhù wǒmen.

동 돕다, 도와주다

Voca+
一直 yìzhí 부 쭉, 계속 | 尽心尽力 jìnxīnjìnlì 온힘을 다해, 전력으로

0007 2급

等

děng

예 당신은 왜 이제서야 오는 거예요? 저는 당신을 1시간이나 等děng했어요.
你怎么现在才来啊？我等了你一个小时了。
Nǐ zěnme xiànzài cái lái a? Wǒ děng le nǐ yí ge xiǎoshí le.

동 기다리다

0008 3급

欢迎

huānyíng

예 당신이 베이징에 여행 오신 것을 欢迎huānyíng합니다.
欢迎您来北京旅游。
Huānyíng nín lái Běijīng lǚyóu.

동 환영하다

0009 2급

开始

kāishǐ

반의 结束 jiéshù

예 우리는 아침 9시에 수업을 开始kāishǐ한다.
我们早上九点开始上课。
Wǒmen zǎoshang jiǔ diǎn kāishǐ shàng kè.

동 시작하다

0010 2급

问

wèn

반의 答 dá

예 선생님은 수업을 마치고 우리에게 문제를 问wèn하셨다.
老师讲完了课就向我们问问题。
Lǎoshī jiǎngwán le kè jiù xiàng wǒmen wèn wèntí.

동 묻다

0011 2급

让

ràng

예 그는 지도를 한 장 꺼내서, 나에게 그를 도와 한 장소를 찾아달라고 让ràng했다.

他拿来一张地图，让我帮他找一个地方。

Tā nálái yì zhāng dìtú, ràng wǒ bāng tā zhǎo yí ge dìfang.

동 ~을 시키다

Voca+

地图 dìtú 명 지도

Tip 동사 '让' 은 사역의 의미를 가진 문장을 만들 수 있습니다. '주어 A + 让 + 대상 B + 동사 C' 순서로 쓰이며, 'A가 B에게 C하도록 시키다'라고 해석할 수 있습니다.

0012 2급

送

sòng

반의 接 jiē

예 엄마가 나에게 생일 선물을 送sòng하셨다.

妈妈送给我生日礼物。

Māma sònggěi wǒ shēngrì lǐwù.

동 주다, 전송하다, 보내다

Voca+

礼物 lǐwù 명 선물

0013 3급

接

jiē

반의 送 sòng

예 제가 어제 당신에게 전화를 했는데, 아무도 接jiē하지 않았어요.

我昨天给你打电话了，可是没有人接。

Wǒ zuótiān gěi nǐ dǎ diànhuà le, kěshì méiyǒu rén jiē.

동 받다, 잇다

0014 2급

完

wán

예 비행기표는 이미 판매가 完wán되어서, 나는 사지 못했다.

飞机票已经卖完了，我买不到。

Fēijīpiào yǐjīng màiwán le, wǒ mǎibudào.

동 끝내다

Voca+

飞机票 fēijīpiào 명 비행기표

Tip 결과보어 '不到'는 '어떤 결과나 수량에 미치지 못함'을 나타내며 '找不到(찾지 못하다)', '买不到(사지 못하다)' 등으로 자주 쓰입니다.

0015 2급

找
zhǎo

예 당신 지갑을 잃어버렸나요? 우리 같이 找zhǎo해 봐요.

你的钱包丢了吗？我们一起找找吧。

Nǐ de qiánbāo diū le ma? Wǒmen yìqǐ zhǎozhao ba.

동 찾다, 거슬러주다

Voca+
钱包 qiánbāo 명 지갑

0016 2급

准备
zhǔnbèi

예 내일 우리는 등산을 가려고 한다. 나는 약간의 과일과 생수를 准备zhǔnbèi했다.

明天我们去爬山，我准备了一些水果和矿泉水。

Míngtiān wǒmen qù pá shān, wǒ zhǔnbèi le yìxiē shuǐguǒ hé kuàngquánshuǐ.

동 준비하다 명 준비

Voca+
爬山 pá shān 명 등산 | 矿泉水 kuàngquánshuǐ 명 생수, 물

0017 3급

帮忙
bāng máng

예 나는 다른 사람의 帮忙bāng máng은 필요 없다. 나 혼자서 할 수 있다.

我不要别人帮忙，我一个人能做。

Wǒ búyào biérén bāng máng, wǒ yí ge rén néng zuò.

명 도움 동 돕다, 도와주다

Tip '帮忙'은 이합동사이므로 뒤에 다른 목적어를 쓸 수 없습니다. '그를 도와주다'라는 표현은 '帮忙他'라고 해서는 안 되고, '帮他的忙'이라고 해야 합니다.

0018 3급

参加
cānjiā

유의 参与 cānyù

반의 退出 tuìchū

예 나는 당신과 함께 이번 대회에 参加cānjiā하고 싶어요.

我想跟你一起参加这次比赛。

Wǒ xiǎng gēn nǐ yìqǐ cānjiā zhè cì bǐsài.

동 참가하다

0019 3급

迟到
chídào

예 출근할 때 길에 차가 막혀서, 나는 2시간을 迟到chídào했다.

上班时路上堵车，我迟到了两个小时。

Shàng bān shí lùshang dǔchē, wǒ chídào le liǎng ge xiǎoshí.

동 지각하다

Voca+
上班 shàng bān 동 출근하다 | 堵车 dǔchē 동 차가 막히다

0020 3급

打算

dǎsuàn

유의 计划 jìhuà
准备 zhǔnbèi

예 졸업 후에 그녀는 중국에 일하러 갈 打算dǎsuàn이다.

毕业以后她打算去中国工作。

Bì yè yǐhòu tā dǎsuàn qù Zhōngguó gōngzuò.

동 ~할 계획이다 명 계획

Voca+
毕业 bì yè 동 졸업하다

0021 3급

发现

fāxiàn

예 나는 오빠가 비밀이 하나 있다는 것을 发现fāxiàn했다.

我发现哥哥有一个秘密。

Wǒ fāxiàn gēge yǒu yí ge mìmì.

동 발견하다, 알아채다

Voca+
秘密 mìmì 명 비밀

0022 3급

分

fēn

반의 合 hé

예 50명의 학생을 2개 조로 分fēn하면, 매 조는 25명이 된다.

把五十个学生分了两个组，每个组有二十五名。

Bǎ wǔshí ge xuésheng fēn le liǎng ge zǔ, měi ge zǔ yǒu èrshíwǔ míng.

동 나누다, 분배하다

Voca+
组 zǔ 명 조, 그룹

Tip '分'은 '점수' 라는 뜻의 명사로도 쓰이고, 시간이나 돈의 단위로도 쓰이는 단어입니다. 또한, '성분'이라는 뜻으로 쓰일 때는 'fèn'이라고 4성으로 발음합니다.

예 成分 chéngfèn 명 성분

0023 3급

换

huàn

예 저는 노란색을 좋아하지 않아요. 이 옷을 다른 색으로 换huàn해 주세요.

我不喜欢黄色的，请把这件衣服换成别的颜色的吧。

Wǒ bù xǐhuan huángsè de, qǐng bǎ zhè jiàn yīfu huànchéng biéde yánsè de ba.

동 교환하다, 바꾸다

Voca+
黄色 huángsè 명 노란색 | 颜色 yánsè 명 색깔

0024 3급

解决

jiějué

예 이 문제는 빨리 解决jiějué해야 한다.

这个问题要快点儿解决。

Zhège wèntí yào kuài diǎnr jiějué.

동 해결하다

0025 3급

检查
jiǎnchá

예 만약 자주 열이 나면, 바로 병원에 가서 检查jiǎnchá해야 한다.

如果经常发烧，就应该到医院去检查检查。

Rúguǒ jīngcháng fā shāo, jiù yīnggāi dào yīyuàn qù jiǎnchá jiǎnchá.

동 검사하다

Voca+
经常 jīngcháng 부 자주, 종종 | 发烧 fā shāo 동 열이 나다

0026 3급

借
jiè

예 당신이 借jiè한 그 책은 내일 반납해야 해요.

你借的那本书明天得还。

Nǐ jiè de nà běn shū míngtiān děi huán.

동 빌리다

Voca+
还 huán 동 돌려주다, 반납하다

0027 3급

还
huán

예 나는 지난주에 빌린 책을 그녀에게 还huán하려고 한다.

我要把上星期借的书还给她。

Wǒ yào bǎ shàngxīngqī jiè de shū huángěi tā.

동 돌려주다

Tip '还'은 '돌려주다'라는 뜻의 동사로 쓰일 때는 'huán'이라고 읽지만 '여전히, 더욱더' 라는 뜻의 부사로 쓰일 때는 'hái'라고 읽습니다.

0028 3급

经过①
jīngguò

예 당신이 그들에게 중국 여행의 经过jīngguò에 대해 설명해 주세요.

你给他们说说去中国旅游的经过。

Nǐ gěi tāmen shuōshuo qù Zhōngguó lǚyóu de jīngguò.

명 과정, 경유

经过②
jīngguò

예 10년의 힘든 노력을 经过jīngguò하여, 그는 마침내 성공했다.

经过了10年的辛苦努力，他终于成功了。

Jīngguò le shí nián de xīnkǔ nǔlì, tā zhōngyú chénggōng le.

동 경유하다, 겪다

Voca+
终于 zhōngyú 부 마침내, 결국 | 成功 chénggōng 동 성공하다

0029 3급

离开

líkāi

예 대학에 진학할 때, 나는 고향을 离开líkāi했다.

上大学的时候，我离开了家乡。

Shàng dàxué de shíhou, wǒ líkāi le jiāxiāng.

동 헤어지다, 이별하다

Voca+

家乡 jiāxiāng 명 고향

0030 3급

努力

nǔlì

유의 尽力 jìnlì

예 努力nǔlì하게 공부하기만 하면 배워서 익힐 수 있다.

只要努力学习，就能学会。

Zhǐyào nǔlì xuéxí, jiù néng xuéhuì.

동 열심히 하다, 노력하다

Voca+

只要 zhǐyào 접 ~하기만 하면

0031 3급

提高

tígāo

반의 降低 jiàngdī

예 중국어 수준을 提高tígāo하기 위해서는 많이 듣고 많이 말해야 한다.

为了提高汉语水平，应该多听多说。

Wèile tígāo Hànyǔ shuǐpíng, yīnggāi duō tīng duō shuō.

동 (수준 · 질 · 수량이) 향상되다, 향상시키다

Voca+

为了 wèile 개 ~하기 위해서

0032 3급

完成

wánchéng

예 이 임무들을 完成wánchéng하기 위해서, 우리는 어제 밤새 한숨도 못 잤다.

为了完成这些任务，我昨天一夜没睡。

Wèile wánchéng zhèxiē rènwù, wǒ zuótiān yí yè méi shuì.

동 완성하다, 끝마치다

Voca+

任务 rènwù 명 임무 | 一夜 yí yè 명 하룻밤

0033 3급

忘记

wàngjì

예 아이고, 어떡하죠? 제가 지갑을 가져오는 걸 忘记wàngjì했어요!

唉呀，怎么办？我忘记带钱包了！

Āi yā, zěnme bàn? Wǒ wàngjì dài qiánbāo le!

동 잊다

Voca+

钱包 qiánbāo 명 지갑

0034 3급

选择

xuǎnzé

유의 挑选 tiāoxuǎn

예 이 치마는 두 가지 색깔이 있는데, 당신은 어떤 것을 选择xuǎnzé할 건가요?

这种裙子有两种颜色，你要选择哪一种?

Zhè zhǒng qúnzi yǒu liǎng zhǒng yánsè, nǐ yào xuǎnzé nǎ yì zhǒng?

동 고르다, 선택하다

0035 3급

要求

yāoqiú

유의 请求 qǐngqiú

예 이 교수님의 要求yāoqiú는 매우 높다.

这位教授的要求特别高。

Zhè wèi jiàoshòu de yāoqiú tèbié gāo.

명 요구 동 요구하다

Voca+

教授 jiàoshòu 명 교수

Tip '要求'의 '要'는 4성이 아니라 1성 'yāo'로 발음하는 것에 주의하세요.

0036 3급

影响

yǐngxiǎng

예 어떤 중국인들은 13이라는 숫자를 싫어하는데, 이것은 서구 문화의 影响yǐngxiǎng을 받아서이다.

有些中国人不喜欢13，这是受西方文化的影响。

Yǒuxiē Zhōngguórén bù xǐhuan shísān, zhè shì shòu xīfāng wénhuà de yǐngxiǎng.

명 영향 동 영향을 미치다

Voca+

西方 xīfāng 명 서구, 서양 | 文化 wénhuà 명 문화

0037 3급

遇到

yùdào

예 길에서 나는 우연히 옛 친구를 遇到yùdào했다.

在街上我偶然遇到了老朋友。

Zài jiē shang wǒ ǒurán yùdào le lǎo péngyou.

동 만나다, 마주치다

Voca+

街 jiē 명 길, 거리 | 偶然 ǒurán 부 우연히

0038 3급

照顾

zhàogù

유의 关照 guānzhào

예 아빠 엄마가 다 집에 안 계신다. 나는 내 여동생을 잘 照顾zhàogù해야 한다.

爸爸妈妈都不在家，我得好好照顾我妹妹。

Bàba māma dōu bú zài jiā, wǒ děi hǎohāo zhàogù wǒ mèimei.

동 돌보다

0039 3급

发
fā

반의 收 shōu

예 이 서류를 저에게 팩스로 发fā해 주세요.

请你把这文件用传真发给我。

Qǐng nǐ bǎ zhè wénjiàn yòng chuánzhēn fāgěi wǒ.

동 보내다, 교부하다

Voca+

文件 wénjiàn 명 서류 | 传真 chuánzhēn 명 팩시밀리, 팩스

Tip '发'는 동사로 쓰일 때는 1성으로 발음하지만, '머리카락'이라는 뜻의 명사로 쓰일 때는 'fà'라고 4성으로 발음합니다.

예 理发 lǐfà 이발하다, 머리를 깎다

0040 3급

过
guò

예 요즘 어떻게 过guò해? 아주 바쁘겠구나.

最近过得怎么样？挺忙的吧。

Zuìjìn guò de zěnmeyàng? Tǐng máng de ba.

동 지내다, (시간을) 보내다

Voca+

最近 zuìjìn 명 요즘 | 挺…的 tǐng…de 아주 ~하다

0041 3급

花
huā

예 나는 300위안을 花huā해서 자전거를 한 대 샀다.

我花三百块钱买了一辆自行车。

Wǒ huā sānbǎi kuài qián mǎi le yí liàng zìxíngchē.

동 (돈이나 시간 등을) 쓰다

Voca+

辆 liàng 양 대 [차량을 세는 단위] | 自行车 zìxíngchē 명 자전거

0042 1급

没有
méiyǒu

예 나는 언니가 2명 있다. 그러나 오빠는 没有méiyǒu하다.

我有两个姐姐，可是我没有哥哥。

Wǒ yǒu liǎng ge jiějie, kěshì wǒ méiyǒu gēge.

동 (소유 혹은 존재가) 없다

Voca+

姐姐 jiějie 명 언니, 누나 | 可是 kěshì 접 그러나 | 哥哥 gēge 명 오빠, 형

0043 3급

试
shì

예 이 스웨터는 정말 예쁘네요. 한번 试shì해 봐도 되나요?

这件毛衣真漂亮，可以试试吗？

Zhè jiàn máoyī zhēn piàoliang, kěyǐ shìshi ma?

동 (시험 삼아) ~해 보다 [가벼운 시도를 나타냄]

Voca+

毛衣 máoyī 명 스웨터 | 可以 kěyǐ 조동 ~해도 좋다

Chapter 8. 행위와 동작

A8-2 **8-2 동작**

Let's Start Up!

주제에 맞는 단어와 예문을 학습해 보세요.

0001 1급

来
lái

반의 去 qù

예 우리의 기차가 곧 출발하려고 하는데, 그러나 내 친구가 아직 来lái하지 않았다.
我们的火车就要出发了，但是我朋友还没来。
Wǒmen de huǒchē jiù yào chūfā le, dànshì wǒ péngyou hái méi lái.

동 오다

Voca+
火车 huǒchē 명 기차 | 出发 chūfā 동 출발하다

0002 1급

去
qù

반의 来 lái

예 가끔씩 나는 도서관에 去qù해서 책을 본다.
有时候我去图书馆看书。
Yǒu shíhou wǒ qù túshūguǎn kàn shū.

동 가다

0003 2급

进
jìn

유의 入 rù
반의 出 chū

예 열쇠를 찾을 수 없다면, 방에 进jìn할 수 없다.
找不到钥匙的话，就不能进屋。
Zhǎobudào yàoshi de huà, jiù bù néng jìn wū.

동 (안으로) 들다

Voca+
钥匙 yàoshi 명 열쇠 | 屋 wū 명 방

0004 2급

出
chū

반의 进 jìn

예 달이 산 위로부터 出chū했다.
月亮从山上出来了。
Yuèliang cóng shān shang chūlái le.

동 나가다, 드러나다, 떠나다

Voca+
月亮 yuèliang 명 달

0005 1급

回

huí

예 수업을 마친 후에 그들은 기숙사로 回huí했다.

下课以后他们都回宿舍了。

Xià kè yǐhòu tāmen dōu huí sùshè le.

동 돌아오다, 회답하다

Voca+

宿舍 sùshè 명 기숙사

0006 1급

开

kāi

반의 关 guān

예 은행은 몇 시에 开kāi하나요?

银行几点开门?

Yínháng jǐ diǎn kāi mén?

동 열다

Voca+

银行 yínháng 명 은행

0007 3급

关

guān

유의 闭 bì

반의 开 kāi

예 퇴근할 때, 사무실 전등을 关guān하세요.

你下班的时候，请把办公室的电灯关上。

Nǐ xià bān de shíhou, qǐng bǎ bàngōngshì de diàndēng guānshang.

동 닫다, 끄다

Voca+

办公室 bàngōngshì 명 사무실 | 电灯 diàndēng 명 전등

0008 1급

看

kàn

예 아버지께서는 소파에 앉아서 TV를 看kàn하고 계신다.

爸爸在沙发上坐着看电视。

Bàba zài shāfā shang zuòzhe kàn diànshì.

동 보다

0009 1급

看见

kànjiàn

예 제 휴대전화가 안 보여요. 당신 看见kànjiàn했나요?

我的手机不见了，你看见了吗?

Wǒ de shǒujī bú jiàn le, nǐ kànjiàn le ma?

동 보이다

Voca+

手机 shǒujī 명 휴대전화

0010 1급

听

tīng

예 저녁에 나는 기숙사에서 TV도 보고, 음악도 听tīng한다.

晚上我在宿舍看电视、听音乐。

Wǎnshang wǒ zài sùshè kàn diànshì、tīng yīnyuè.

동 듣다

0011 1급

读
dú

예 선생님, 이 한자는 어떻게 读dú하나요?

老师，这个汉字怎么读?

Lǎoshī, zhège Hànzì zěnme dú?

동 읽다

0012 1급

说
shuō

예 우리는 다음 주에 시험을 본다고 선생님이 说shuō하셨다.

老师说我们下星期有考试。

Lǎoshī shuō wǒmen xiàxīngqī yǒu kǎoshì.

동 말하다, 설명하다

Voca+

下星期 xiàxīngqī 명 다음 주 | 考试 kǎoshì 명 시험

0013 1급

写
xiě

예 그가 당신에게 편지를 한 통 写xiě했는데, 당신은 받았나요?

他给你写了一封信，你收到了吗?

Tā gěi nǐ xiě le yì fēng xìn, nǐ shōudào le ma?

동 쓰다

Voca+

封 fēng 양 통 [편지를 세는 단위] | 收 shōu 동 받다

0014 2급

到
dào

예 상하이에서 온 비행기가 방금 到dào했다.

从上海来的飞机刚到。

Cóng Shànghǎi lái de fēijī gāng dào.

동 도착하다

Voca+

上海 Shànghǎi 명 상하이 | 飞机 fēijī 명 비행기

0015 3급

讲
jiǎng

예 당신 讲jiǎng하는 목소리가 너무 작아요. 목소리를 좀 크게 할 수 있나요?

你讲话声音太小了，可以大点儿声吗?

Nǐ jiǎng huà shēngyīn tài xiǎo le, kěyǐ dà diǎnr shēng ma?

동 말하다

Voca+

声音 shēngyīn 명 (목)소리

0016 2급

说话

shuō huà

예 다른 학우들이 모두 공부를 하고 있는 중이니, 당신 说话shuō huà하지 마세요.

别的同学都在学习，请你不要说话。

Biéde tóngxué dōu zài xuéxí, qǐng nǐ búyào shuō huà.

동 말하다

Voca+

别的 biéde 대 다른

0017 2급

告诉

gàosu

예 당신 무슨 고민 있지요? 저에게 告诉gàosu해 봐요. 제가 꼭 당신을 도울게요.

你有什么心事吧？告诉我，我肯定帮助你。

Nǐ yǒu shénme xīnshì ba? Gàosu wǒ, wǒ kěndìng bāngzhù nǐ.

동 알려주다, 말하다

Voca+

心事 xīnshì 명 고민 | 肯定 kěndìng 부 꼭, 틀림없이

Tip '说'와 '告诉'는 둘 다 '이야기하다'라는 뜻이지만, '说'는 뒤에 이야기 내용이 오고, '告诉'는 뒤에 이야기하는 사람이 옵니다. 그리고 '告诉'를 'gàosù'라고 읽으면 '고소하다'라는 법률 용어가 되는 것에도 주의하세요.

0018 3급

回答

huídá

유의 答复 dáfù

반의 提问 tíwèn

예 당신 제 질문에 回答huídá해 주세요.

请你回答我的问题。

Qǐng nǐ huídá wǒ de wèntí.

동 대답하다

0019 2급

起床

qǐ chuáng

예 오늘 起床qǐ chuáng하자마자 나는 내가 지각했다는 것을 깨달았다.

今天一起床我就发现我迟到了。

Jīntiān yì qǐ chuáng wǒ jiù fāxiàn wǒ chídào le.

동 일어나다, 기상하다

Voca+

发现 fāxiàn 동 발견하다, 깨닫다

0020 3급

起来

qǐlái

예 내일은 수업이 없으니, 좀 늦게 起来qǐlái해도 괜찮다.

明天没有课，可以晚点儿起来。

Míngtiān méiyǒu kè, kěyǐ wǎn diǎnr qǐlái.

동 일어서다, 기상하다

Voca+

明天 míngtiān 명 내일 | 课 kè 명 수업 | 可以 kěyǐ 조동 ~해도 좋다 | 晚 wǎn 형 늦다

0021 1급

睡觉

shuì jiào

예 저녁에 나는 7시 이후에 공부를 시작하고, 11시 반에야 겨우 睡觉shuì jiào한다.

晚上我七点以后开始学习，十一点半才睡觉。

Wǎnshang wǒ qī diǎn yǐhòu kāishǐ xuéxí, shíyī diǎn bàn cái shuì jiào.

동 잠자다

0022 2급

笑

xiào

예 그가 나를 봤을 때, 즐겁게 笑xiào했다.

他见到我时，高兴地笑了。

Tā jiàndào wǒ shí, gāoxìng de xiào le.

동 웃다

Voca+

高兴 gāoxìng 형 즐겁다, 기쁘다

0023 2급

走

zǒu

예 베이징대학에 가는 건 이 길로 5분 走zǒu하면 바로 도착한다.

去北京大学从这条路走五分钟就到。

Qù Běijīng Dàxué cóng zhè tiáo lù zǒu wǔ fēnzhōng jiù dào.

동 걷다, 떠나다

Voca+

大学 dàxué 명 대학 | 路 lù 명 길

0024 1급

坐

zuò

예 형은 의자 위에 坐zuò한 채 공부하고 있다.

哥哥在椅子上坐着学习。

Gēge zài yǐzi shang zuòzhe xuéxí.

동 앉다

Voca+

椅子 yǐzi 명 의자

0025 3급

骑
qí

예 우리는 자전거를 骑qí해서 갈 수도 있고, 자동차를 타고 갈 수도 있다.

我们可以骑自行车去，也可以坐车去。

Wǒmen kěyǐ qí zìxíngchē qù, yě kěyǐ zuò chē qù.

동 타다

Tip 동사 '骑'는 자전거, 말, 오토바이를 탈 때처럼 두 다리를 벌리고 타는 동작을 나타낼 때 씁니다. 또한 버스, 배, 비행기, 기차를 탈 때처럼 다리를 모으고 앉는 동작을 나타낼 때는 동사 '坐'를 씁니다.

예 骑自行车 자전거를 타다 / 骑马 말을 타다
坐汽车 자동차를 타다 / 坐火车 기차를 타다 / 坐船 배를 타다

0026 3급

站①
zhàn

예 선생님이 오셨어요. 모두들 다 站zhàn하세요.

老师来了，大家都站起来吧。

Lǎoshī lái le, dàjiā dōu zhàn qǐlái ba.

동 서다

站②
zhàn

예 우리 집 근처에 버스站zhàn이 없어서 매우 불편하다.

我家附近没有公共汽车站，非常不方便。

Wǒ jiā fùjìn méiyǒu gōnggòng qìchēzhàn, fēicháng bù fāngbiàn.

명 역, 정거장

Voca+
方便 fāngbiàn 형 편리하다

0027 1급

做
zuò

예 나는 한편으로는 음악을 들으면서 한편으로는 숙제를 做zuò했다.

我一边听音乐一边做作业。

Wǒ yìbiān tīng yīnyuè yìbiān zuò zuòyè.

동 하다, 만들다

Voca+
一边…一边… yìbiān…yìbiān… 동 한편으로는 ~하면서, 다른 한편으로는 ~하다

0028 3급

搬
bān

예 그는 여기에서 살지 않는다. 그는 집을 搬bān했다.

他不住在这儿了，他搬家了。

Tā bú zhùzài zhèr le, tā bān jiā le.

동 옮기다, 나르다, 이사하다

Voca+
住 zhù 동 살다

0029 3급

包①
bāo

예 집에서 만두를 包bāo해서 먹어요.

在家里包饺子吃吧。

Zài jiā li bāo jiǎozi chī ba.

동 싸다, (만두를) 빚다

Voca+

饺子 jiǎozi 명 만두

包②
bāo

예 包bāo 안에 언제든지 쓸 수 있는 물건을 넣었다.

包里放一些随时要用的东西。

Bāo li fàng yìxiē suíshí yào yòng de dōngxi.

명 가방, 봉지

Voca+

随时 suíshí 부 언제든지, 아무때나

0030 3급

带
dài

예 밖에 비가 많이 오고 있어요. 제가 우산을 带dài하지 않았는데, 어떡하죠?

外边正在下大雨，我没带雨伞，怎么办?

Wàibian zhèngzài xià dàyǔ, wǒ méi dài yǔsǎn, zěnme bàn?

동 휴대하다, 지니다

Voca+

大雨 dàyǔ 명 큰비, 호우 | 雨伞 yǔsǎn 명 우산

0031 3급

放
fàng

예 물건을 그 책상 위에 放fàng하세요.

请把东西放在那个桌子上。

Qǐng bǎ dōngxi fàngzài nàge zhuōzi shang.

동 놓다, 놔주다

0032 3급

练习
liànxí

예 선생님께서 내 발음이 그다지 좋지 않다고 하셨다. 아직 계속 练习liànxí해야 한다.

老师说我的发音不太好，还要继续练习。

Lǎoshī shuō wǒ de fāyīn bútài hǎo, hái yào jìxù liànxí.

동 연습하다

Voca+

发音 fāyīn 명 발음 | 继续 jìxù 동 계속하다

0033 3급

拿①

ná

예 나는 늘 젓가락을 잘 拿ná하지 못한다.

我总是拿不好筷子。

Wǒ zǒngshì nábuhǎo kuàizi.

동 (손으로) 잡다, 쥐다

Voca+

总是 zǒngshì 부 늘 | 筷子 kuàizi 명 젓가락

拿②

ná

예 단지 가격만을 拿ná해서 비교해서는 안 된다. 당신은 전체 방면의 비교를 해야 한다.

不能光拿价格来比较，你要全方面的比较。

Bù néng guāng ná jiàgé lái bǐjiào, nǐ yào quán fāngmiàn de bǐjiào.

개 ~을 가지고

Voca+

光 guāng 부 단지, 오직 | 价格 jiàgé 명 가격 | 比较 bǐjiào 명 비교

0034 3급

用

yòng

예 나의 중국어 수준은 높지 않다. 나는 중국어를 用yòng해서 이야기할 수 없다.

我的汉语水平不高，我不能用汉语对话。

Wǒ de Hànyǔ shuǐpíng bù gāo, wǒ bù néng yòng Hànyǔ duìhuà.

동 사용하다

Voca+

水平 shuǐpíng 명 수준 | 对话 duìhuà 동 대화하다, 이야기하다

Chapter 8. 행위와 동작

A8-3 **8-3 출현·변화**

Let's Start Up!

주제에 맞는 단어와 예문을 학습해 보세요.

0001 3급

变化

biànhuà

예 중국의 대도시는 최근 매우 빠르게 变化biànhuà한다.

中国的大城市最近变化得很快。

Zhōngguó de dà chéngshì zuìjìn biànhuà de hěn kuài.

동 변화하다 명 변화

Voca+

城市 chéngshì 명 도시

0002 3급

习惯

xíguàn

예 우리 할아버지께서는 매일 일찍 일어나서 공원에 산책하러 가시는 게 习惯xíguàn이 되셨다.

我爷爷习惯了每天早起去公园散步。

Wǒ yéye xíguàn le měitiān zǎo qǐ qù gōngyuán sàn bù.

명 습관 동 습관이 되다, 익숙해지다

Voca+

公园 gōngyuán 명 공원 | 散步 sàn bù 동 산보하다, 산책하다

1. 보기에서 알맞은 단어를 고르세요.

보기 A. 练习 B. 试 C. 分 D. 努力 E. 遇到 F. 到

① 노력하다 ______ ② 만나다, 마주치다 ______

③ 도착하다 ______ ④ 나누다, 분배하다 ______

⑤ 연습하다 ______ ⑥ 시험 삼아 해보다 ______

2. 중국어의 뜻과 병음을 서로 연결하세요.

① 대답하다 •	• 照顾 •	• qǐchuáng
② 기상하다 •	• 拿 •	• zhàogù
③ 서다 / 정거장 •	• 回答 •	• zhàn
④ 돌보다 •	• 起床 •	• huídá
⑤ (손으로) 잡다, 쥐다 •	• 站 •	• ná

3. 밑줄 친 부분에 적합한 단어를 쓰세요.

보기 A. 等 B. 找 C. 习惯 D. 打算 E. 接 F. 借

① 당신 지갑을 잃어버렸나요? 우리 같이 ______ 해 봐요.

② 당신은 왜 이제서야 오는 거예요? 저는 당신을 1시간이나 ______ 했어요.

③ 제가 어제 당신에게 전화를 했는데, 아무도 ______ 하지 않았어요.

④ 할아버지께서는 매일 일찍 일어나서 공원에 산책하시는 게 ______ 이 되셨다.

⑤ 당신이 ______ 한 그 책은 내일 반납해야 해요.

⑥ 졸업 후에 그는 중국에 일하러 갈 ______ 이다.

■ 정답은 196쪽에 있습니다.

1. 보기에서 알맞은 단어를 고르세요.

보기 A. 帮助 B. 开始 C. 变化 D. 经过 E. 看见 F. 说话

① 변화하다 ________ ② 시작하다 ________

③ 돕다, 도와주다 ________ ④ 보이다 ________

⑤ 경유하다, 겪다 ________ ⑥ 말하다 ________

2. 중국어의 뜻과 병음을 서로 연결하세요.

① 팔다 •	• 笑 •	• mài
② 사다 •	• 关 •	• huán
③ 웃다 •	• 买 •	• guān
④ 돌려주다 •	• 卖 •	• mǎi
⑤ 닫다, 끄다 •	• 还 •	• xiào

3. 밑줄 친 부분에 적합한 단어를 쓰세요.

보기 A. 来 B. 坐 C. 开 D. 带 E. 告诉 F. 用

① 은행은 오전 몇 시에 ________ 하나요?

② 우리의 기차가 곧 출발하려고 하는데, 내 친구가 아직 ________ 하지 않았다.

③ 당신 무슨 고민 있지요? 저에게 ________ 해봐요.

④ 오빠는 의자 위에 ________ 한 채 공부하고 있다.

⑤ 나의 중국어 수준은 높지 않아서 중국어를 ________ 해서 이야기할 수 없다.

⑥ 비가 와요. 나는 우산을 ________ 하지 않았는데, 어떡하죠?

■ 정답은 196쪽에 있습니다.

1. 보기에서 알맞은 단어를 고르세요.

보기 A. 放 B. 送 C. 要求 D. 写 E. 发现 F. 骑

① 놓다, 놔주다 ______ ② 발견하다 ______

③ 주다, 전송하다 ______ ④ 쓰다 ______

⑤ 타다 ______ ⑥ 요구하다 ______

2. 중국어의 뜻과 병음을 서로 연결하세요.

① 말하다	住	wán
② 끝내다	检查	zhù
③ 살다	完	jiǎnchá
④ 해결하다	解决	jiějué
⑤ 검사하다	讲	jiǎng

3. 밑줄 친 부분에 적합한 단어를 쓰세요.

보기 A. 迟到 B. 换 C. 完成 D. 变化 E. 放 F. 帮忙

① 물건을 그 책상 위에 ______ 하세요.

② 저는 노란색을 좋아하지 않아요. 이 옷을 다른 색으로 ______ 해 주세요.

③ 이곳의 기후 ______ 는 비교적 크다. 어떨 때는 덥고, 어떨 때는 춥다.

④ 출근할 때 길에 차가 막혀서, 나는 2시간을 ______ 했다.

⑤ 나는 다른 사람의 ______ 은 필요 없다. 나 혼자서 할 수 있다.

⑥ 이 임무들을 ______ 하기 위해서, 우리는 어제 밤새 한숨도 못 잤다.

■ 정답은 196쪽에 있습니다.

Chapter 9. 기타

A 9-1

Let's Start Up!

주제에 맞는 단어와 예문을 학습해 보세요.

0001 3급

公斤

gōngjīn

예 우리 아빠의 몸무게는 72公斤gōngjīn이다.

我爸爸的体重是72公斤。

Wǒ bàba de tǐzhòng shì qīshí'èr gōngjīn.

명 킬로그램(kg)

Voca+

体重 tǐzhòng 명 체중

0002 2급

事情

shìqing

예 나는 요즘에 매우 바쁘다. 많은 事情shìqing이 있다.

我最近特别忙，有很多事情。

Wǒ zuìjìn tèbié máng, yǒu hěn duō shìqing.

명 일, 사건

Voca+

特别 tèbié 부 매우, 특히

0003 2급

意思

yìsi

예 저는 이 단어를 모르겠어요. 당신 저에게 무슨 意思yìsi인지 말해 줄 수 있어요?

我不知道这个生词，你能告诉我是什么意思吗?

Wǒ bù zhīdào zhège shēngcí, nǐ néng gàosu wǒ shì shénme yìsi ma?

명 재미, 의미, 뜻

Voca+

生词 shēngcí 명 새 단어

0004 3급

机会

jīhuì

예 한국에서는 중국어를 말할 机会jīhuì가 적다. 그래서 나의 중국어 실력이 점점 더 떨어진다.

在韩国说汉语的机会很少，所以我的汉语水平越来越差了。

Zài Hánguó shuō Hànyǔ de jīhuì hěn shǎo, suǒyǐ wǒ de Hànyǔ shuǐpíng yuè lái yuè chà le.

명 기회

Voca+

越来越… yuè lái yuè… 점점 더 ~하다

0005 3급

水平

shuǐpíng

유의 水准 shuǐzhǔn

예 경제 발전에 따라 사람들의 생활 水平shuǐpíng도 향상되었다.

随着经济发展，人们的生活水平也提高了。

Suízhe jīngjì fāzhǎn, rénmen de shēnghuó shuǐpíng yě tígāo le.

명 수준

Voca+

经济 jīngjì 명 경제 | 发展 fāzhǎn 명 발전 | 提高 tígāo 동 제고하다, 향상되다

1. 보기에서 알맞은 단어를 고르세요.

보기 A. 公斤 B. 意思 C. 事情 D. 机会 E. 水平

① 기회 ______ ② 수준 ______

③ 일, 사건 ______ ④ 킬로그램(kg) ______

⑤ 재미, 의미, 뜻 ______

2. 중국어의 뜻과 병음을 서로 연결하세요.

① kg •	• 事情 •	• yìsi
② 일, 사건 •	• 机会 •	• jīhuì
③ 기회 •	• 公斤 •	• shìqing
④ 재미, 의미, 뜻 •	• 水平 •	• gōngjīn
⑤ 수준 •	• 意思 •	• shuǐpíng

3. 밑줄 친 부분에 적합한 단어를 쓰세요.

보기 A. 机会 B. 公斤 C. 水平 D. 意思 E. 事情

① 경제 발전에 따라, 사람들의 생활 ______ 도 향상된다.

② 한국에서는 중국어를 말할 ______ 가 적어서 중국어 실력이 점점 떨어진다.

③ 나는 요즘에 매우 바쁘다. 많은 ______ 이 있다.

④ 저는 이 단어를 모르겠어요. 저에게 무슨 ______ 인지 말해 줄 수 있어요?

⑤ 우리 아빠의 몸무게는 72 ______ 이다.

■ 정답은 196쪽에 있습니다.

新HSK 1~3급

기능별 어휘

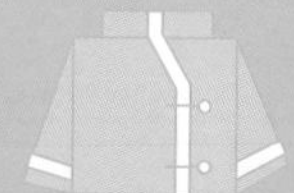

Chapter 1. 대사

B 1-1 1-1 인칭

Let's Start Up!

주제에 맞는 단어와 예문을 학습해 보세요.

0001 1급

我

wǒ

예 내일은 我wǒ의 생일이다. 이것은 엄마가 我wǒ에게 사준 생일 선물이다.

明天是我的生日，这是妈妈给我买的生日礼物。

Míngtiān shì wǒ de shēngrì, zhè shì māma gěi wǒ mǎi de shēngrì lǐwù.

대 나, 저

0002 1급

你

nǐ

예 나는 한국인이에요. 你nǐ는 어느 나라 사람인가요?

我是韩国人，你是哪国人?

Wǒ shì Hánguórén, nǐ shì nǎ guó rén?

대 너, 당신

0003 2급

您

nín

예 您nín은 무엇을 드시는 걸 좋아하세요?

您喜欢吃什么?

Nín xǐhuan chī shénme?

대 당신 ['你'의 존칭]

0004 1급

他

tā

예 이 사람은 제 오빠예요. 他tā는 대학생이에요.

这是我哥哥，他是大学生。

Zhè shì wǒ gēge, tā shì dàxuéshēng.

대 그, 그 남자

0005 1급

她

tā

예 언니의 수학 성적은 매우 좋다. 她tā는 늘 나에게 공부를 가르쳐준다.

姐姐的数学成绩很好，她经常教我学习。

Jiějie de shùxué chéngjì hěn hǎo, tā jīngcháng jiāo wǒ xuéxí.

대 그녀, 그 여자

Voca+

数学 shùxué 명 수학 | 成绩 chéngjì 명 성적 | 经常 jīngcháng 부 늘, 언제나

0006 2급

它

tā

예 지갑은 책상 위에 있어요. 당신 나갈 때 它tā를 가지고 가는 걸 잊지 말아요.

钱包在桌子上，你出去的时候别忘了带它。

Qiánbāo zài zhuōzi shang, nǐ chūqù de shíhou bié wàng le dài tā.

대 그것

Voca+

忘 wàng 동 잊다

0007 1급

我们

wǒmen

예 나는 한국인이고, 그도 한국인이다. 我们wǒmen은 다 한국인이다.

我是韩国人，他也是韩国人，我们都是韩国人。

Wǒ shì Hánguórén, tā yě shì Hánguórén, wǒmen dōu shì Hánguórén.

대 우리

0008 2급

大家

dàjiā

반의 个人 gèrén

예 大家dàjiā가 다 수업을 시작했다. 단지 그 혼자만 8시가 넘어서야 겨우 교실에 들어왔다.

大家都上课了，只有他一个人八点以后才进教室。

Dàjiā dōu shàng kè le, zhǐyǒu tā yí ge rén bā diǎn yǐhòu cái jìn jiàoshì.

대 모두, 여러분

0009 3급

自己

zìjǐ

예 엄마가 집에 없을 때, 나는 종종 自己zìjǐ 밥을 해 먹는다.

妈妈不在家的时候，我常常自己做饭吃。

Māma bú zài jiā de shíhou, wǒ chángcháng zìjǐ zuò fàn chī.

대 스스로, 자신

Chapter 1. 대사

B 1-2 **1-2 지시**

Let's Start Up! 주제에 맞는 단어와 예문을 학습해 보세요.

0001 1급

那

nà

반의 这 zhè

예 이건 너무 비싸요. 당신 그냥 那nà를 사세요.

这个太贵，你还是买那个吧。

Zhège tài guì, nǐ háishi mǎi nàge ba.

대 그(것), 저(것)

0002 1급

这

zhè

반의 那 nà

예 这zhè는 내 책가방이고, 저것은 남동생의 책가방이다.

这是我的书包，那是我弟弟的书包。

Zhè shì wǒ de shūbāo, nà shì wǒ dìdi de shūbāo.

대 이(것)

Voca+

书包 shūbāo 명 책가방

0003 1급

哪

nǎ

예 당신은 哪nǎ 것을 원하나요? 이거요, 아니면 저거요?

你要哪个？这个还是那个？

Nǐ yào nǎge? Zhège háishi nàge?

대 어느

0004 1급

哪儿

nǎr

예 당신은 哪儿nǎr에 가나요? 식당에요, 아니면 기숙사에요?

你去哪儿？食堂还是宿舍？

Nǐ qù nǎr? Shítáng háishi sùshè?

대 어디, 어느 곳

Voca+

食堂 shítáng 명 식당

0005 2급

每
měi

예 每měi 교실에 30개의 책걸상이 있다.
每个教室有三十套桌椅。
Měi ge jiàoshì yǒu sānshí tào zhuōyǐ.

대 매, 모두

0006 3급

其他
qítā

예 당신을 제외하고, 其他qítā 학생들은 모두 왔어요.
除了你，其他学生都来了。
Chúle nǐ, qítā xuésheng dōu lái le.

대 기타, 다른 사람(사물)

Voca+
除了… chúle… 개 ~를 제외하고

Chapter 1. 대사

B 1-3 **1-3 의문**

Let's Start Up!

주제에 맞는 단어와 예문을 학습해 보세요.

0001 1급

多少
duōshao

예 너희 반에는 학생이 多少duōshao 있니?
你们班有多少学生?
Nǐmen bān yǒu duōshao xuésheng?

대 얼마 [수량을 물을 때 쓰임]

Tip '多少'와 '几'는 모두 수를 물어보는 의문사입니다. 대답이 1~10 사이의 숫자로 짐작될 경우에는 '几'를, 10 이상으로 짐작되거나 범위를 짐작할 수 없을 때는 '多少'를 써서 질문합니다. '几'와 명사 사이에는 반드시 양사를 써야 하지만, '多少'와 명사 사이에는 양사를 쓰든 안 쓰든 상관없으며, 양사를 쓰지 않을 때가 더 많다는 것도 알아두세요.

0002 1급

谁
shéi

예 문 옆에 앉아 있는 사람은 谁shéi인가요?
坐在门旁边的人是谁?
Zuòzài mén pángbiān de rén shì shéi?

대 누구

Voca+
旁边 pángbiān 명 옆

0003 1급

什么
shénme

예 당신은 주말에 什么shénme를 했나요?
你周末做什么了?
Nǐ zhōumò zuò shénme le?

대 무엇, 어떤, 무슨

Voca+
周末 zhōumò 명 주말

0004 1급

怎么
zěnme

예 그의 딸은 怎么zěnme 이렇게 귀엽죠?
他女儿怎么这么可爱?
Tā nǚ'ér zěnme zhème kě'ài?

대 어떻게, 어쩌면, 왜

Voca+
这么 zhème 대 이렇게

0005 1급

怎么样

zěnmeyàng

예 우리 내일 톈안먼에 가는 게 怎么样zěnmeyàng 한가요?

咱们明天去天安门，怎么样？

Zánmen míngtiān qù Tiān'ānmén, zěnmeyàng?

대 어떠하다

Voca+

天安门 Tiān'ānmén 명 톈안먼, 천안문

1. 보기에서 알맞은 단어를 고르세요.

보기 A. 大家 B. 多少 C. 自己 D. 每 E. 怎么 F. 什么

① 무엇 ______ ② 모두, 여러분 ______

③ 어떻게, 어째서 ______ ④ 스스로, 자신 ______

⑤ 매, 모두 ______ ⑥ 얼마 ______

2. 중국어의 뜻과 병음을 서로 연결하세요.

① 그, 그 남자 •	• 你 •	• nǐ
② 너, 당신 •	• 他 •	• zhè
③ 어느 •	• 哪 •	• nà
④ 이것 •	• 那 •	• nǎ
⑤ 그, 저 •	• 这 •	• tā

3. 밑줄 친 부분에 적합한 단어를 쓰세요.

보기 A. 谁 B. 其他 C. 她 D. 怎么样 E. 哪儿 F. 我们

① 咱们明天去天安门, ______?

② 我是韩国人, 他也是韩国人, ______都是韩国人。

③ 除了你, ______学生都来了。

④ 坐在门旁边的人是______?

⑤ 你去______? 食堂还是宿舍?

⑥ 姐姐的数学成绩很好, ______经常教我学习。

■ 정답은 196쪽에 있습니다.

Chapter 2. 수사와 양사

B 2-1

2-1 수사

Let's Start Up!

주제에 맞는 단어와 예문을 학습해 보세요.

0001 1급

一
yī

예 저는 아들만 있어서 딸이 一yī명 있었으면 좋겠어요.
我只有儿子，很想有一个女儿。
Wǒ zhǐyǒu érzi, hěn xiǎng yǒu yí ge nǚ'ér.

수 1, 하나

Tip 전화번호나 방 번호 등에 쓰인 '1'은 상대방이 정확하게 들을 수 있도록 'yāo'로 읽습니다.

예 1104号 yāo yāo líng sì hào 1104호

0002 1급

二
èr

예 하루는 二èr십사(24)시간이다.
一天有二十四个小时。
Yìtiān yǒu èrshísì ge xiǎoshí.

수 2, 둘

0003 1급

三
sān

예 한국의 고등학교는 三sān년제이다.
韩国的高中是三年制的。
Hánguó de gāozhōng shì sān nián zhì de.

수 3, 셋

Voca+
高中 gāozhōng 명 고등학교

0004 1급

四
sì

예 우리 반에는 四sì 명의 유학생이 있다. 미국인, 영국인, 일본인 그리고 프랑스인이다.
我们班有四个留学生，美国人、英国人、日本人和法国人。
Wǒmen bān yǒu sì ge liúxuéshēng, Měiguórén 、Yīngguórén 、Rìběnrén hé Fǎguórén.

수 4, 넷

0005 1급

五
wǔ

예 2 더하기 3은 五wǔ이다.

二加三等于五。
Èr jiā sān děngyú wǔ.

수 5, 다섯

Voca+
加 jiā 동 더하다 | 等于 děngyú 동 ~와 같다

0006 1급

六
liù

예 이것은 4위안이에요. 당신이 저에게 10위안을 주셨으니, 제가 당신에게 六liù위안을 거슬러 드릴게요.

这个四块钱，你给我十块，我找你六块。
Zhège sì kuài qián, nǐ gěi wǒ shí kuài, wǒ zhǎo nǐ liù kuài.

수 6, 여섯

Voca+
找 zhǎo 동 거슬러 주다, 찾다

0007 1급

七
qī

예 일주일은 七qī일이다.

一个星期有七天。
Yí ge xīngqī yǒu qī tiān.

수 7, 일곱

0008 1급

八
bā

예 나는 사과를 열 개 샀다. 두 개를 먹어서 지금은 八bā개만 있다.

我买了十个苹果，吃了两个，现在只有八个了。
Wǒ mǎi le shí ge píngguǒ, chī le liǎng ge, xiànzài zhǐyǒu bā ge le.

수 8, 여덟

Voca+
苹果 píngguǒ 명 사과

0009 1급

九
jiǔ

예 중국의 학교는 8시에 수업을 시작하고, 한국의 학교는 九jiǔ시에 수업을 시작한다.

中国的学校八点上课，韩国的学校九点上课。
Zhōngguó de xuéxiào bā diǎn shàng kè, Hánguó de xuéxiào jiǔ diǎn shàng kè.

수 9, 아홉

Voca+
学校 xuéxiào 명 학교

0010 1급

十

shí

예 커피 한 잔에 4위안이고, 맥주 2병에 6위안이니, 모두 十shí위안이다.

一杯咖啡四块钱，两瓶啤酒六块钱，一共十块钱。

Yì bēi kāfēi sì kuài qián, liǎng píng píjiǔ liù kuài qián, yígòng shí kuài qián.

수 10, 열

Voca+

杯 bēi 양 잔, 컵 | 咖啡 kāfēi 명 커피 | 瓶 píng 양 병 | 啤酒 píjiǔ 명 맥주

0011 2급

零

líng

예 상하이 최저 기온은 대략 零líng도 정도이다. 베이징의 최저 기온은 일반적으로 영하 10여 도이다.

上海最低气温大概零度左右，北京最低气温一般是零下十几度。

Shànghǎi zuì dī qìwēn dàgài líng dù zuǒyòu, Běijīng zuì dī qìwēn yìbān shì língxià shí jǐ dù.

수 0, 영

Voca+

气温 qìwēn 명 기온 | 大概 dàgài 부 대략, 약 | 度 dù 양 도 [온도를 재는 단위] | 零下 língxià 명 영하

0012 2급

百

bǎi

예 상의는 45위안이고 바지는 55위안이니, 모두 1百bǎi위안이다.

上衣四十五块钱，裤子五十五块钱，一共一百块钱。

Shàngyī sìshíwǔ kuài qián, kùzi wǔshíwǔ kuài qián, yígòng yìbǎi kuài qián.

수 100, 백

Voca+

上衣 shàngyī 명 상의

0013 2급

千

qiān

예 한국은 5千qiān년의 역사를 가지고 있다.

韩国有五千年的历史。

Hánguó yǒu wǔqiān nián de lìshǐ.

수 1,000, 천

0014 3급

万

wàn

예 한국은 5천万wàn 인구가 있다.

韩国有五千万人口。

Hánguó yǒu wǔqiān wàn rénkǒu.

수 10,000, 만

Voca+

人口 rénkǒu 명 인구

0015 2급

第一

dì-yī

예 나는 오리구이를 먹어본 적이 없다. 이번이 第一dì-yī로 먹는 것이다.

我没吃过烤鸭，这是第一次吃。

Wǒ méi chīguo kǎoyā, zhè shì dì-yī cì chī.

수 첫 번째, 제일

0016 2급

两

liǎng

예 중국의 소수민족은 아이를 两liǎng명 낳아도 된다.

中国的少数民族可以生两个孩子。

Zhōngguó de shǎoshù mínzú kěyǐ shēng liǎng ge háizi.

수 2, 둘

Voca+

少数 shǎoshù 명 소수 | 民族 mínzú 명 민족 | 生 shēng 동 낳다, 태어나다

Tip 일반적으로 양사 앞에는 '两'을 쓰고, 숫자를 읽을 때는 '二'을 씁니다. 단, '千', '亿', '万' 의 앞에는 주로 '两'을 씁니다.

0017 3급

半

bàn

예 1시간 半bàn은 바로 90분이다.

一个半小时就是九十分。

Yí ge bàn xiǎoshí jiùshì jiǔshí fēn.

수 반, ½, 절반

0018 1급

几

jǐ

예 당신 집은 几jǐ명의 식구가 있나요?

你家有几口人?

Nǐ jiā yǒu jǐ kǒu rén?

수 몇

0019 1급

一点儿

yìdiǎnr

예 이건 제가 만든 요리예요. 一点儿yìdiǎnr 드세요.

这是我做的菜，请吃一点儿。

Zhè shì wǒ zuò de cài, qǐng chī yìdiǎnr.

수 조금

Voca+

做 zuò 동 하다 | 菜 cài 명 요리

Chapter 2. 수사와 양사

B2-2 **2-2 명량사**

Let's Start Up!

주제에 맞는 단어와 예문을 학습해 보세요.

0001 1급

gè

예 당신은 언니가 있나요? 저는 언니가 2个gè 있어요.

你有姐姐吗？我有两个姐姐。

Nǐ yǒu jiějie ma? Wǒ yǒu liǎng ge jiějie.

양 개, 명 [개개의 사람이나 물건을 세는 단위]

Tip 명사의 수량을 나타낼 때는 '숫자 + 양사 + 명사'의 어순으로 표현합니다. 이때 숫자 뒤에 쓰는 양사는 생략하면 안 됩니다.

0002 1급

běn

예 나는 도서관에서 책을 3本běn 빌렸다.

我在图书馆借了三本书。

Wǒ zài túshūguǎn jiè le sān běn shū.

양 권 [책을 세는 단위]

0003 1급

diǎn

예 우리 일요일 오후 3点diǎn에 만나요.

咱们星期天下午三点见面吧。

Zánmen xīngqītiān xiàwǔ sān diǎn jiàn miàn ba.

양 시 [시간의 단위]

diǎn

예 어제 우리는 쓰촨 식당에 갔다. 우리는 요리를 3개 点diǎn 했다.

昨天我们去四川饭馆，我们点了三个菜。

Zuótiān wǒmen qù Sìchuān fànguǎn, wǒmen diǎn le sān ge cài.

동 주문하다

Voca+

四川 Sìchuān 명 쓰촨, 사천 | 饭馆 fànguǎn 명 식당, 레스토랑

0004 1급

块

kuài

예 밸런타인데이 때, 내 여자친구가 나에게 초콜릿 한 块kuài를 주었다.

情人节的时候，我女朋友送给我一块巧克力。

Qíngrén Jié de shíhou, wǒ nǚpéngyou sònggěi wǒ yí kuài qiǎokèlì.

양 덩어리, 조각

Voca+

情人节 Qíngrén Jié 명 밸런타인데이 | 巧克力 qiǎokèlì 명 초콜릿

0005 1급

些

xiē

예 나는 책을 些xiē 샀다. 그중 두 권은 중국어 교재이다.

我买了一些书，其中两本是汉语教材。

Wǒ mǎi le yì xiē shū, qízhōng liǎng běn shì Hànyǔ jiàocái.

양 조금, 약간

Voca+

其中 qízhōng 대 그중 | 教材 jiàocái 명 교재

0006 2급

件

jiàn

예 어제 큰일 한 件jiàn이 발생했다.

昨天发生了一件大事。

Zuótiān fāshēng le yí jiàn dà shì.

양 건 [일 · 사건 등을 세는 단위]

Voca+

发生 fāshēng 동 발생하다

0007 3급

元

yuán

예 우리 가게의 아르바이트비는 매시간 25元yuán이다.

我们店的打工费每个小时25元。

Wǒmen diàn de dǎgōngfèi měi ge xiǎoshí èrshíwǔ yuán.

양 위안 [중국 화폐 단위]

Voca+

店 diàn 명 가게, 점포 | 打工费 dǎgōngfèi 명 아르바이트비

Tip 중국의 화폐인 인민폐의 단위는 '元, 角, 分'이지만, 회화체에서는 주로 '块, 毛, 分'을 씁니다.

예 2.45元: 两元四角五分 / 两块四毛五(分)

예 18.05元: 十八元零五分 / 十八块零五(分)

또한, 회화에서는 금액 마지막에 오는 단위는 종종 생략합니다. 금액의 단위가 '元(块), 角(毛), 分' 중의 하나로만 이루어졌을 때는 단위 뒤에 '钱'을 붙여 읽기도 합니다.

예 三十六块钱 / 五毛钱 / 五分钱

0008 3급

角
jiǎo

예 인민폐의 단위는 위안, 角jiǎo, 펀이다. 그러나 구어에서는 종종 콰이, 마오, 펀이라고 말한다.

人民币的单位是：元、角、分，但是在口语里常说：块、毛、分。

Rénmínbì de dānwèi shì: yuán、jiǎo、fēn, dànshì zài kǒuyǔ lǐ cháng shuō: kuài、máo、fēn.

양 지아오 [중국 화폐 단위, '元'의 1/10]

Voca+
人民币 Rénmínbì 명 인민폐 [중국의 화폐] | 单位 dānwèi 명 단위

0009 3급

张
zhāng

예 이 张zhāng 책상은 우리 아빠가 직접 만든 것이다.

这张桌子是我爸爸亲手做的。

Zhè zhāng zhuōzi shì wǒ bàba qīnshǒu zuò de.

양 장 [종이 등 얇고 평평한 것을 세는 단위]

Voca+
亲手 qīnshǒu 부 손수, 직접

0010 3급

层
céng

예 저는 4层céng에 살아요. 방 번호는 401이에요.

我住4层，房间号码是401。

Wǒ zhù sì céng, fángjiān hàomǎ shì sì líng yāo.

양 층

Voca+
号码 hàomǎ 명 번호

0011 3급

段
duàn

예 이 段duàn 시간의 치료를 거쳐, 그의 병이 많이 좋아졌다.

经过这一段时间的治疗，他的病好多了。

Jīngguò zhè yí duàn shíjiān de zhìliáo, tā de bìng hǎo duō le.

양 시기, 단락 [시간 · 공간적 단락을 세는 단위]

Voca+
经过 jīngguò 동 ~를 거쳐, ~를 통해

0012 3급

刻

kè

예 지금은 3시 45분이다. 영화가 4시에 시작하니, 아직 1刻kè가 남았다.

现在3点45分，电影4点开始，还有一刻钟。

Xiànzài sān diǎn sìshíwǔ fēn, diànyǐng sì diǎn kāishǐ, háiyǒu yí kè zhōng.

양 15분

Voca+
电影 diànyǐng 명 영화

Tip 30분을 나타낼 때는 '两刻'라고 쓰지 않고 반을 나타내는 '半 bàn'을 씁니다. 그리고 '三刻'는 45분을 뜻합니다.

0013 3급

口

kǒu

예 우리 집에는 4口kǒu가 있다. 아빠, 엄마, 오빠 그리고 나이다.

我家有四口人，爸爸、妈妈、哥哥和我。

Wǒ jiā yǒu sì kǒu rén, Bàba、māma、gēge hé wǒ.

양 식구 [가족을 세는 단위]

0014 3급

辆

liàng

예 아빠는 막 새 차를 한 辆liàng 사셨다.

爸爸刚买了一辆新车。

Bàba gāng mǎi le yí liàng xīn chē.

양 대 [차량을 세는 단위]

0015 3급

双

shuāng

예 학교에 농구 시합이 있다. 나는 운동화 한 双shuāng을 사려고 한다.

学校有篮球比赛，我要买一双运动鞋。

Xuéxiào yǒu lánqiú bǐsài, wǒ yào mǎi yì shuāng yùndòngxié.

양 짝, 켤레, 쌍

Voca+
篮球 lánqiú 명 농구 | 比赛 bǐsài 명 경기, 시합 | 运动鞋 yùndòngxié 명 운동화

0016 3급

条

tiáo

예 이 条tiáo 치마는 너무 짧아요. 제가 어떻게 해도 입을 수가 없어요.

这条裙子太短了，我怎么也穿不了。

Zhè tiáo qúnzi tài duǎn le, wǒ zěnme yě chuānbuliǎo.

양 개 [가늘고 긴 것을 세는 단위]

Voca+
穿 chuān 동 입다

0017 3급

位①
wèi

예 환영합니다. 당신들은 몇 位wèi 이신가요?
欢迎光临，你们几位?
Huānyíng guānglín, nǐmen jǐ wèi?

양 분 [사람을 세는 단위, 존칭]

Voca+
欢迎光临 Huānyíng guānglín 환영합니다

位②
wèi

예 네 位wèi 숫자는 세 位wèi 숫자보다 크다.
四位数比三位数大。
Sì wèi shù bǐ sān wèi shù dà.

명 (숫자의) 자리

0018 3급

种
zhǒng

예 이런 种zhǒng의 차는 약간 쓰다. 나는 좋아하지 않는다.
这种茶有一点儿苦，我不喜欢喝。
Zhè zhǒng chá yǒu yìdiǎnr kǔ, wǒ bù xǐhuan hē.

양 종류

Voca+
苦 kǔ 형 쓰다

0019 3급

只
zhī

예 우리 집에는 새끼 고양이가 2只zhī 있다.
我家有两只小猫。
Wǒ jiā yǒu liǎng zhī xiǎo māo.

양 마리 [동물을 세는 단위]

Chapter 2. 수사와 양사

B 2-3

2-3 동량사

Let's Start Up! 주제에 맞는 단어와 예문을 학습해 보세요.

0001 2급

一下
yíxià

예 一下yíxià 기다리세요. 저는 곧 돌아올 거예요.
请等一下，我马上回来。
Qǐng děng yíxià, wǒ mǎshàng huílái.

수 한번, 조금 ~하다

Voca+
等 děng 동 기다리다 | 马上 mǎshàng 부 곧, 금방 | 回来 huílái 동 돌아오다

0002 2급

次
cì

예 나는 매일 약을 1次cì 먹고, 매次cì 2알씩 먹는다.
我每天吃一次药，每次吃两片。
Wǒ měitiān chī yí cì yào, měi cì chī liǎng piàn.

양 번, 횟수

Voca+
药 yào 명 약 | 片 piàn 양 알, 조각 [평평하고 얇은 조각을 세는 단위]

1. 보기에서 알맞은 단어를 고르세요.

보기 A. 零 B. 张 C. 万 D. 次 E. 辆 F. 双

① 장 [종이 등을 세는 단위] ________ ② 번, 횟수 ________

③ 10,000, 만 ________ ④ 0, 영 ________

⑤ 짝, 켤레, 쌍 ________ ⑥ 대 [차량을 세는 단위] ________

2. 중국어의 뜻과 병음을 서로 연결하세요.

① 100, 백 •	• 刻 •	• kuài
② 1,000, 천 •	• 本 •	• běn
③ 권 [책을 세는 단위] •	• 百 •	• qiān
④ 덩어리, 조각 •	• 块 •	• bǎi
⑤ 15분 •	• 千 •	• kè

3. 밑줄 친 부분에 적합한 단어를 쓰세요.

보기 A. 七 B. 五 C. 半 D. 几 E. 二 F. 十

① 你家有 ________ 口人？

② 一杯咖啡四块钱，两瓶啤酒六块钱，一共 ________ 块钱。

③ 一个星期有 ________ 天。

④ 一天有 ________ 十四个小时。

⑤ 一个 ________ 小时就是九十分。

⑥ 二加三等于 ________。

■ 정답은 196쪽에 있습니다.

Chapter 3. 개사

B3-1 3-1 **대상**

Let's Start Up!

주제에 맞는 단어와 예문을 학습해 보세요.

0001 2급

比
bǐ

예 중국은 한국에 比bǐ해서 인구가 많다.
中国比韩国人口多。
Zhōngguó bǐ Hánguó rénkǒu duō.

개 ~보다

Tip '比'는 비교문을 만들 때 주로 쓰입니다. 비교문의 기본 문형은 'A + 比 + B + 형용사'로 'A는 B보다 ~하다'는 뜻입니다. 'A가 B보다 더 ~ 하다'라고 비교의 정도를 강조하고 싶을 때는 '더'의 의미를 갖고 있는 정도부사 '更' 혹은 '还'를 형용사의 앞에 쓰면 됩니다. '比'가 들어간 비교문에서는 '很'이나 '非常'같은 정도 부사는 쓰면 안 되는 것에 주의하세요.

0002 2급

给①
gěi

예 나는 당신给gěi 이 책을 사줄게요.
我给你买这本书。
Wǒ gěi nǐ mǎi zhè běn shū.

개 ~에게

给②
gěi

예 엄마가 나에게 예쁜 목걸이를 给gěi하셨다.
妈妈给了我一条很漂亮的项链。
Māma gěi le wǒ yì tiáo hěn piàoliang de xiàngliàn.

동 주다

Voca+
项链 xiàngliàn 명 목걸이

0003 3급

把
bǎ

예 당신의 자전거把bǎ 저에게 빌려주세요. 괜찮으세요?
请把你的自行车借给我，好吗?
Qǐng bǎ nǐ de zìxíngchē jiègěi wǒ, hǎo ma?

개 ~을, ~를

Tip '把'는 목적어를 술어 앞으로 끌어내서 동작의 변화, 결과, 영향 등을 강조할 때 쓰입니다. 이때 기본 문형은 '주어A + 把 + 목적어B + 동사C + 기타 성분'이며 'A가 B를 C했다'라고 해석할 수 있습니다.

0004 3급

被

bèi

예 내 자전거는 누군가被bèi 훔쳐갔다.

我的自行车被人偷走了。

Wǒ de zìxíngchē bèi rén tōuzǒu le.

개 ~당하다

Voca+

偷 tōu 동 훔치다

Tip 중국어에서는 '被'를 써서 피동문을 만들 수 있습니다. '주어A + 被 + 동작의 주체B + 동사C + 기타성분'의 형식으로 쓰며, 'A가 B에 의해 C 당하다'라는 의미가 됩니다. 동작의 주체를 알 수 없거나 굳이 얘기할 필요가 없을 때는 동작의 주체가 생략되기도 합니다.

예 那本书已经被我哥哥借走了。그 책은 이미 우리 오빠가 빌려 갔다.

0005 3급

除了

chúle

예 당신을 除了chúle하고, 다른 학우들은 다 왔어요.

除了你以外，别的同学都来了。

Chúle nǐ yǐwài, biéde tóngxué dōu lái le.

개 ~을 제외하고, ~외에 또

0006 3급

跟

gēn

예 그는 그의 여자친구跟gēn 함께 영화보러 간다.

他跟他的女朋友一起去看电影。

Tā gēn tā de nǚpéngyou yìqǐ qù kàn diànyǐng.

개 ~와

Voca+

女朋友 nǚpéngyou 명 여자친구 | 电影 diànyǐng 명 영화

0007 3급

为

wèi

예 요즘 부모들은 아이들을 为wèi 너무 마음을 쓴다.

现在的父母为孩子太操心了。

Xiànzài de fùmǔ wèi háizi tài cāo xīn le.

개 ~을 위해, ~때문에

Voca+

父母 fùmǔ 명 부모 | 操心 cāo xīn 동 마음 쓰다, 걱정하다

0008 3급

为了

wèile

예 경제 발전의 목표는 사람들의 생활 수준을 제고하기 为了wèile이다.

发展经济的目标是为了提高人民的生活水平。

Fāzhǎn jīngjì de mùbiāo shì wèile tígāo rénmín de shēnghuó shuǐpíng.

개 ~을 위해서

Voca+

目标 mùbiāo 명 목표 | 人民 rénmín 명 사람, 국민

0009 2급

对

duì

예 부모는 아이对duì 큰 희망을 가지고 있다.

父母对孩子抱有很大的希望。

Fùmǔ duì háizi bàoyǒu hěn dà de xīwàng.

개 ~에게, ~에 대하여

Voca+

父母 fùmǔ 명 부모 | 孩子 háizi 명 아이 | 希望 xīwàng 명 희망 동 희망하다

Chapter 3. 개사

B3-2 3-2 시간·장소

Let's Start Up! 주제에 맞는 단어와 예문을 학습해 보세요.

0001 1급

在①
zài

예 오늘 나는 피곤하다. 나는 집 在zài 좀 쉬고 싶다.
今天我很累，我想在家休息休息。
Jīntiān wǒ hěn lèi, wǒ xiǎng zài jiā xiūxi xiūxi.

개 ~에, ~에서

Voca+
累 lèi 형 피곤하다

在②
zài

예 우리 엄마는 아무데도 가지 않으셨다. 지금 집에 在zài하신다.
我妈妈哪儿也没去，现在在家。
Wǒ māma nǎr yě méi qù, xiànzài zài jiā.

동 ~에 있다

在③
zài

예 그는 줄을 서서 돈을 내고 있는 在zài이다.
他在排队交钱呢。
Tā zài pái duì jiāo qián ne.

부 ~하고 있는 중이다

Voca+
排队 pái duì 동 줄을 서다 | 交 jiāo 동 내다, 제출하다

0002 2급

从
cóng

예 나는 3시 从cóng 5시까지 수업이 있다.
我从3点到5点有课。
Wǒ cóng sān diǎn dào wǔ diǎn yǒu kè.

개 ~부터, ~을 기점으로

Chapter 3. 개사

B3-3 **3-3 방향**

Let's Start Up!

주제에 맞는 단어와 예문을 학습해 보세요.

0001 2급

离

lí

예 당신 집은 학교 离lí 먼가요?

你家离学校远不远?

Nǐ jiā lí xuéxiào yuǎn bu yuǎn?

개 ~로부터

0002 3급

向

xiàng

예 나는 상황을 모두向xiàng 소개했다.

我把情况向大家做了介绍。

Wǒ bǎ qíngkuàng xiàng dàjiā zuò le jièshào.

개 ~을 향해서, ~에게

Voca+

情况 qíngkuàng 명 상황 | 大家 dàjiā 대 모두들, 여러분 | 介绍 jièshào 동 소개하다

0003 2급

往

wǎng

예 계속 앞往wǎng 걸어가요. 5분만 걸으면 바로 도착해요.

一直往前走，走五分钟就到。

Yìzhí wǎng qián zǒu, zǒu wǔ fēnzhōng jiù dào.

개 ~을 향해서

Voca+

一直 yìzhí 부 계속 | 前 qián 명 앞 | 走 zǒu 동 걷다 | 就 jiù 부 바로 | 到 dào 동 도착하다

Chapter 3. 개사

B3-4 **3-4 근거**

Let's Start Up!

주제에 맞는 단어와 예문을 학습해 보세요.

0001 3급

根据①

gēnjù

예 본문에 根据gēnjù해서, 다음 문제에 답하세요.

根据课文回答下列问题。

Gēnjù kèwén huídá xiàliè wèntí.

개 ~에 근거하여

Voca+

课文 kèwén 명 본문

根据②

gēnjù

예 그 소문은 사실 根据gēnjù가 없다.

那个传闻没有事实根据。

Nàge chuánwén méiyǒu shìshí gēnjù.

명 근거

Voca+

传闻 chuánwén 명 소문 | 事实 shìshí 명 사실

0002 3급

关于

guānyú

예 이것은 한국 역사에 关于guānyú한 책이다.

这是一本关于韩国历史的书。

Zhè shì yì běn guānyú Hánguó lìshǐ de shū.

개 ~에 관해서, ~에 관한

1. 보기에서 알맞은 단어를 고르세요.

보기 A. 给 B. 关于 C. 向 D. 对 E. 除了 F. 在

① ~을 향해서 ______ ② ~에 관해서는 ______

③ ~에 대해 ______ ④ ~에게 ______

⑤ ~을 제외하고 ______ ⑥ ~에, ~에서 ______

2. 중국어의 뜻과 병음을 서로 연결하세요.

① ~당하다 •	• 把 •	• bèi
② ~로 부터 •	• 被 •	• lí
③ ~에 근거하여 •	• 根据 •	• bǎ
④ ~을(를) •	• 离 •	• gēnjù
⑤ ~을 위해서 •	• 为了 •	• wèile

3. 밑줄 친 부분에 적합한 단어를 쓰세요.

보기 A. 往 B. 跟 C. 比 D. 离 E. 被 F. 从

① 中国 ______ 韩国人口多。

② 一直 ______ 前走，走五分钟就到。

③ 我的自行车 ______ 人偷走了。

④ 我 ______ 3点到5点有课。

⑤ 他 ______ 他的女朋友一起去看电影。

⑥ 你家 ______ 学校远不远？

■ 정답은 197쪽에 있습니다.

Chapter 4. 조사

B4-1 **4-1 동태**

Let's Start Up!

주제에 맞는 단어와 예문을 학습해 보세요.

0001 1급

了

le

예 봄이 왔다了le. 날씨가 따뜻해졌다了le.

春天来了，天气暖和了。

Chūntiān lái le, tiānqì nuǎnhuo le.

조 변화 · 완료 · 강조를 나타냄

0002 2급

过

guo

예 나는 중국에 가봤다过guo. 그러나 일본은 아직 가본 过guo 적이 없다.

我去过中国，但是还没去过日本。

Wǒ qùguo Zhōngguó, dànshì hái méi qùguo Rìběn.

조 동작의 경험을 나타냄

0003 2급

着

zhe

예 엄마는 음악을 들으면서着zhe 요리를 하신다.

妈妈一边听着音乐一边做菜。

Māma yìbiān tīngzhe yīnyuè yìbiān zuò cài.

조 동작이나 상태의 지속을 나타냄

Chapter 4. 조사

B4-2 4-2 어기

Let's Start Up!

주제에 맞는 단어와 예문을 학습해 보세요.

0001 1급

吗

ma

예 당신 건강은 괜찮으세요吗ma?

你身体好吗?

Nǐ shēntǐ hǎo ma?

조 의문을 나타냄

Tip '吗'는 문장의 맨 뒤에 쓰여서 '~입니까?'라는 의문문을 만들수 있습니다.

0002 1급

呢

ne

예 오늘은 우리 결혼기념일이에요. 제가 어떻게 잊을 수 있겠어요呢ne?

今天是我们的结婚纪念日，我怎么能忘呢?

Jīntiān shì wǒmen de jié hūn jìniànrì, wǒ zěnme néng wàng ne?

조 의문을 나타냄

Voca+

结婚 jié hūn 동 결혼하다 명 결혼 | 纪念日 jìniànrì 명 기념일

Tip '呢'는 의문문이나 반어문 끝에 쓰여 어기를 부드럽게 하는 역할을 합니다. 또는 '~는요?'라는 의미로 어디에 있는지를 묻거나 의견을 물을 때도 쓸 수 있습니다.

0003 2급

吧①

ba

예 우리 같이 갑시다吧ba.

咱们一起去吧。

Zánmen yìqǐ qù ba.

조 제의 · 부탁 등의 어기를 나타냄

吧②

ba

예 오늘은 일요일이지요吧ba.

今天是星期天吧。

Jīntiān shì xīngqītiān ba.

조 추측의 의미를 표시함

Chapter 4. 조사

B4-3 **4-3 구조**

Let's Start Up!

주제에 맞는 단어와 예문을 학습해 보세요.

0001 1급

的

de

예 이것은 내 아내가 나에게 만들어 준的de 생일 케이크이다.

这是我爱人给我做的生日蛋糕。

Zhè shì wǒ àirén gěi wǒ zuò de shēngrì dàngāo.

조 ~의 [명사 · 대명사 앞에서 수식하는 형용사 등의 관형어를 연결함]

0002 2급

得

de

예 그는 중국어를 정말 유창하게得de 한다.

他说汉语说得真流利。

Tā shuō Hànyǔ shuō de zhēn liúlì.

조 동사 뒤에 쓰여 가능 · 정도를 표시하는 보어를 연결함

Voca+

流利 liúlì 형 유창하다

Tip '得'가 구조조사로 쓰일 때는 'de'라고 읽지만 '~해야 한다'는 뜻으로 쓰일 때는 'děi' 라고 읽습니다. 또한, '얻다' 라는 의미로 쓸 때는 'dé'라고 읽습니다. 성조에 따라 의미가 다르기 때문에 주의하세요!

0003 3급

地

de

예 수업을 마친 이후에, 아이들은 즐겁게地de 집에 돌아갔다.

下课以后，孩子们高高兴兴地回家了。

Xià kè yǐhòu, háizimen gāogaoxìngxìng de huí jiā le.

조 동사 앞에 쓰는 부사어를 연결함

1. 보기에서 알맞은 단어를 고르세요.

보기 A. 地 B. 吧 C. 得 D. 吗 E. 过

① 동사 뒤에 쓰여 가능·정도를 표시하는 보어를 연결함 ____

② 의문을 나타냄 ____

③ 동사 앞에 쓰는 부사어를 연결함 ____

④ 동작의 경험을 나타냄 ____

⑤ 문장 끝에 쓰여 제의·부탁·명령·재촉 등의 어기를 나타냄 ____

2. 중국어의 뜻과 병음을 서로 연결하세요.

① 변화·완료·강조를 나타냄	着	zhe
② ~의 [명사 앞에서 관형어를 연결함]	的	de
③ 동작이나 상태의 지속을 나타냄	了	le

3. 밑줄 친 부분에 적합한 단어를 쓰세요.

보기 A. 过 B. 的 C. 地 D. 着 E. 呢

① 今天是我们的结婚纪念日，我怎么能忘 ____ ?

② 这是我爱人给我做 ____ 生日蛋糕。

③ 妈妈一边听 ____ 音乐一边做菜。

④ 下课以后，孩子们高高兴兴 ____ 回家了。

⑤ 我去 ____ 中国，但是还没去 ____ 日本。

■ 정답은 197쪽에 있습니다.

Chapter 5. 부사

B5-1 **5-1 범위**

Let's Start Up!

주제에 맞는 단어와 예문을 학습해 보세요.

0001 1급

都
dōu

유의 全 quán

예 그 이외에, 다른 학우들은 都dōu 집에 돌아갔다.

除了他以外，别的同学都回家了。

Chúle tā yǐwài, bié de tóngxué dōu huí jiā le.

부 모두, 다

0002 2급

也
yě

예 나는 유학생이고, 그也yě 유학생이다. 우리는 모두 유학생이다.

我是留学生，他也是留学生，我们都是留学生。

Wǒ shì liúxuéshēng, tā yě shì liúxuéshēng, wǒmen dōu shì liúxuéshēng.

부 ~도

Voca+

留学生 liúxuéshēng 명 유학생

0003 2급

一起
yìqǐ

예 나는 당신과 一起yìqǐ 영화를 보고 싶어요.

我很想跟你一起看电影。

Wǒ hěn xiǎng gēn nǐ yìqǐ kàn diànyǐng.

부 함께

0004 3급

一共
yígòng

예 저 소고기 1근하고 닭고기 2근을 사려고 하는데, 一共 yígòng 얼마예요?

我要买一斤牛肉和两斤鸡肉，一共多少钱?

Wǒ yào mǎi yì jīn niúròu hé liǎng jīn jīròu, yígòng duōshao qián?

부 전부, 합계

Voca+

斤 jīn 양 근 [무게를 재는 단위] | 牛肉 niúròu 명 소고기 | 鸡肉 jīròu 명 닭고기

0005 3급

只

zhǐ

예 교실 안에 只zhǐ 나 한 사람만 있다. 다른 학생은 모두 집에 갔다.

教室里只有我一个人，别的学生都回家了。

Jiàoshì lǐ zhǐ yǒu wǒ yíge rén, biéde xuésheng dōu huí jiā le.

부 단지, 다만

Voca+

教室 jiàoshì 명 교실 | 别的 biéde 대 다른

Chapter 5. 부사

B5-2 **5-2 정도**

Let's Start Up! 주제에 맞는 단어와 예문을 학습해 보세요.

0001 1급

很
hěn

예 오늘 날씨는 很hěn 좋다.
今天天气很好。
Jīntiān tiānqì hěn hǎo.

부 매우, 아주, 대단히

0002 3급

极
jí

예 하루 종일 물을 마시지 못해서, 极jí 목이 마르다.
一天没有喝水，渴极了。
Yìtiān méiyǒu hē shuǐ, kě jíle.

부 지극히, 매우

Voca+
渴 kě 형 목마르다, 갈증나다

Tip '极了'는 형용사의 뜻을 강조할 때 쓰는 표현으로, '형용사 + 极了'의 형태로 쓰입니다. '很'이나 '太'와는 다르게 형용사 뒤에 쓰이므로 순서에 주의하세요. 또한, '极了'를 쓸 때는 형용사 앞에 '很'이나 '非常'같은 다른 부사는 쓰지 않습니다.

0003 2급

非常
fēicháng

유의 十分 shífēn
相当 xiāngdāng

예 이 영화는 非常fēicháng 재미있어요. 당신도 가서 보세요.
这部电影非常有意思，你也去看吧。
Zhè bù diànyǐng fēicháng yǒuyìsi, nǐ yě qù kàn ba.

부 매우, 아주

Voca+
有意思 yǒuyìsi 형 재미있다

0004 2급

真
zhēn

반의 假 jiǎ

예 그녀는 真zhēn 똑똑하다. 매번 시험에서 다 100점을 받는다.
她真聪明，每次考试都得了一百分。
Tā zhēn cōngmíng, měi cì kǎoshì dōu dé le yì bǎi fēn.

부 진짜로, 정말로

0005 3급

特别

tèbié

예 나는 과일은 좋아하는데, 特别tèbié 바나나를 좋아한다.

我喜欢吃水果，特别喜欢香蕉。

Wǒ xǐhuan chī shuǐguǒ, tèbié xǐhuan xiāngjiāo.

부 특히

0006 1급

tài

예 당신 太tài 늦게 왔네요. 기차는 이미 출발했어요.

你来得太晚了，火车已经出发了。

Nǐ lái de tài wǎn le, huǒchē yǐjīng chūfā le.

부 지나치게, 매우

Tip '太'가 들어간 표현 중 가장 많이 쓰는 것은 '太 + 형용사 + 了'의 형식입니다. '너무 ~하다' 의 뜻으로 정도가 아주 심함을 나타냅니다. 또한, 사물이나 일이 어떤 표준에 맞지 않고 지나치게 한쪽으로 치우친다는 뜻을 나타내기도 합니다.

0007 2급

最

zuì

예 여기 바나나, 딸기, 수박 그리고 포도가 있어요. 당신은 무엇이 最zuì 먹고 싶은가요?

这里有香蕉、草莓、西瓜和葡萄。你最想吃什么?

Zhèli yǒu xiāngjiāo、cǎoméi、xīguā hé pútáo. Nǐ zuì xiǎng chī shénme?

부 최고의, 가장, 제일

Voca+

香蕉 xiāngjiāo 명 바나나 | 草莓 cǎoméi 명 딸기 | 西瓜 xīguā 명 수박 | 葡萄 pútáo 명 포도

0008 3급

比较

bǐjiào

예 백화점의 물건은 比较bǐjiào 비싸다.

百货商店的东西比较贵。

Bǎihuò shāngdiàn de dōngxi bǐjiào guì.

부 비교적

Voca+

百货商店 bǎihuò shāngdiàn 명 백화점

0009 3급

多么

duōme

예 가을 샹산의 단풍은 多么duōme 아름다운지!

秋天香山的红叶多么美丽!

Qiūtiān Xiāngshān de hóngyè duōme měilì!

부 얼마나 [의문문에 쓰여 정도나 수량을 물음]

Voca+

香山 Xiāngshān 명 샹산 | 美丽 měilì 형 아름답다

Tip '多么…啊'는 '얼마나 ~한가!'라는 뜻으로 감탄을 나타내는 표현입니다. '多么' 뒤에 형용사를 넣어서 감탄을 표시합니다.

예 多么漂亮啊! 얼마나 예쁜가!

0010 2급

还

hái

예 저는 커피 두 잔이 필요해요. 还hái 우유 한 잔도요.

我要两杯咖啡，还要一杯牛奶。

Wǒ yào liǎng bēi kāfēi, hái yào yì bēi niúnǎi.

부 아직도, 더, 또

Voca+

牛奶 niúnǎi 명 우유

0011 3급

更

gèng

예 중국은 일본에 비해 更gèng 크다.

中国比日本更大。

Zhōngguó bǐ Rìběn gèng dà.

부 더욱, 훨씬

0012 3급

越

yuè

예 파티에 참가하는 사람이 越yuè 많을수록 越yuè 좋다.

参加晚会的人越多越好。

Cānjiā wǎnhuì de rén yuè duō yuè hǎo.

부 ~할수록

Voca+

晚会 wǎnhuì 명 파티, 연회

Chapter 5. 부사

B5-3 **5-3 부정**

Let's Start Up!

주제에 맞는 단어와 예문을 학습해 보세요.

0001 1급

不
bù

예 그는 한국인이다. 일본인이 不bù이다.
他是韩国人，不是日本人。
Tā shì Hánguórén, búshì Rìběnrén.

부 ~하지 않다

Tip '不'는 제4성의 발음을 가진 글자 앞에서는 제2성으로 읽고, 그 외의 성조를 가진 글자 앞이나 단독으로 쓰일 때는 원래의 성조인 제4성으로 발음합니다.

0002 1급

没
méi

예 나는 외동딸이다. 형제자매가 没méi하다.
我是独生女，没有兄弟姐妹。
Wǒ shì dúshēngnǚ, méiyǒu xiōngdì jiěmèi.

부 없다, ~하지 않다

Voca+
独生女 dúshēngnǚ 명 외동딸 | 兄弟姐妹 xiōngdì jiěmèi 명 형제자매

0003 2급

别①
bié

예 밖에 비가 많이 오니 당신 나가지 别bié요.
外边下大雨，你别出去。
Wàibian xià dàyǔ, nǐ bié chūqù.

부 ~하지 마라

Tip '别 + 동사'는 금지를 나타내는 표현으로 '~하지 마라'는 의미로 쓰입니다. '不要 + 동사'도 같은 뜻으로 쓸 수 있습니다.

别②
bié

예 이 책을 제외하고, 别bié한 책은 내가 다 본 적이 있다.
除了这本书以外，别的书我都看过。
Chúle zhè běn shū yǐwài, biéde shū wǒ dōu kànguo.

형 다른, 별개의

Chapter 5. 부사

B5-4 **5-4 빈도**

Let's Start Up!

주제에 맞는 단어와 예문을 학습해 보세요.

0001 2급

再

zài

예 엄마는 지금 안 계세요. 당신 30분 후에 再zài 오세요.

妈妈现在不在，你30分钟以后再来吧。

Māma xiànzài bú zài, nǐ sānshí fēnzhōng yǐhòu zài lái ba.

부 다시

Tip '再'와 '又'는 모두 동작이나 상태의 반복 또는 지속을 나타냅니다. '再'는 아직 실현되지 않았거나 일상적인 동작에 사용하고, '又'는 이미 실현된 동작에 사용합니다.

예 昨天他又来了。어제 그가 또 왔습니다. [반복된 행위]

你明天再来。내일 다시 오십시오. [미실현]

0002 3급

又

yòu

예 내 차는 너무 오래되어서 늘 문제가 있다. 오늘 길에서 又yòu 망가졌다.

我的车太旧了总是有毛病，今天在路上又坏了。

Wǒ de chē tài jiù le zǒngshì yǒu máobìng, jīntiān zài lù shang yòu huài le.

부 또

Voca+

毛病 máobìng 명 문제, 고장

Tip '又… 又…'는 '~하기도 하고 ~하기도 하다'는 뜻으로 두 가지 특징을 동시에 가지고 있다는 것을 나타낼 때 씁니다.

예 他又可爱又聪明。그는 귀엽기도 하고, 똑똑하기도 하다.

Chapter 5. 부사

B5-5 **5-5 시간**

Let's Start Up!

주제에 맞는 단어와 예문을 학습해 보세요.

0001 2급

就
jiù

예 나는 아침밥을 다 먹자마자 就jiù 갔다.
我一吃完早饭就去了。
Wǒ yì chīwán zǎofàn jiù qù le.

부 곧, 바로

0002 2급

已经
yǐjīng

예 당신은 지금 의견을 제출해도 소용없어요. 사장님이 已经yǐjīng 이 계획을 승인하셨어요.
你现在提出意见也没用，领导已经批准了这个计划。
Nǐ xiànzài tíchū yìjiàn yě méi yòng, lǐngdǎo yǐjīng pīzhǔn le zhège jìhuà.

부 이미

Voca+
提出 tíchū 동 제출하다 | 意见 yìjiàn 명 의견 [반대 의견] | 领导 lǐngdǎo 명 사장, 지도자 | 批准 pīzhǔn 동 비준하다, 승인하다 | 计划 jìhuà 명 계획

0003 2급

正在
zhèngzài

예 내가 전화할 때, 그는 正在zhèngzài TV를 보고 있었다.
我打电话的时候，他正在看电视。
Wǒ dǎ diànhuà de shíhou, tā zhèngzài kàn diànshì.

부 지금 ~하고 있다

Voca+
电视 diànshì 명 TV

Tip 동사 앞에 부사 '正在', '正', '在' 중의 하나를 붙이거나 문장 끝에 '呢'를 붙이면 '~하고 있는 중이다'라는 동작이 진행되고 있는 상태를 나타내는 표현이 됩니다.

0004 3급

经常

jīngcháng

유의 常常 chángcháng
반의 偶然 ǒurán

예 의사는 经常jīngcháng 웃는 것이 건강에 좋다고 한다.
医生说经常微笑对身体有好处。
Yīshēng shuō jīngcháng wēixiào duì shēntǐ yǒu hǎochù.

부 자주, 종종

Voca+
医生 yīshēng 명 의사 | 微笑 wēixiào 명 미소 동 미소짓다 | 好处 hǎochù 명 장점, 좋은 점

0005 3급

马上

mǎshàng

유의 立刻 lìkè

예 당신 조금 기다리세요. 그는 马上mǎshàng 돌아올 거예요.
你稍等一下，他马上就会回来。
Nǐ shāo děng yíxià, tā mǎshàng jiù huì huílái.

부 곧

Voca+
稍 shāo 부 조금, 약간

0006 3급

突然①

tūrán

유의 忽然 hūrán

예 무슨 이유인지 모르겠는데, 내 컴퓨터가 突然tūrán 다운됐다.
不知什么原因，我的电脑突然死机了。
Bù zhī shénme yuányīn, wǒ de diànnǎo tūrán sǐjī le.

부 갑자기, 홀연히

Voca+
原因 yuányīn 명 원인 | 死机 sǐjī 동 컴퓨터가 다운되다

突然②

tūrán

예 비가 너무 突然tūrán하게 내린다.
雨下得太突然了。
Yǔ xià de tài tūrán le.

형 갑작스럽다

0007 3급

先

xiān

반의 后 hòu

예 어머니께서는 나에게 先xiān 숙제를 끝내고 그리고 나서 TV를 보게 하신다.
妈妈让我先做作业然后再看电视。
Māma ràng wǒ xiān zuò zuòyè ránhòu zài kàn diànshì.

부 먼저

0008 3급

一边

yìbiān

예 그는 一边yìbiān TV를 보면서 一边yìbiān 밥을 먹는다.

他一边看电视一边吃饭。

Tā yìbiān kàn diànshì yìbiān chī fàn.

부 ~하면서 한편으로 ~하다

0009 3급

一会儿

yíhuìr

예 그는 지금 없어요. 一会儿yíhuìr 기다렸다 다시 오세요.

他现在不在，请你等一会儿再来。

Tā xiànzài bú zài, qǐng nǐ děng yíhuìr zài lái.

부 잠시, 잠깐

0010 3급

一直

yìzhí

예 그는 一直yìzhí 의과 대학에 가고 싶어한다. 그래서 그는 열심히 공부한다.

他一直想考医科大学，所以他努力学习。

Tā yìzhí xiǎng kǎo yīkē dàxué, suǒyǐ tā nǔlì xuéxí.

부 줄곧, 계속해서

Voca+

医科 yīkē 명 의과

0011 3급

终于

zhōngyú

예 집안일이 너무 많아서 점심도 못 먹었는데, 지금에야 终于zhōngyú 다 했다.

家务太多连午饭也不能吃，现在终于做完了。

Jiāwù tài duō lián wǔfàn yě bù néng chī, xiànzài zhōngyú zuòwán le.

부 결국, 마침내

Voca+

家务 jiāwù 명 가사, 집안일

0012 3급

总是

zǒngshì

예 그녀는 최근에 总是zǒngshì 기분이 좋지 않다. 알고 보니 그녀의 어머니께서 지난달에 수술을 하셨다.

她最近总是不开心，原来她母亲上个月做手术了。

Tā zuìjìn zǒngshì bù kāixīn, yuánlái tā mǔqīn shàng ge yuè zuò shǒushù le.

부 항상, 늘, 줄곧

Voca+

开心 kāixīn 형 즐겁다, 기쁘다 | 原来 yuánlái 부 알고 보니 | 手术 shǒushù 명 수술

Chapter 5. 부사

B5-6 **5-6 어기**

Let's Start Up!

주제에 맞는 단어와 예문을 학습해 보세요.

0001 2급

可能
kěnéng

유의 也许 yěxǔ

예 오늘 눈이 너무 많이 온다. 비행기가 可能kěnéng 연착할 것이다.

今天下雪下得太厉害，飞机可能晚点。
Jīntiān xià xuě xià de tài lìhai, fēijī kěnéng wǎndiǎn.

부 아마도

Voca+
厉害 lìhai 형 대단하다, 굉장하다 | 晚点 wǎndiǎn 동 연착하다

0002 2급

为什么
wèi shénme

예 당신은 어제 为什么wèi shénme 수업에 오지 않았나요?

你昨天为什么没来上课呢?
Nǐ zuótiān wèi shénme méi lái shàng kè ne?

부 왜, 어째서

0003 3급

必须
bìxū

반의 不必 búbì

예 중국의 모든 학교는 수업에서 必须bìxū 표준어(보통화)를 써야만 한다.

中国所有的学校上课必须用普通话。
Zhōngguó suǒyǒu de xuéxiào shàng kè bìxū yòng pǔtōnghuà.

부 반드시

Voca+
所有 suǒyǒu 형 모든 | 普通话 pǔtōnghuà 명 표준어

0004 3급

当然
dāngrán

예 이번 시험은 너무 쉬워서, 나는 当然dāngrán 통과했다.

这次考试太简单，我当然通过了。
Zhè cì kǎoshì tài jiǎndān, wǒ dāngrán tōngguò le.

부 당연히

Voca+
通过 tōngguò 동 통과하다

0005 3급

几乎

jīhū

예 어제 저녁에 나는 几乎jīhū 잠을 자지 못했다.

昨天晚上我几乎没有睡着。

Zuótiān wǎnshang wǒ jīhū méiyǒu shuìzháo.

부 거의, 하마터면

0006 3급

其实

qíshí

예 이 문제는 보기에는 매우 복잡해 보이지만, 其实qíshí 매우 간단하다.

这个问题看起来很复杂，其实很简单。

Zhège wèntí kàn qǐlái hěn fùzá, qíshí hěn jiǎndān.

부 사실은, 실제는

Voca+

看起来 kàn qǐlái 보아하니 | 复杂 fùzá 형 복잡하다, 어렵다

0007 3급

一定①

yídìng

유의 必然 bìrán

예 내일 시험이 있으니, 당신은 一定yídìng 열심히 공부해야 해요.

明天有考试，你一定要努力学习。

Míngtiān yǒu kǎoshì, nǐ yídìng yào nǔlì xuéxí.

부 꼭, 반드시

一定②

yídìng

예 그들은 一定yídìng한 규범에 따라 일을 한다.

他们按一定的规范做事情。

Tāmen àn yídìng de guīfàn zuò shìqíng.

형 일정하다

Voca+

按 àn 개 ~에 따라, ~에 의해 | 规范 guīfàn 명 규범

1. 보기에서 알맞은 단어를 고르세요.

보기 A. 一会儿 B. 特别 C. 就 D. 多么 E. 可能 F. 一直

① 특(별)히 ______ ② 얼마나 ______

③ 곧, 바로 ______ ④ 잠시, 잠깐 ______

⑤ 줄곧, 계속해서 ______ ⑥ 아마도 ______

2. 중국어의 뜻과 병음을 서로 연결하세요.

① 더욱, 훨씬 •	• 一起 •	• zài
② 함께 •	• 马上 •	• xiān
③ 곧, 금방 •	• 先 •	• gèng
④ 먼저 •	• 更 •	• yìqǐ
⑤ 다시 •	• 再 •	• mǎshàng

3. 밑줄 친 부분에 적합한 단어를 쓰세요.

보기 A. 其实 B. 只 C. 还 D. 极 E. 都 F. 已经

① 你来得太晚了，火车 ______ 出发了。

② 一天没有喝水，渴 ______ 了。

③ 教室里 ______ 有我一个人，别的学生都回家了。

④ 除了他以外，别的同学 ______ 回家了。

⑤ 这个问题看起来很复杂，______ 很简单。

⑥ 我要两杯咖啡，______ 要一杯牛奶。

■ 정답은 197쪽에 있습니다.

1. 보기에서 알맞은 단어를 고르세요.

보기 A. 正在 B. 不 C. 为什么 D. 最 E. 只 F. 几乎

① 왜, 어째서 ________ ② 단지, 다만 ________

③ 지금 ~하고 있다 ________ ④ ~하지 않다 ________

⑤ 거의, 하마터면 ________ ⑥ 최고의, 가장 ________

2. 중국어의 뜻과 병음을 서로 연결하세요.

① 항상, 줄곧 •	• 一共 •	• yòu
② 진짜로, 정말 •	• 比较 •	• bǐjiào
③ 전부, 합계 •	• 总是 •	• zhēn
④ 비교적, 비교하다 •	• 又 •	• yígòng
⑤ 또 •	• 真 •	• zǒngshì

3. 밑줄 친 부분에 적합한 단어를 쓰세요.

보기 A. 别 B. 突然 C. 就 D. 越 E. 必须 F. 终于

① 参加晚会的人 ________ 多 ________ 好。

② 外边下大雨，你 ________ 出去。

③ 我一吃完早饭 ________ 去了。

④ 不知什么原因，我的电脑 ________ 死机了。

⑤ 家务太多连午饭也不能吃，现在 ________ 做完了。

⑥ 中国所有的学校上课 ________ 用普通话。

■ 정답은 197쪽에 있습니다.

Chapter 6. 접속사

B6-1 **6-1 병렬·전환**

Let's Start Up!

주제에 맞는 단어와 예문을 학습해 보세요.

0001 1급

和

hé

유의 跟 gēn

예 나 和hé 내 여동생은 다 중국어를 말할 수 있다.

我和我妹妹都会说汉语。

Wǒ hé wǒ mèimei dōu huì shuō Hànyǔ.

접 ~와

0002 3급

不但… 而且…

búdàn… érqiě…

예 그녀는 不但 예쁠 뿐 아니라, 而且 똑똑하다.

她不但很漂亮，而且很聪明。

Tā búdàn hěn piàoliang, érqiě hěn cōngmíng.

접 ~ 뿐만 아니라, 게다가 ~하다

Voca+

漂亮 piàoliang 형 예쁘다 | 聪明 cōngmíng 형 똑똑하다

0003 2급

虽然… 但是…

suīrán… dànshì…

예 虽然 그는 그다지 똑똑하지는 않지만, 但是 공부를 아주 열심히 한다.

虽然他不太聪明，但是学习很努力。

Suīrán tā bú tài cōngmíng, dànshì xuéxí hěn nǔlì.

접 비록 ~이지만, 그러나 ~이다

Voca+

努力 nǔlì 동 열심히 하다, 노력하다

0004 3급

然后

ránhòu

예 그는 단지 나를 몇 번 보고, 然后ránhòu 한마디 말도 없이 바로 갔다.

他只是看了我几眼，然后一句话也没说就走了。

Tā zhǐshì kàn le wǒ jǐ yǎn, ránhòu yí jù huà yě méi shuō jiù zǒu le.

접 그런 후에, 그 다음에

Chapter 6. 접속사

B6-2 **6-2 조건·인과**

Let's Start Up!

주제에 맞는 단어와 예문을 학습해 보세요.

0001 3급

如果
rúguǒ

유의 要是 yàoshi
万一 wànyī

예 如果rúguǒ 당신이 무슨 문제가 있으면, 언제든지 저를 찾아오세요.

如果你有什么疑问，随时都可以来找我。

Rúguǒ nǐ yǒu shénme yíwèn, suíshí dōu kěyǐ lái zhǎo wǒ.

접 만약

Voca+
疑问 yíwèn 명 의문, 문제 | 随时 suíshí 부 언제든지

0002 2급

因为… 所以…
yīnwèi… suǒyǐ…

예 因为yīnwèi 밖에 비가 와서, 所以suǒyǐ 우리는 공원에 가지 않기로 했다.

因为外边下雨，所以我们不去公园了。

Yīnwèi wàibian xià yǔ, suǒyǐ wǒmen bú qù gōngyuán le.

접 ~이기 때문에, 그래서 ~이다

Voca+
外边 wàibian 명 바깥 | 下雨 xià yǔ 동 비가 오다

0003 3급

只有… 才…
zhǐyǒu… cái…

예 네가 只有zhǐyǒu 열심히 공부해야 才cái 대학에 붙을 수 있어.

你只有努力学习，才能考上大学。

Nǐ zhǐyǒu nǔlì xuéxí, cái néng kǎoshàng dàxué.

접 오로지 ~해야만 비로소 ~이다

Voca+
考上 kǎoshàng 동 합격하다 | 大学 dàxué 명 대학

Chapter 6. 접속사

B6-3 6-3 **선택·목적**

Let's Start Up!

주제에 맞는 단어와 예문을 학습해 보세요.

0001 3급

还是①
háishi

예 당신은 밥을 먹을래요, 还是háishi 국수를 먹을래요?
你要吃米饭还是面条?
Nǐ yào chī mǐfàn háishi miàntiáo?

접 또는, 아니면

Voca+
面条 miàntiáo 명 국수

Tip 'A 还是 B'는 'A 아니면 B'라는 뜻으로 선택의문문에서 사용됩니다. 대답할 때는 보통 A또는 B 중에서 하나를 선택해서 대답합니다.

还是②
háishi

예 당신 还是háishi 옛날 그대로네요.
你还是老样子。
Nǐ háishi lǎo yàngzi.

부 아직도, 여전히

0002 3급

或者
huòzhě

예 봄 或者huòzhě 가을에 가도 돼요. 그때는 춥지도 덥지도 않아요.
你可以春天去或者秋天去呀，那时候不冷也不热。
Nǐ kěyǐ chūntiān qù huòzhě qiūtiān qù ya, nà shíhou bù lěng yě bú rè.

접 혹은, ~든지, ~이거나

Tip '或者'는 평서문에서만 쓰고 의문문에서는 사용할 수 없습니다. 의문문에서는 위에 나온 '还是'을 사용하세요.

1. 보기에서 알맞은 단어를 고르세요.

보기 A. 然后 B. 但是 C. 如果 D. 所以 E. 或者 F. 而且

① 그러나 ______ ② 게다가 ______

③ 그 후에 ______ ④ 만약 ______

⑤ 그래서 ______ ⑥ 또는, 아니면 ______

2. 중국어의 뜻과 병음을 서로 연결하세요.

① 또는, 아니면 •	• 如果 •	• érqiě
② 만약 •	• 还是 •	• háishi
③ 그 후에 •	• 和 •	• ránhòu
④ 게다가 •	• 然后 •	• rúguǒ
⑤ ~와 •	• 而且 •	• hé

3. 밑줄 친 부분에 적합한 단어를 쓰세요.

보기 A. 而且 B. 如果 C. 因为 D. 还是 E. 虽然 F. 只有

① 这个东西不错，价格很便宜，______质量也很好。

② 他______学习很努力，但是成绩很一般。

③ 他______感冒，所以今天没有来。

④ ______你有什么疑问，随时都可以来找我。

⑤ 你______努力学习，才能考上大学。

⑥ 你要吃米饭______面条？

■ 정답은 197쪽에 있습니다.

Chapter 7. 조동사

B7-1

Let's Start Up!

주제에 맞는 단어와 예문을 학습해 보세요.

0001 1급

会
huì

예 그는 영어를 말하는 것이 会huì하다. 또 중국어를 말하는 것도 会huì하다.

他会说英语，也会说汉语。

Tā huì shuō Yīngyǔ, yě huì shuō Hànyǔ.

조동 (배워서) 할 수 있다

Tip '会'와 '能', '可以'는 모두 '할 수 있다'라는 의미를 가진 조동사입니다. 그중 '会'는 주로 학습을 통해 할 수 있는 것을 가리킬 때 쓰고, '能'은 타고난 능력, '可以'는 허락을 나타내는 경우를 나타낼 때 주로 쓰입니다.

0002 1급

能
néng

예 나의 중국어 실력은 괜찮다. 나는 중국어 소설을 보는 것이 能néng하다.

我的汉语水平还可以，我能看中文小说。

Wǒ de Hànyǔ shuǐpíng hái kěyǐ, wǒ néng kàn Zhōngwén xiǎoshuō.

조동 (능력이 되어서) 할 수 있다

Voca+
还可以 hái kěyǐ 괜찮다 | 小说 xiǎoshuō 명 소설

0003 2급

可以
kěyǐ

예 숙제를 다 한 뒤에, 너는 놀러 나가는 것이 可以kěyǐ하단다.

做完作业以后，你可以出去玩儿。

Zuòwán zuòyè yǐhòu, nǐ kěyǐ chūqù wánr.

조동 할 수 있다, 해도 좋다 [허가]

0004 1급

想①
xiǎng

예 집에 뭐 먹을 게 없다. 나는 슈퍼에 가서 빵을 좀 사고 想xiǎng한다.

家里没什么吃的，我想去超市买些面包。

Jiā li méi shénme chī de, wǒ xiǎng qù chāoshì mǎi xiē miànbāo.

조동 ~하고 싶다

想②
xiǎng

예 아빠는 지난주에 베이징 출장을 가셨다. 나는 아빠가 매우 想xiǎng하다.

爸爸上个星期出差去北京了，我很想他。

Bàba shàng ge xīngqī chūchāi qù Běijīng le, wǒ hěn xiǎng tā.

동 그리워하다, 보고 싶다

Voca+

出差 chūchāi 동 출장 가다

0005 2급

要①
yào

예 그는 베이징에 여행을 가는 것을 要yào한다.

他要去北京旅游。

Tā yào qù Běijīng lǚyóu.

조동 ~하려고 하다, ~해야 한다

要②
yào

예 당신은 무슨 음료를 要yào하나요? 커피요, 아니면 우유요?

你要什么饮料？咖啡还是牛奶？

Nǐ yào shénme yǐnliào? Kāfēi háishi niúnǎi?

동 원하다, 요구하다

Voca+

饮料 yǐnliào 명 음료

0006 3급

应该
yīnggāi

예 당신은 자신의 단점을 고치는 것이 应该yīnggāi합니다.

你应该改一改自己的缺点。

Nǐ yīnggāi gǎi yi gǎi zìjǐ de quēdiǎn.

조동 마땅히 ~해야 한다

Voca+

改 gǎi 동 고치다, 개선하다 | 缺点 quēdiǎn 명 결점

VOCA Review 문제를 풀며 학습 내용을 복습해 보세요~

1. 보기에서 알맞은 단어를 고르세요.

보기 A. 要 B. 应该 C. 想

① ~하고 싶다 ________

② ~하려고 하다, ~해야만 한다 ________

③ ~해야 한다 ________

2. 중국어의 뜻과 병음을 서로 연결하세요.

① (능력이 되어서) 할 수 있다 •	• 可以 •	• huì
② 가능하다, 해도 좋다 •	• 会 •	• kěyǐ
③ (배워서) 할 수 있다 •	• 能 •	• néng

3. 밑줄 친 부분에 적합한 단어를 쓰세요.

보기 A. 应该 B. 可以 C. 要 D. 能 E. 会 F. 想

① 做完作业以后，你 ________ 出去玩儿。

② 我的汉语水平还可以，我 ________ 看中文小说。

③ 你 ________ 改一改自己的缺点。

④ 他 ________ 说英语，也 ________ 说汉语。

⑤ 下星期有考试，我 ________ 努力学习。

⑥ 家里没什么吃的，我 ________ 去超市买些面包。

■ 정답은 197쪽에 있습니다.

VOCA Review 정답

新HSK 1~3급 주제별 어휘

Chapter 1 22p

개인생활

1. ① C. 生日 ② B. 洗澡 ③ E. 司机
   ④ D. 身体 ⑤ A. 名字 ⑥ F. 声音

2. ① 아내, 부인 – 妻子 – qīzi
   ② 형, 오빠 – 哥哥 – gēge
   ③ 아들 – 儿子 – érzi
   ④ 누나, 언니 – 姐姐 – jiějie
   ⑤ 할아버지 – 爷爷 – yéye

3. ① E. 脸 ② C. 服务员 ③ F. 妹妹
   ④ D. 刷牙 ⑤ A. 岁 ⑥ B. 眼睛

Chapter 2 44p

일상생활 ❶

1. ① B. 画 ② D. 椅子 ③ A. 吃
   ④ E. 伞 ⑤ F. 旅游 ⑥ C. 空调

2. ① 사진 – 照片 – zhàopiàn
   ② 운동하다 – 运动 – yùndòng
   ③ 음악 – 音乐 – yīnyuè
   ④ 컵, 잔 – 杯子 – bēizi
   ⑤ 축구 – 足球 – zúqiú

3. ① C. 手机 ② E. 手表 ③ B. 冰箱
   ④ A. 票 ⑤ D. 比赛 ⑥ F. 游泳

일상생활 ❷

1. ① E. 电梯 ② B. 爱好 ③ A. 洗
   ④ D. 帽子 ⑤ C. 菜单 ⑥ F. 咖啡

2. ① 쌀 – 米 – mǐ
   ② 차 – 茶 – chá
   ③ 입다, 신다 – 穿 – chuān
   ④ 마시다 – 喝 – hē
   ⑤ 목마르다 – 渴 – kě

3. ① A. 饿 ② D. 裤子 ③ C. 护照
   ④ F. 电影 ⑤ B. 筷子 ⑥ E. 打扫

일상생활 ❸

1. ① B. 饮料 ② F. 上网 ③ D. 爬山
   ④ A. 菜 ⑤ E. 行李箱 ⑥ C. 衣服

2. ① 물건 – 东西 – dōngxi
   ② 달리다, 뛰다 – 跑步 – pǎo bù
   ③ 탁자 – 桌子 – zhuōzi
   ④ 면, 국수 – 面条 – miàntiao
   ⑤ 텔레비전, TV – 电视 – diànshì

3. ① D. 电脑 ② F. 水果 ③ B. 皮鞋
   ④ E. 房间 ⑤ A. 休息 ⑥ C. 唱歌

Chapter 3 63p

사회생활

1. ① A. 课 ② D. 考试 ③ B. 学校
   ④ F. 题 ⑤ E. 老师 ⑥ C. 学习

2. ① 교실 – 教室 – jiàoshì
   ② 학년 – 年级 – niánjí
   ③ 사전 – 词典 – cídiǎn
   ④ 수학 – 数学 – shùxué
   ⑤ 칠판 – 黑板 – hēibǎn

3. ① C. 再见 ② B. 班 ③ D. 成绩
   ④ F. 书 ⑤ A. 故事 ⑥ E. 客人

Chapter 4 81p

시간과 장소 ❶

1. ① F. 附近 ② E. 中间 ③ A. 前面
   ④ D. 地方 ⑤ B. 后面 ⑥ C. 刚才

2. ① 오전 – 上午 – shàngwǔ
   ② 현재 – 现在 – xiànzài
   ③ 어제 – 昨天 – zuótiān

④ 오늘 – 今天 – jīntiān
⑤ 과거 – 过去 – guòqù

3. ① B. 自行车 ② E. 年 ③ A. 小时
④ D. 火车站 ⑤ F. 晚上 ⑥ C. 明天

시간과 장소 ❷

1. ① F. 外 ② D. 时候 ③ A. 后来
④ E. 里 ⑤ B. 南 ⑥ C. 旁边

2. ① 공원 – 公园 – gōngyuán
② 이륙하다 – 起飞 – qǐfēi
③ 베이징 – 北京 – Běijīng
④ 마지막, 최후 – 最后 – zuìhòu
⑤ 북쪽, 북방 – 北方 – běifāng

3. ① D. 医院 ② B. 左边 ③ F. 西
④ C. 中国 ⑤ E. 机场 ⑥ A. 银行

시간과 장소 ❸

1. ① E. 日 ② A. 月 ③ D. 地铁
④ B. 时间 ⑤ C. 出租车 ⑥ F. 船

2. ① 일, 번호 – 号 – hào
② 작년 – 去年 – qùnián
③ 버스 – 公共汽车 – gōnggòng qìchē
④ 도시 – 城市 – chéngshì
⑤ 상점 – 商店 – shāngdiàn

3. ① B. 飞机 ② E. 早上 ③ C. 中午
④ A. 周末 ⑤ F. 以前 ⑥ D. 现在

Chapter 5 91p

자연

1. ① B. 树 ② C. 月亮 ③ E. 阴
④ F. 夏 ⑤ D. 晴 ⑥ A. 苹果

2. ① 풀 – 草 – cǎo
② 날씨 – 天气 – tiānqì
③ 판다 – 熊猫 – xióngmāo
④ 덥다 – 热 – rè
⑤ 바람 불다 – 刮风 – guāfēng

3. ① B. 环境 ② F. 季节 ③ D. 雪
④ E. 冷 ⑤ A. 太阳 ⑥ C. 动物

Chapter 6 103p

감정과 태도

1. ① C. 害怕 ② D. 觉得 ③ A. 愿意
④ F. 知道 ⑤ B. 奇怪 ⑥ E. 生气

2. ① 진지하다, 열심히 하다 – 认真 – rènzhēn
② 기억하고 있다 – 记得 – jìde
③ 알다, 인식하다 – 认识 – rènshi
④ 기쁘다, 즐겁다 – 高兴 – gāoxìng
⑤ 좋아하다 – 喜欢 – xǐhuan

3. ① C. 希望 ② A. 满意 ③ E. 小心
④ D. 明白 ⑤ B. 同意 ⑥ F. 容易

Chapter 7 117p

성질과 상태

1. ① B. 矮 ② A. 像 ③ E. 慢
④ F. 黑 ⑤ C. 坏 ⑥ D. 快

2. ① 유명하다 – 有名 – yǒumíng
② 저렴하다 – 便宜 – piányi
③ 귀엽다 – 可爱 – kě'ài
④ 조용하다, 편안하다 – 安静 – ānjìng
⑤ 일반적이다, 보통이다 – 一般 – yìbān

3. ① E. 短 ② B. 绿 ③ D. 干净
④ C. 远 ⑤ F. 新鲜 ⑥ A. 舒服

Chapter 8 136p

행위와 동작 ❶

1. ① D. 努力 ② E. 遇到 ③ F. 到
   ④ C. 分 ⑤ A. 练习 ⑥ B. 试

2. ① 대답하다 – 回答 – huídá
   ② 기상하다 – 起床 – qǐchuáng
   ③ 서다 / 정거장 – 站 – zhàn
   ④ 돌보다 – 照顾 – zhàogù
   ⑤ (손으로) 잡다, 쥐다 – 拿 – ná

3. ① B. 找 ② A. 等 ③ E. 接
   ④ C. 习惯 ⑤ F. 借 ⑥ D. 打算

행위와 동작 ❷

1. ① C. 变化 ② B. 开始 ③ A. 帮助
   ④ E. 看见 ⑤ D. 经过 ⑥ F. 说话

2. ① 팔다 – 卖 – mài
   ② 사다 – 买 – mǎi
   ③ 웃다 – 笑 – xiào
   ④ 돌려주다 – 还 – huán
   ⑤ 닫다, 끄다 – 关 – guān

3. ① C. 开 ② A. 来 ③ E. 告诉
   ④ B. 坐 ⑤ F. 用 ⑥ D. 带

행위와 동작 ❸

1. ① A. 放 ② E. 发现 ③ B. 送
   ④ D. 写 ⑤ F. 骑 ⑥ C. 要求

2. ① 말하다 – 讲 – jiǎng
   ② 끝내다 – 完 – wán
   ③ 살다 – 住 – zhù
   ④ 해결하다 – 解决 – jiějué
   ⑤ 검사하다 – 检查 – jiǎnchá

3. ① E. 放 ② B. 换 ③ D. 变化
   ④ A. 迟到 ⑤ F. 帮忙 ⑥ C. 完成

Chapter 9 141p

기타

1. ① D. 机会 ② E. 水平 ③ C. 事情
   ④ A. 公斤 ⑤ B. 意思

2. ① kg – 公斤 – gōngjīn
   ② 일, 사건 – 事情 – shìqing
   ③ 기회 – 机会 – jīhuì
   ④ 재미, 의미, 뜻 – 意思 – yìsi
   ⑤ 수준 – 水平 – shuǐpíng

3. ① C. 水平 ② A. 机会 ③ E. 事情
   ④ D. 意思 ⑤ B. 公斤

新HSK 1~3급 기능별 어휘

Chapter 1 150p

대사

1. ① F. 什么 ② A. 大家 ③ E. 怎么
   ④ C. 自己 ⑤ D. 每 ⑥ B. 多少

2. ① 그, 그 남자 – 他 – tā
   ② 너, 당신 – 你 – nǐ
   ③ 어느 – 哪 – nǎ
   ④ 이것 – 这 – zhè
   ⑤ 그, 저 – 那 – nà

3. ① D. 怎么样 ② F. 我们 ③ B. 其他
   ④ A. 谁 ⑤ E. 哪儿 ⑥ C. 她

Chapter 2 161p

수사와 양사

1. ① B. 张 ② D. 次 ③ C. 万
   ④ A. 零 ⑤ F. 双 ⑥ E. 辆

2. ① 100, 백 – 百 – bǎi
   ② 1,000, 천 – 千 – qiān
   ③ 권 [책을 세는 단위] – 本 – běn
   ④ 덩어리, 조각 – 块 – kuài

⑤ 15분 – 刻 – kè

3. ① D. 几　② F. 十　③ A. 七
④ E. 二　⑤ C. 半　⑥ B. 五

Chapter 3 168p

개사

1. ① C. 向　② B. 关于　③ D. 对
④ A. 给　⑤ E. 除了　⑥ F. 在

2. ① ~당하다 – 被 – bèi
② ~로 부터 – 离 – lí
③ ~에 근거하여 – 根据 – gēnjù
④ ~을(를) – 把 – bǎ
⑤ ~을 위해서 – 为了 – wèile

3. ① C. 比　② A. 往　③ E. 被
④ F. 从　⑤ B. 跟　⑥ D. 离

Chapter 4 172p

조사

1. ① C. 得　② D. 吗　③ A. 地
④ E. 过　⑤ B. 吧

2. ① 변화 · 완료 · 강조를 나타냄 – 了 – le
② ~의 [명사 앞에서 관형어를 연결함] – 的 – de
③ 동작이나 상태의 지속을 나타냄 – 着 – zhe

3. ① E. 呢　② B. 的　③ D. 着
④ C. 地　⑤ A. 过

Chapter 5 185p

부사 ❶

1. ① B. 特别　② D. 多么　③ C. 就
④ A. 一会儿　⑤ F. 一直　⑥ E. 可能

2. ① 더욱, 훨씬 – 更 – gèng
② 함께 – 一起 – yìqǐ
③ 곧, 금방 – 马上 – mǎshàng
④ 먼저 – 先 – xiān
⑤ 다시 – 再 – zài

3. ① F. 已经　② D. 极　③ B. 只
④ E. 都　⑤ A. 其实　⑥ C. 还

부사 ❷

1. ① C. 为什么　② E. 只　③ A. 正在
④ B. 不　⑤ F. 几乎　⑥ D. 最

2. ① 항상, 줄곧 – 总是 – zǒngshì
② 진짜로, 정말 – 真 – zhēn
③ 전부, 합계 – 一共 – yígòng
④ 비교적, 비교하다 – 比较 – bǐjiào
⑤ 또 – 又 – yòu

3. ① D. 越　② A. 别　③ C. 就
④ B. 突然　⑤ F. 终于　⑥ E. 必须

Chapter 6 190p

접속사

1. ① B. 但是　② F. 而且　③ A. 然后
④ C. 如果　⑤ D. 所以　⑥ E. 或者

2. ① 또는, 아니면 – 还是 – háishì
② 만약 – 如果 – rúguǒ
③ 그 후에 – 然后 – ránhòu
④ 게다가 – 而且 – érqiě
⑤ ~와 – 和 – hé

3. ① A. 而且　② E. 虽然　③ C. 因为
④ B. 如果　⑤ F. 只有　⑥ D. 还是

Chapter 7 193p

조동사

1. ① C. 想　② A. 要　③ B. 应该

2. ① (능력이 되어서) 할 수 있다 – 能 – néng
② 가능하다, 해도 좋다 – 可以 – kěyǐ

③ (배워서) 할 수 있다 – 会 – huì

3. ① B. 可以　② D. 能　③ A. 应该
④ E. 会　⑤ C. 要　⑥ F. 想

T

W

Z

착! 붙는 新HSK 단어장 4급

차례

주제별 어휘

기능별 어휘

新HSK 4급

주제별 어휘

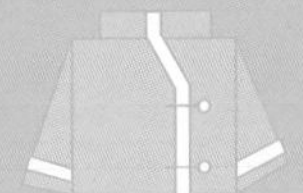

Chapter 1. 개인생활

A 1-1 1-1 **개인 신상**

Let's Start Up!

주제에 맞는 단어와 예문을 학습해 보세요.

0001

年龄

niánlíng

유의 年岁 niánsuì
年纪 niánjì

예 人在年轻的时候学习语言比较容易，年龄大了学习语言就难了。

사람이 젊을 때 언어를 배우는 것은 비교적 쉽지만, 나이가 들어서 언어를 배우는 것은 어렵다.

명 나이

0002

性别

xìngbié

예 现代社会还有性别歧视。

현대 사회에도 아직 성차별이 있다.

명 성별

Voca+
歧视 qíshì 명 경시, 차별 대우

0003

日记

rìjì

예 他写的日记成为学者们研究史料的重要依据。

그가 쓴 일기는 학자들이 사료를 연구하는 데 중요한 증거가 되었다.

명 일기

Voca+
依据 yījù 명 근거

0004

好处

hǎochu

반의 害处 hàichu
坏处 huàichu

예 每天喝豆浆对我们的身体有很多好处，它可以保护肠胃健康。

매일 두유를 마시는 것은 위와 장을 보호할 수 있어서 위장 건강에 매우 좋다.

명 장점, 좋은 점

Voca+
豆浆 dòujiāng 명 두유, 콩국 | 肠胃 chángwèi 명 장과 위

0005

优点

yōudiǎn

반의 缺点 quēdiǎn

예 关于这种产品的优点，下面哪一点没有被提到?

이러한 상품의 우수성에 대해, 다음 중 언급하지 않은 내용은 무엇인가?

명 장점

Voca+

提到 tídào 동 언급하다, 말하다

0006

小伙子

xiǎohuǒzi

예 我问路的时候，遇见了一位热心的小伙子，他把我送来了。

내가 길을 물을 때 한 친절한 젊은이를 만났는데 그가 나를 바래다주었다.

명 젊은이, 젊은 청년

Voca+

热心 rèxīn 형 친절하다

Chapter 1. 개인생활

A1-2 1-2 신체·건강

Let's Start Up!

주제에 맞는 단어와 예문을 학습해 보세요.

0001

肚子
dùzi

예 上课的时候，她突然肚子疼，老师让她提前回家了。

수업할 때 그녀는 갑자기 배가 아팠다. 선생님께서 그녀에게 먼저 귀가하라고 하셨다.

명 배

0002

胳膊
gēbo

예 那些盒子太沉了，明天你的胳膊会很疼的。

그 상자는 너무 무겁기 때문에 내일 너는 팔이 아플 거야.

명 팔

0003

汗
hàn

예 他刚跑上楼，满身大汗，呼吸急促。

그는 막 계단을 뛰어 올라와서 온몸이 땀으로 젖고 호흡도 거칠었다.

명 땀

Voca+
急促 jícù 형 빠르다, 다급하다, 가쁘다

0004

皮肤
pífū

예 紫外线会损伤皮肤。

자외선은 피부를 상하게 할 수 있다.

명 피부

Voca+
紫外线 zǐwàixiàn 명 자외선

0005

减肥
jiǎnféi

예 为了减肥，她每天晚上都坚持只喝稀粥。

다이어트를 위해서 그녀는 매일 저녁에 계속 묽은 죽만 먹는다.

동 다이어트하다

Voca+
稀粥 xīzhōu 명 묽은 죽

0006

咳嗽

késou

예 这种药对感冒引起的咳嗽有特效。

이 약은 감기로 인한 기침에 특효가 있다.

동 기침하다

Voca+

特效 tèxiào 명 특효

0007

力气

lìqi

유의 力量 lìliang

예 他的手有点儿没力气，拎不动东西。

그는 손에 힘이 조금 없어서 물건을 들지 못한다.

명 힘

Voca+

拎 līn 동 (손으로) 들다, 쥐다

0008

生命

shēngmìng

예 空气、食物和水是维持生命所必需的。

공기, 음식 그리고 물은 생명을 유지하는 데 필수적인 것이다.

명 생명

0009

死

sǐ

유의 亡 wáng

반의 活 huó

예 在这次交通事故中司机当场就死了。

이번 교통사고 중에 운전기사가 현장에서 죽었다.

동 죽다

Voca+

当场 dāngchǎng 부 그 자리에서, 현장에서

0010

打针

dǎ zhēn

예 这个孩子特别害怕打针，每次都哭得很厉害。

이 아이는 주사 맞는 것을 특히 무서워해서 매번 심하게 운다.

동 주사 놓다, 주사 맞다

Chapter 1. 개인생활

A 1-3 **1-3 가족·친척**

Let's Start Up!

주제에 맞는 단어와 예문을 학습해 보세요.

0001

父亲

fùqīn

예 我父亲以前是军人，现在已经退休了。

우리 아버지는 이전에 군인이셨는데, 지금은 이미 퇴직하셨다.

명 부친, 아버지

Voca+

退休 tuìxiū 동 퇴직하다, 은퇴하다

0002

母亲

mǔqīn

예 他只有母亲，没有别的亲人。

그는 어머니만 있고 다른 가족은 없다.

명 어머니

0003

孙子

sūnzi

예 爷爷奶奶退休以后，就在家里看养孙子了。

할아버지와 할머니께서는 은퇴 후에 집에서 손자를 돌보셨다.

명 손자

0004

亲戚

qīnqi

예 这些都是我带回国送给我亲戚朋友的礼物。

이것들은 모두 내가 귀국할 때 가지고 가서 친척 친구들에게 줄 선물이다.

명 친척

Chapter 1. 개인생활

A1-4 1-4 직업

Let's Start Up! 주제에 맞는 단어와 예문을 학습해 보세요.

0001

职业①

zhíyè

예 以前她一向不喜欢医生这个职业。

이전에 그녀는 의사라는 이 직업을 줄곧 좋아하지 않았다.

명 직업

Voca+

一向 yíxiàng 부 줄곧, 내내, 종래 [과거부터 지금까지를 나타냄]

职业②

zhíyè

반의 业余 yèyú

예 这种高难度的动作只有职业演员才能表演得出来。

이런 고난도의 동작은 오직 전문 배우만이 연기해낼 수 있다.

형 전문의, 프로의

0002

大夫

dàifu

유의 医生 yīshēng

예 大夫说这个病很好治，不用担心。

의사가 이 병은 고치기 쉽다고 했으니 걱정할 필요가 없다.

명 의사

0003

护士

hùshi

예 这个护士用爱心和耐心来照顾病人。

이 간호사는 사랑과 인내심으로 환자들을 돌본다.

명 간호사

0004

导游①

dǎoyóu

예 接待我们的导游是个热心、漂亮的姑娘。

우리를 맞이한 가이드는 친절하고 예쁜 아가씨이다.

명 관광가이드

导游②
dǎoyóu

유의 向导 xiàngdǎo

예 明天我朋友来北京，请你帮我朋友导游一下。

내일 제 친구가 베이징에 옵니다. 제 친구를 도와 안내를 좀 해 주세요.

동 (관광객 · 여행객을) 안내하다

0005

警察
jǐngchá

예 警察的职责就是保护人民安全。

경찰의 직책은 사람들의 안전을 보호하는 것이다.

명 경찰

Voca+

职责 zhízé 명 직책 [직무와 책임]

0006

记者
jìzhě

예 很多记者为了追新闻，几天不能好好睡觉。

많은 기자들이 뉴스를 취재하기 위해 며칠 동안 잠을 잘 자지 못했다.

명 기자

Voca+

追 zhuī 동 캐(내)다, 밝혀 내다

0007

律师
lǜshī

예 为了维护自己的权益我不得不请一个律师了。

자신의 권익을 보호하기 위해 나는 어쩔 수 없이 변호사를 선임했다.

명 변호사

Voca+

维护 wéihù 동 지키다 | 权益 quányì 명 권익

0008

售货员
shòuhuòyuán

예 售货员叫他拿着单子去付款。

판매원이 그에게 명세서를 가지고 계산하러 가라고 했다.

명 점원

Voca+

单子 dānzi 명 리스트, 명세서, 전표 | 付款 fù kuǎn 동 돈을 지불하다

0009

演员
yǎnyuán

예 节目演完了，演员们下台休息。

공연이 끝나고 배우들은 무대에서 내려와서 쉬고 있다.

명 배우, 연기자

Voca+

下台 xià tái 동 (무대나 강단에서) 내려오다

0010

作者

zuòzhě

예 出版社要向作者支付版税。

출판사는 작가에게 인세를 지불해야 한다.

명 (문장이나 저작물 · 예술 작품의) 작가, 작자

Voca+

版税 bǎnshuì 명 인세, 저작권료

0011

房东

fángdōng

반의 房客 fángkè

예 到年底了，房东还没同意我们继续住。

연말이 되었는데 집주인은 아직도 우리가 계속 사는 것에 동의하지 않고 있다.

명 집주인

0012

作家

zuòjiā

예 我们期望作家们写出更多更好的作品。

우리는 작가들이 더 많고 더 좋은 작품을 쓰기를 기대한다.

명 작가

Voca+

期望 qīwàng 동 기대하다, 바라다, 소망하다

1. 보기에서 알맞은 단어를 고르세요.

보기 A. 减肥 B. 力气 C. 好处 D. 日记 E. 胳膊 F. 肚子

① 장점, 좋은 점 ______ ② 팔 ______

③ 일기 ______ ④ 힘 ______

⑤ 배 ______ ⑥ 다이어트하다 ______

2. 중국어의 뜻과 병음을 서로 연결하세요.

① 죽다 •	• 咳嗽 •	• yōudiǎn
② 장점 •	• 死 •	• shēngmìng
③ 기침하다 •	• 生命 •	• késou
④ 피부 •	• 优点 •	• pífū
⑤ 생명 •	• 皮肤 •	• sǐ

3. 밑줄 친 부분에 적합한 단어를 쓰세요.

보기 A. 死 B. 皮肤 C. 生命 D. 力气 E. 小伙子 F. 汗

① 我问路的时候，遇见了一位热心的______，他把我送来。

② 紫外线会损伤______。

③ 他刚跑上楼，一身大______，呼吸急促。

④ 在这次交通事故中司机当场就______了。

⑤ 他的手有点儿没______，拎不动东西。

⑥ 空气、食物和水是维持______所必需的。

■ 정답은 178쪽에 있습니다.

1. 보기에서 알맞은 단어를 고르세요.

보기 A. 导游 B. 记者 C. 大夫 D. 作家 E. 房东 F. 律师

① 의사 .... ② 작가 ....

③ 관광가이드 .... ④ 집주인 ....

⑤ 기자 .... ⑥ 변호사 ....

2. 중국어의 뜻과 병음을 서로 연결하세요.

① 저자, 필자 •	• 售货员 •	• zuòzhě
② 친척 •	• 职业 •	• sūnzi
③ 손자 •	• 亲戚 •	• shòuhuòyuán
④ 직업 •	• 作者 •	• zhíyè
⑤ 점원 •	• 孙子 •	• qīnqi

3. 밑줄 친 부분에 적합한 단어를 쓰세요.

보기 A. 演员 B. 作者 C. 记者 D. 警察 E. 律师 F. 职业

① ....的职责就是保护人民安全。

② 以前她一向不喜欢医生这个..........。

③ 出版社要向..........支付版税。

④ 节目演完了，..........们下台休息。

⑤ 很多..........为了追新闻，几天不能好好睡觉。

⑥ 为了维护自己的权益我不得不请一个..........了。

■ 정답은 178쪽에 있습니다.

Chapter 2. 일상생활

A2-1 2-1 음식

Let's Start Up!

주제에 맞는 단어와 예문을 학습해 보세요.

0001

味道①

wèidao

예 感冒的时候吃东西没有味道。

감기에 걸렸을 때는 음식을 먹어도 맛이 없다.

명 맛

味道②

wèidao

예 这篇文章读起来很有味道。

이 글은 읽어보면 재미있다.

명 흥미, 재미

0002

辣

là

예 这个菜有点儿辣，我辣椒放得太多了。

이 요리는 조금 맵다. 내가 고추를 너무 많이 넣었다.

형 맵다

Voca+

辣椒 làjiāo 명 고추

0003

酸

suān

예 这种苹果很酸，我不敢吃。

이 사과는 너무 시어서 나는 먹을 엄두가 나지 않는다.

형 시다

0004

咸

xián

예 味道还不错，就是稍微咸了点，再放点糖吧。

맛이 괜찮기는 한데 약간 짜니까 설탕을 조금 더 넣으세요.

형 짜다

0005
盐
yán

예 这面条味道太淡了，应该再加些盐。
이 국수는 너무 싱거우니 소금을 조금 더 넣어야 한다.

명 소금

Voca+
淡 dàn 형 싱겁다, 옅다

0006
尝
cháng

예 女儿身体虚弱，中医给她开了中药，她尝了一口便不想再喝。
딸아이가 몸이 약해서 한의사가 한약을 처방해 주었는데, 딸이 한 모금 맛보고는 다시는 마시려 하지 않는다.

동 (음식을) 맛보다, 겪다, 체험하다

Voca+
虚弱 xūruò 형 (몸이) 허약하다, 기력이 없다

Tip '尝 cháng'과 '吃 chī'의 비교
'尝'은 '맛보다'라는 뜻으로 음식의 맛을 보기 위해 약간 먹는 것을 가리키고, '吃'는 '먹다'라는 뜻으로 '尝'보다 먹는 양이 더 많으며 배를 채우는 것을 목적으로 합니다.

예 菜做好了，你来尝尝咸淡。음식이 다 되었으니 와서 간을 보세요.
菜做好了，你来吃饭吧。음식이 다 되었으니 와서 식사하세요.

0007
材料①
cáiliào

예 这道菜的材料非常难找，他找了很久才找到。
이 음식의 재료는 매우 찾기가 어려워서 그는 한참을 찾고서야 겨우 찾아냈다.

명 재료 [바로 완성품을 만들 수 있는 물건을 말함]

材料②
cáiliào

예 法院根据他提供的材料对此案做出了公正的裁决。
법원은 그가 제출한 자료를 근거로 이 안건에 대해 공정한 판결을 내렸다.

명 자료, 데이터

Voca+
此 cǐ 대 이, 이것 [가까운 것을 가리킴] | 案 àn 명 (법률상의) 사건 | 裁决 cáijué 동 판결하다, 판정하다

0008
汤
tāng

예 这汤的咸淡正合适。
이 국의 간은 딱 맞다.

명 국, 탕

0009
西红柿
xīhóngshì

예 我以为西红柿是水果，原来它是蔬菜的一种。
나는 토마토가 과일이라고 생각했는데 알고 보니 채소의 일종이다.

명 토마토

0010
饺子
jiǎozi

예 每当过年的时候，家家户户都在家中包饺子。
매번 연말을 보낼 때 집집마다 집에서 만두를 빚는다.

명 만두, 교자

0011
饼干
bǐnggān

예 我奶奶很喜欢吃花生味儿的饼干。
우리 할머니께서는 땅콩 맛 과자를 좋아하신다.

명 과자, 쿠키, 비스킷

Voca+
花生 huāshēng 명 땅콩

0012
巧克力
qiǎokèlì

예 我最喜欢吃巧克力冰淇淋。
나는 초콜릿 아이스크림 먹는 것을 가장 좋아한다.

명 초콜릿

Voca+
冰淇淋 bīngqílín 명 아이스크림

0013
果汁
guǒzhī

예 用苹果做的果汁很好喝。
사과로 만든 주스는 맛있다.

명 과일주스, 과즙

0014
葡萄
pútao

예 别吃不到葡萄就说葡萄酸。
포도를 먹을 수 없다고 해서 그 포도가 시다고 말하지 마라.

명 포도

Voca+
别 bié 부 ~하지 마라 | 吃不到 chībudào 먹을 수 없다 | 酸 suān 형 시다

0015
糖
táng

예 这个菜太甜，你糖放多了。
이 요리는 너무 달아요. 당신이 설탕을 많이 넣었네요.

명 설탕, 사탕

Voca+
放 fàng 동 넣다, 놓다

0016

包子

bāozi

예 我喜欢吃素馅的包子，不喜欢吃肉陷的。

나는 채소가 든 만두를 좋아하고 고기가 든 만두는 좋아하지 않는다.

명 (소가 든) 찐빵, 만두

Voca+

馅 xiàn 명 (떡이나 만두 등에 넣는) 소

0017

烤鸭

kǎoyā

예 北京全聚德烤鸭在全国都享有很好的口碑。

베이징 취앤쥐더의 오리구이는 전국에서 좋은 평판을 받는다.

명 오리구이

Voca+

享有 xiǎngyǒu 동 (권리·명예 등을) 향유하다, 누리다, 지니다 | 口碑 kǒubēi 명 평가, 평판

0018

矿泉水

kuàngquánshuǐ

예 姐姐肠胃不好，去外面旅游一定买瓶矿泉水喝。

언니는 위와 장이 좋지 않아서 여행을 가면 꼭 생수를 사서 마신다.

명 광천수, 생수

0019

小吃

xiǎochī

예 品尝小吃，可以体会到地方的文化特色。

간식거리를 맛보면 그곳의 문화 특색을 체험할 수 있다.

명 간단한 식사, 간식거리

Voca+

品尝 pǐncháng 동 맛보다, 시식하다

Chapter 2. 일상생활

A2-2 **2-2 의복**

Let's Start Up!

주제에 맞는 단어와 예문을 학습해 보세요.

0001

戴
dài

예 新买的手套洗完以后，严重缩水，她再也戴不上了。

새로 산 장갑이 빨고 나니 심하게 줄어서 그녀는 다시는 낄 수 없게 되었다.

동 착용하다, 쓰다

Voca+
手套 shǒutào 명 장갑 | 缩水 suōshuǐ 동 줄어들다, 수축하다

Tip '**戴** dài'과 '带 dài'의 비교

'**戴**'는 물건을 머리, 얼굴, 목, 가슴, 팔 등 신체의 일부에 부착시키는 동작을 말하고, '**带**'는 신체에 부착하지 않고 단지 휴대하거나 자기 주변에 가지고 있는 동작을 말합니다. 액세서리나 선글라스, 모자 등을 착용하는 상황에서는 동사 '**戴**'를 씁니다.

0002

脱
tuō

반의 穿 chuān, 戴 dài

예 在握手前应先脱下手套、摘下帽子。

악수하기 전에는 장갑과 모자를 벗어야 한다.

동 벗다

Voca+
摘 zhāi 동 (쓰거나 걸려 있는 물건을) 벗다, 떼다

0003

袜子
wàzi

예 请你把鞋脱了，但是不要把袜子也脱了。

신발을 벗어주세요. 양말은 벗지 않으셔도 돼요.

명 양말, 스타킹

0004

眼镜
yǎnjìng

예 最近我的视力不太好，看不清楚，我打算去配眼镜。

요즘 내 시력이 그다지 좋지 않아 분명하게 보이지 않는다. 나는 안경을 맞추러 갈 계획이다.

명 안경

Voca+
视力 shìlì 명 시력 | 配 pèi 동 맞추다

Chapter 2. 일상생활

◎A 2-3 2-3 집·가사

Let's Start Up!

주제에 맞는 단어와 예문을 학습해 보세요.

0001

窗户
chuānghu

예 看着窗户外面的白雪突然感到这个世界真的好干净。

창 밖의 흰 눈을 보니 갑자기 이 세상이 정말로 깨끗하다고 생각되었다.

명 창문

Voca+
感到 gǎndào 동 느끼다, 여기다

0002

家具
jiājù

예 夏天搬新房子的时候我想买一套高档的家具。

여름에 새 집으로 이사할 때 나는 고급 가구를 사고 싶다.

명 가구

Voca+
高档 gāodàng 형 고급의

0003

镜子
jìngzi

예 我喜欢照镜子，因为镜子里有个最真实的自己。

나는 거울 보는 것을 좋아한다. 왜냐하면 거울 속에는 가장 진실된 내가 있기 때문이다.

명 거울

Voca+
照 zhào 동 (거울·호수면 등에) 비추다, 비치다

0004

垃圾桶
lājītǒng

예 我家的垃圾桶是用铁做的，很结实也很好用。

우리 집 쓰레기통은 철로 만들어져서 튼튼하고 또 쓰기 좋다.

명 쓰레기통

Voca+
铁 tiě 명 쇠, 철 | 结实 jiēshi 형 단단하다, 견고하다, 질기다

0005

沙发

shāfā

예 他坐在沙发上随意地翻着报纸。

그는 소파에 앉아서 편하게 신문을 뒤적이고 있다.

명 소파

Voca+

随意 suíyì 부 마음대로, 편하게 | 翻 fān 동 뒤집다, 뒤적이다

0006

厕所

cèsuǒ

예 我看着她急得那样就知道她想上厕所。

나는 그녀가 저렇게 다급해하는 모습을 보고 화장실에 가고 싶어한다는 것을 알았다.

명 화장실

0007

客厅

kètīng

예 他家客厅太小了，一般都请客人去外面吃饭。

그의 집 응접실은 매우 작아서 보통 손님을 초대하면 밖에 나가서 식사를 한다.

명 응접실, 거실

0008

厨房

chúfáng

예 妈妈正在厨房里做菜呢。

어머니께서는 주방에서 요리를 만들고 계신다.

명 주방, 부엌

Voca+

正在 zhèngzài 부 ~하는 중이다 | 里 li 명 안 | 做菜 zuò cài 동 요리하다

Chapter 2. 일상생활

A2-4 **2-4 일상용품**

2 일상생활

Let's Start Up!

주제에 맞는 단어와 예문을 학습해 보세요.

0001

刀

dāo

예 这把刀太锋利了，一不小心就会割破手指。

이 칼은 너무 날카로워서 조금만 조심하지 않아도 바로 손가락을 베일 수 있다.

명 칼

Voca+

锋利 fēnglì 형 날카롭다, 예리하다, 뾰족하다 | 割破 gēpò 동 베이다 | 手指 shǒuzhǐ 명 손가락

0002

盒子

hézi

예 这个盒子里装的是他送给你的礼物。

이 상자 안에 포장되어 있는 것은 그가 너에게 보내는 선물이다.

명 상자

Voca+

装 zhuāng 동 싣다, 포장하다

0003

毛巾

máojīn

예 朋友今天在超市买了一条浅绿色的毛巾，质地非常好。

친구가 오늘 슈퍼마켓에서 연한 녹색의 수건을 샀는데 재질이 아주 좋다.

명 타월, 수건

Voca+

浅 qiǎn 형 (색깔이) 옅다 | 质地 zhìdì 명 재질

0004

塑料袋

sùliàodài

예 塑料袋是我们日常生活中不可缺少的。

비닐봉투는 우리의 일상생활에서 없어서는 안 된다.

명 비닐봉투

Voca+

缺少 quēshǎo 동 (인원이나 수량이) 부족하다, 모자라다

0005

牙膏

yágāo

예 他挤牙膏都不是从下往上挤，而是从中间乱挤。

그는 치약을 짤 때 아래에서 위로 짜지 않고, 중간에서 아무렇게나 짠다.

명 치약

Voca+

挤 jǐ 동 (눌러서) 짜다

0006

钥匙

yàoshi

예 两个月前他的自行车钥匙没有找着，因此就一直不能骑自行车。

두 달 전에 그의 자전거 열쇠를 찾지 못해서 지금까지 자전거를 타지 못한다.

명 열쇠

0007

勺子

sháozi

예 我不会用筷子，只能用勺子吃饭。

나는 젓가락을 쓸 줄 몰라서, 숟가락을 써서 식사를 할 수밖에 없다.

명 숟가락, 국자

0008

橡皮

xiàngpí

예 请大家用铅笔答卷，写错了可以用橡皮擦干净。

연필로 답을 작성하고 잘못 썼으면 지우개로 지우셔도 됩니다.

명 지우개

Voca+

答卷 dájuàn 동 답안을 작성하다 명 답안, 답안지

0009

信封

xìnfēng

예 这是信封，请贴上邮票。

이것은 편지 봉투입니다. 우표를 붙이세요.

명 편지 봉투

Voca+

贴 tiē 동 붙이다

Chapter 2. 일상생활

A2-5 **2-5 취미·여가**

Let's Start Up!

주제에 맞는 단어와 예문을 학습해 보세요.

0001

购物
gòuwù

예 我最喜欢的事情就是在周末和妈妈一起去购物。
내가 제일 좋아하는 일은 바로 주말에 엄마와 함께 물건을 사러 가는 것이다.

동 쇼핑하다, 물건을 사다

0002

广播①
guǎngbō

유의 播送 bōsòng

예 广播员在广播时忘记台词是很尴尬的。
아나운서가 방송할 때 대사를 잊어버리는 것은 매우 난처한 일이다.

동 방송하다

Voca+
广播员 guǎngbōyuán 명 아나운서, 방송원 | 台词 táicí 명 대사 | 尴尬 gāngà 형 당혹스럽다, 난감하다

广播②
guǎngbō

예 我爸爸每天七点都要准时听广播。
우리 아빠는 매일 7시에 시간을 맞춰 방송을 들으신다.

명 방송

0003

演出
yǎnchū

예 听到要代表国家参加演出，兴奋得我们不知说什么好。
나라를 대표해서 공연에 참가할 것이라는 말을 듣고, 우리들은 뭐라고 말해야 할지 모를 정도로 흥분했다.

동 공연하다, 상연하다

0004

表演
biǎoyǎn

예 晚会上，她表演了一个精彩的节目。
연회에서 그녀는 훌륭한 프로그램을 공연했다.

동 공연하다

Voca+
晚会 wǎnhuì 명 연회, 파티 | 精彩 jīngcǎi 형 훌륭하다, 뛰어나다 | 节目 jiémù 명 프로그램

0005

艺术
yìshù

예 他母亲是一位在中国知名度非常高的民歌表演艺术家。

그의 어머니는 중국에서 지명도가 아주 높은 민요 공연예술가이다.

명 예술

Voca+
知名度 zhīmíngdù 명 지명도

0006

观众
guānzhòng

예 作为观众，我们要懂得尊重台上的表演者。

관중으로서 우리는 무대 위의 공연자들을 존중할 줄 알아야 한다.

명 관중, 시청자

Voca+
作为 zuòwéi 개 ~의 신분(자격)으로서 | 台 tái 명 무대, 단

0007

京剧
jīngjù

예 京剧是中国的国粹艺术，不过对外国人来说有点儿难。

경극은 중국의 국가를 대표하는 예술이지만 외국인들에게는 조금 어렵다.

명 경극

Voca+
国粹 guócuì 명 국수, 한 나라나 민족이 지닌 고유한 문화의 정화

0008

签证
qiānzhèng

예 我下半年准备去纽约，现在正在办理签证。

나는 하반기에 뉴욕에 갈 예정이라 지금 비자 수속을 하고 있다.

명 비자(visa)

Voca+
办理 bànlǐ 동 처리하다, (수속을) 밟다 | 纽约 Niǔyuē 명 뉴욕(New York)

0009

散步
sàn bù

예 我一吃完饭就去散步。

나는 밥을 먹고 나서 바로 산책하러 갈 것이다.

동 산책하다, 산보하다

0010

弹钢琴
tán gāngqín

예 你弹钢琴，我随着唱。

네가 피아노를 치면 내가 따라 부를게.

동 피아노를 치다

0011
乒乓球
pīngpāngqiú

예 哥哥爱打乒乓球，他总是说要成为国家队的选手。

오빠는 탁구를 좋아해서 늘 국가대표선수가 될 거라고 말한다.

명 탁구

0012
网球
wǎngqiú

예 昨天我打网球去了，现在浑身上下哪儿都疼。

나는 어제 테니스를 치러 가서 지금 온몸이 다 아프다.

명 테니스

Voca+
浑身 húnshēn 명 전신, 온몸

0013
羽毛球
yǔmáoqiú

예 我每周都要练习打羽毛球。

나는 매주 배드민턴 치는 것을 연습해야 한다.

명 배드민턴

0014
小说
xiǎoshuō

예 这部精彩的小说会让你想一口气读完。

이 훌륭한 소설은 당신으로 하여금 한번에 다 읽고 싶게 만들 것이다.

명 소설

0015
杂志
zázhì

예 我们学院自办的《学者》杂志今天出版了创刊号。

우리 학교에서 자체 발간하는《학자》라는 잡지의 창간호가 오늘 출판된다.

명 잡지

Voca+
自办 zìbàn 동 자영하다, 독자적으로 경영하다 | 出版 chūbǎn 동 출판하다, 발행하다, 출간하다 | 创刊号 chuàngkānhào 명 (신문·잡지 등의) 창간호

0016
表演
biǎoyǎn

예 开幕式上有大型歌舞表演。

개막식에 큰 규모의 춤과 노래 공연이 있다.

명 공연

Voca+
开幕式 kāimùshì 명 개막식 | 大型 dàxíng 형 큰 규모의

Chapter 2. 일상생활

A2-6 2-6 전자·컴퓨터

Let's Start Up!

주제에 맞는 단어와 예문을 학습해 보세요.

0001

互联网

hùliánwǎng

예 互联网已成为日常生活的一部分。

인터넷은 이미 일상생활의 한 부분이 되었다.

명 인터넷

0002

网站

wǎngzhàn

예 我从学校的网站了解到了今年招生的情况。

나는 학교 웹 사이트에서 금년 신입생 모집상황을 알았다.

명 웹 사이트

Voca+

招生 zhāo shēng 동 신입생을 모집하다

0003

传真

chuánzhēn

예 传真机给现代人的生活带来了很大的方便。

팩스기기는 현대인들의 생활에 많은 편리함을 가져다 주었다.

명 팩스

0004

占线

zhànxiàn

예 公司的电话一直占线。

회사의 전화는 계속 통화 중이다.

동 통화 중이다

1. 보기에서 알맞은 단어를 고르세요.

보기 A. 酸 B. 尝 C. 镜子 D. 饺子 E. 饼干 F. 材料

① 시다 ______ ② 재료 ______

③ 거울 ______ ④ (음식을) 맛보다 ______

⑤ 과자, 쿠키 ______ ⑥ 교자 ______

2. 중국어의 뜻과 병음을 서로 연결하세요.

① 소파 •	• 巧克力 •	• táng
② 창문 •	• 沙发 •	• qiǎokèlì
③ 설탕, 사탕 •	• 窗户 •	• wàzi
④ 양말, 스타킹 •	• 糖 •	• shāfā
⑤ 초콜릿 •	• 袜子 •	• chuānghu

3. 밑줄 친 부분에 적합한 단어를 쓰세요.

보기 A. 果汁 B. 咸 C. 辣 D. 脱 E. 味道 F. 盐

① 感冒的时候吃东西没有______。

② 这个菜有点儿______，我辣椒放得太多了。

③ 用苹果做的______很好喝。

④ 这面条味道太淡了，应该再加些______。

⑤ 在握手前应先______下手套，摘下帽子。

⑥ 味道还不错，就是稍微______了点，再放点糖吧。

■ 정답은 178쪽에 있습니다.

1. 보기에서 알맞은 단어를 고르세요.

보기 A. 演出 B. 塑料袋 C. 占线 D. 购物 E. 艺术 F. 观众

① 쇼핑하다 ______ ② 관중, 시청자 ______

③ 공연하다 ______ ④ 예술 ______

⑤ 비닐봉투 ______ ⑥ 통화 중이다 ______

2. 중국어의 뜻과 병음을 서로 연결하세요.

① 배드민턴 •	• 网站 •	• wǎngqiú
② 소설 •	• 乒乓球 •	• xiǎoshuō
③ 테니스 •	• 网球 •	• yǔmáoqiú
④ 탁구 •	• 小说 •	• wǎngzhàn
⑤ 웹 사이트 •	• 羽毛球 •	• pīngpāngqiú

3. 밑줄 친 부분에 적합한 단어를 쓰세요.

보기 A. 盒子 B. 钥匙 C. 广播 D. 签证 E. 牙膏 F. 杂志

① 广播员在______时忘记台词是很尴尬的。

② 我们学院自办的《学者》______今天出版了创刊号。

③ 两个月前他的自行车______没有找着，因此就一直不能骑自行车。

④ 我下半年准备去纽约，现在正在办理______。

⑤ 他挤______都不是从下往上挤，而是从中间乱挤。

⑥ 这个______里装的是他送给你的礼物。

■ 정답은 178쪽에 있습니다.

Chapter 3. 사회생활

A3-1 3-1 학교·학업

Let's Start Up! 주제에 맞는 단어와 예문을 학습해 보세요.

0001

毕业

bì yè

예 毕业后能找到一份好工作是我目前唯一的心愿。

졸업 후에 좋은 일자리를 찾는 것이 현재 나의 유일한 소망이다.

동 졸업하다

Voca+
心愿 xīnyuàn 명 바람, 소망

0002

答案

dá'àn

반의 问题 wèntí

예 经过老师今天上课的讲解，我发现书后的参考答案有很多的错误。

선생님께서 오늘 수업에서 해주신 설명을 통해, 나는 책 뒤의 답안에 많은 오류가 있다는 것을 알았다.

명 답안

Voca+
讲解 jiǎngjiě 동 해설하다, 설명하다, 해석하다 | 错误 cuòwù 명 착오, 잘못, 잘못된 사물이나 행위

0003

放暑假

fàng shǔjià

예 今年夏天我们不放暑假所以我不能回家去了。

올 여름에는 우리가 여름방학을 하지 않아서 나는 집에 돌아갈 수가 없다.

동 여름방학을 하다

0004

寒假

hánjià

반의 暑假 shǔjià

예 这个寒假爸爸带我去东北滑雪。

이번 겨울방학 때 아빠와 동북지역으로 스키를 타러 가기로 했다.

명 겨울방학

Voca+
滑雪 huá xuě 동 스키를 타다

0005

合格
hégé

예 通过努力的学习，我终于在这次考试中都合格了。

열심히 공부해서 나는 마침내 이번 시험에 모두 합격했다.

동 합격하다

0006

博士
bóshì

예 我的梦想是读书读到博士，因为知识才是最宝贵的财富。

지식이야말로 귀한 재산이기 때문에 나의 꿈은 박사까지 밟는 것이다.

명 박사

Voca+

宝贵 bǎoguì 형 진귀한, 귀중한, 소중한 | 财富 cáifù 명 부(富), 재산, 자산

0007

硕士
shuòshì

예 没有学士学位者能取得硕士学位吗?

학사 학위가 없는 사람도 석사 학위를 취득할 수 있나요?

명 석사

0008

教授
jiàoshòu

예 在我读研究生的时候，教授不断强调要有自己的主见。

내가 대학원에 다닐 때 교수님께서는 자신의 의견을 가져야 한다고 끊임없이 강조하셨다.

명 교수

Voca+

不断 búduàn 부 계속해서, 부단히, 끊임없이 | 主见 zhǔjiàn 명 의견

0009

教育
jiàoyù

유의 教训 jiàoxun
教导 jiàodǎo

예 妈妈总是教育我不要说谎话。

엄마는 항상 나에게 거짓말을 하지 말라고 가르치셨다.

동 교육하다, 가르치다

Voca+

谎话 huǎnghuà 명 거짓말

0010

基础
jīchǔ

예 如果没有一点基础来学习这个是很困难的。

만약 기초가 전혀 없이 이것을 배운다면 어려울 것이다.

명 기초

0011

科学①

kēxué

반의 迷信 míxìn

예 科学技术可以改善我们的生活，学好科技可以更好地生活。

과학기술은 우리의 생활을 개선할 수 있기 때문에 과학기술을 배우면 더 좋은 생활을 할 수 있다.

명 과학

Voca+

改善 gǎishàn 동 개선하다, 개량하다 | 科技 kējì 명 과학기술

科学②

kēxué

예 他是一个科学①家，怎么会没有科学②头脑呢？

그는 과학자인데 어째서 과학적인 머리가 없는지 모르겠다.

형 과학적이다

Voca+

头脑 tóunǎo 명 두뇌, 머리, 생각

0012

阅读

yuèdú

예 一个人如果掌握一万多词、900多个汉字，就可以阅读90%的出版物。

만약 한 사람이 10,000여 개의 단어와 900여 개의 한자를 알면 90%의 출판물을 읽을 수 있다.

동 독해하다, 읽다

Voca+

出版物 chūbǎnwù 명 출판물

0013

页

yè

예 今天开始第一课，请大家翻到第一页。

오늘은 제 1과를 시작합니다. 모두들 1페이지를 펼쳐주세요.

명 페이지, 쪽

Tip '页'가 들어간 단어인 '网页 wǎngyè'는 '(인터넷상의) 웹 사이트'라는 의미로 쓰입니다.

0014

词语

cíyǔ

예 按汉语的语序，把下列词语组合成句子。

중국어의 어순에 따라, 다음 단어를 조합해서 문장을 만드세요.

명 단어, 어구

Voca+

按 àn 개 ~에 따라, ~에 의해 | 语序 yǔxù 명 어순 | 下列 xiàliè 형 아래에 열거한 | 组合 zǔhé 동 조합하다 | 句子 jùzi 명 문장

0015

文章

wénzhāng

예 甚至连这么简单的文章都看不懂，真不像话！

심지어 이렇게 간단한 글도 이해를 못 하다니, 정말 말도 안 된다!

명 글

0016

语法

yǔfǎ

예 这个疑问句有严重的语法错误，请你改一改。

이 의문문은 심각한 문법 오류가 있으니, 당신이 한번 수정해 주세요.

명 어법

Voca+

疑问句 yíwènjù 명 의문문

0017

语言

yǔyán

유의 言语 yányǔ

예 汉语是全中国通用的语言。

중국어는 전체 중국에서 통용되는 언어이다.

명 언어

Voca+

通用 tōngyòng 동 보편적으로 사용하다, 통용되다

0018

预习

yùxí

예 上课以前要预习生词，努力把生词的意思记住。

수업 전에 단어를 예습하고 단어의 뜻을 열심히 외워야 한다.

동 예습하다

0019

知识

zhīshi

유의 常识 chángshí

예 家长也应该学习相关的心理知识，给孩子科学的支持。

학부모 또한 관련된 심리 지식을 배워 자녀를 과학적인 방법으로 지원해 줄 수 있어야 한다.

명 지식

Voca+

相关 xiāngguān 동 상관이(관계가) 있다

Tip '学问 xuéwèn'과 '知识 zhīshi'의 비교

'学问'은 개인이 어떤 분야를 체계적인 학습을 통해 익힌 지식을 가리키고, '知识'는 학문에 속하는 것을 가리킬 수도 있지만 대부분은 객관적으로 존재하고 있는 내용이나 사물을 가리킵니다.

0020

专业①

zhuānyè

예 他的理想是当一名文学家，所以他报考了中文专业。

그의 꿈은 문학가가 되는 것이다. 그래서 그는 중문 전공에 지원했다.

명 전공

Voca+

报考 bàokǎo 동 (시험에) 응시하다, 지원하다

专业②

zhuānyè

예 这个工厂专业生产汽车零件。

이 공장은 자동차 부품을 전문적으로 생산한다.

형 전문의, 전문적인

Voca+

零件 língjiàn 명 부(속)품

0021

普通话

pǔtōnghuà

예 虽然我会说汉语，但是我说的不是普通话。

나는 비록 중국어를 할 수 있지만, 그러나 내가 말하는 것은 표준어가 아니다.

명 (현대 중국의) 표준어

Voca+

虽然 suīrán 접 비록 ~이지만 | 但是 dànshì 접 그러나

0022

学期

xuéqī

예 学完第一学期只是打下一个基础。

1학기 동안 겨우 기초만 배웠다.

명 학기

Chapter 3. 사회생활

A3-2 **3-2 회사·업무**

Let's Start Up! 주제에 맞는 단어와 예문을 학습해 보세요.

0001

表格

biǎogé

예 请在表格内填入你的个人信息。

양식에 당신의 개인 정보를 기입해 주세요.

명 양식, 표

Voca+

填 tián 동 기입하다, 써 넣다 | 个人信息 gèrén xìnxī 명 개인 정보

0002

出差

chūchāi

예 他上个月去中国出差了，给我买了很多礼物。

그는 지난달에 중국에 출장 갔을 때 내게 많은 선물을 사다 주었다.

동 출장 가다

0003

工资

gōngzī

유의 工薪 gōngxīn
薪水 xīnshui

예 今天真的很开心，因为我努力工作，领导要给我涨工资了。

오늘 정말 기쁘다. 왜냐하면 내가 열심히 일해서 사장님이 내게 월급을 올려주었기 때문이다.

명 급여, 월급

Voca+

开心 kāixīn 형 기쁘다, 즐겁다 | 领导 lǐngdǎo 명 지도자, 리더, 사장 | 涨 zhǎng 동 (수위나 물가 등이) 오르다

0004

广告

guǎnggào

예 这个产品的广告做得很好，让人印象很深。

이 제품의 광고는 정말 잘 만들어서, 사람들에게 깊은 인상을 준다.

명 광고, 선전

0005

顾客

gùkè

유의 客人 kèrén

예 对于做生意的人来说，顾客就是上帝，就是一切。

장사하는 사람 입장에서 손님은 하늘이고 또 모든 것이다.

명 고객, 손님

Voca+

上帝 Shàngdì 명 하느님, 옥황상제 | 一切 yíqiè 대 일체, 전부, 모든 것

0006

加班

jiā bān

예 这个月工作太忙了，每天晚上都要加班到很晚。

이번 달에 일이 너무 바빠서 매일 밤 늦게까지 야근해야 한다.

동 초과근무를 하다, 야근하다

0007

奖金

jiǎngjīn

예 做这份工作干得好了，奖金比工资还要高。

이번 일을 잘해서 보너스가 월급보다도 높다.

명 보너스, 상금

0008

技术

jìshù

유의 技能 jìnéng
技巧 jìqiǎo

예 他修车技术一流，所以他的生意也做得比其他人好。

그는 차를 수리하는 기술이 최고여서 그의 사업도 다른 사람들보다 잘 된다.

명 기술

Voca+

一流 yīliú 명 일류

0009

任务

rènwu

예 意志不坚定是绝对不能完成这项任务的。

의지가 확고하지 않으면 절대 이 임무를 완수할 수 없다.

명 임무

Voca+

坚定 jiāndìng 형 (입장·주장·의지 등이) 확고부동하다, 결연하다

0010

招聘

zhāopìn

반의 应聘 yìngpìn

예 公司下面几个部门分别招聘了几个工作人员。

회사의 몇 개 부문에서 각각 몇 명의 직원을 뽑았다.

동 채용하다

Voca+

分别 fēnbié 부 각각, 따로따로

Chapter 3. 사회생활

A3-3 **3-3 정치·경제**

Let's Start Up!

주제에 맞는 단어와 예문을 학습해 보세요.

0001

大使馆
dàshǐguǎn

예 在国外旅行中护照丢失的话，应该去当地的韩国大使馆再申请。

해외여행 중에 여권을 잃어버리면 현지의 한국 대사관에 다시 신청해야 한다.

명 대사관

0002

法律
fǎlǜ

예 每个国家都用不同的法律来约束自己国家的人们。

국가마다 다른 법률로 자기 국가의 국민을 규제한다.

명 법률

Voca+
约束 yuēshù 동 단속하다, 규제하다

0003

号码
hàomǎ

예 我和朋友一同坐车的时候，来了一个电话，他请求我帮他记下号码。

나와 친구가 함께 차를 타고 있을 때 전화가 와서, 친구가 내게 전화번호를 대신 적어달라고 했다.

명 번호

Voca+
请求 qǐngqiú 동 요청하다, 바라다

0004

价格
jiàgé

예 东西的价格和品质是不成正比的。

물건의 가격과 품질이 반드시 비례하는 것은 아니다.

명 가격

Voca+
不成 bùchéng 동 이루지 못하다 | 正比 zhèngbǐ 명 정비례

0005

经济
jīngjì

예 全球性的经济金融危机让全世界的股票跌到了谷底。

글로벌 경제 금융위기가 전 세계의 주식을 최저점으로 떨어지게 했다.

명 경제

Voca+

金融危机 jīnróngwēijī 명 금융위기, 외환위기 | 股票 gǔpiào 명 주, 주식, 증권 | 跌 diē 동 (물가가) 내리다, 떨어지다 | 谷底 gǔdǐ 명 밑바닥, 최저점

0006

浪费
làngfèi

반의 节约 jiéyuē

예 妈妈常常教育我不能浪费粮食，因为粮食来之不易。

엄마는 항상 나에게 음식은 귀한 것이니 낭비하지 말라고 가르치신다.

동 낭비하다

Voca+

粮食 liángshi 명 양식, 식량 | 来之不易 láizhībúyì 성 어렵게 이루어져 있다 [→귀하다]

0007

免费
miǎnfèi

예 篮球场是免费的，但是网球场需要付费。

농구장은 무료지만 테니스장은 사용료를 지불해야 한다.

동 무료로 하다

Voca+

付费 fù fèi 비용을 지불하다

0008

密码
mìmǎ

예 你只有输入密码才能进入帐户。

너는 비밀번호를 입력해야만 계좌를 확인할 수 있다.

명 비밀번호

Voca+

输入 shūrù 동 (전기·컴퓨터 등에) 입력하다 | 帐户 zhànghù 명 계좌, 계정 | 只有…才… zhǐyǒu… cái… 접 ~해야만 비로소 ~하다

0009

首都
shǒudū

예 北京是中国的首都，是中国政治、经济、文化的中心。

베이징은 중국의 수도이자 중국의 정치, 경제, 문화의 중심이다.

명 수도

3 사회생활

0010
收入
shōurù

반의 支出 zhīchū

예 因为他们的收入都不高，所以很多准备工作都是他们亲自完成的。

그들의 수입이 많지 않아서 많은 준비 작업을 그들이 스스로 해야만 한다.

명 수입

0011
赚
zhuàn

예 没钱想办法赚钱啊！可他成天睡大觉，这哪能赚钱呢。

돈이 없으면 돈 벌 궁리를 해야지! 그는 온종일 잠만 자니 어찌 돈을 벌 수 있겠니?

동 (돈을) 벌다

0012
租
zū

예 这套房子已经租下来了。

이 집은 이미 임대가 되었다.

동 임대하다, 빌리다, 세를 내다

Voca+
套 tào 양 세트를 세는 양사

0013
付款
fù kuǎn

예 我买了很多的东西，所以我得为它们付款。

나는 많은 물건을 사서 그것 때문에 비용을 지불해야만 한다.

동 돈을 지불하다

0014
国籍
guójí

예 世界上的每一个人都应该有自己的国籍。

세계의 모든 사람들은 마땅히 자신의 국적이 있다.

명 국적

0015
零钱
língqián

예 超市里的收银员把给我的零钱找错了。

슈퍼마켓의 계산원이 나에게 잔돈을 잘못 거슬러줬다.

명 잔돈, 용돈

0016

现金

xiànjīn

유의 现款 xiànkuǎn

예 我希望你购买轿车时能够全部支付现金。

저는 당신께서 승용차를 구입할 때 전부 현금으로 지불하기를 바랍니다.

명 현금

Voca+

轿车 jiàochē 명 승용차, 세단

0017

生意

shēngyi

유의 买卖 mǎimai

예 这笔生意看起来是合法的。

이 비즈니스는 합법적으로 보인다.

명 장사, 비즈니스

Voca+

笔 bǐ 양 건 [사업을 세는 단위]

Chapter 3. 사회생활

A3-4 3-4 **사회·문화**

Let's Start Up!

주제에 맞는 단어와 예문을 학습해 보세요.

0001

规定①

guīdìng

예 学校规定我们周一至周五必须穿校服。

학교 규정상 우리는 월요일부터 금요일까지 반드시 교복을 입어야 한다.

명 규정

规定②

guīdìng

예 我们要严格规定产品的质量标准。

우리는 제품의 품질 표준을 엄격하게 규정해야 한다.

동 규정하다

0002

国际

guójì

예 作为国际金融中心，它唯一的对手是华尔街。

국제금융센터로서 유일한 맞수는 월스트리트이다.

명 국제

Voca+

对手 duìshǒu 명 상대, 적수 | 华尔街 Huá'ěr Jiē 명 월스트리트(Wall Street)

0003

民族

mínzú

예 中国是一个多民族的国家，有56个民族。

중국은 다민족국가로, 56개 민족이 있다.

명 민족

0004

社会

shèhuì

예 太阳能资源使社会及人类进入一个节约能源、减少污染的时代。

태양에너지는 사회와 인류로 하여금 에너지 절약, 오염 감소의 시대로 진입하게 하였다.

명 사회

0005

信息

xìnxī

예 现在许多企业都在网上招聘人才，通过网络来查阅求职者的各种信息。

현재 수많은 기업들이 인터넷상에서 인재를 모집하고, 인터넷을 통해 구직자들의 각종 정보를 열람한다.

명 정보, 소식

Voca+

网络 wǎngluò 명 인터넷, 네트워크 | 查阅 cháyuè 동 열람하다, 찾아서 읽다 | 求职者 qiúzhízhě 명 구직자

Chapter 3. 사회생활

A3-5 **3-5 교제·교류**

Let's Start Up! 주제에 맞는 단어와 예문을 학습해 보세요.

0001

道歉

dào qiàn

예 因为上次那件事，我诚恳地向妹妹道歉了。

지난번 그 일로 인해 나는 진심으로 여동생에게 사과했다.

동 사과하다, 사죄하다

Voca+

诚恳 chéngkěn 형 진실하다, 간절하다

0002

对话

duìhuà

예 两个青年的对话还在继续。

두 젊은이의 대화가 여전히 계속되고 있다.

명 대화

0003

儿童

értóng

예 国家有法律保护儿童。

국가에는 아동을 보호하는 법률이 있다.

명 아동, 어린이

Voca+

保护 bǎohù 동 보호하다

0004

干杯

gān bēi

예 为合作成功让我们干杯!

우리의 합작 성공을 위해 건배합시다!

동 건배하다

Voca+

合作 hézuò 명 합작, 협력

0005

寄

jì

예 今天我寄给我男朋友一封信。

오늘 나는 남자친구에게 편지를 부쳤다.

동 (우편으로) 부치다

0006

交①
jiāo

예 交完答卷和试卷才能离开考场。

답안과 시험지를 다 제출한 후에 고사장을 나갈 수 있습니다.

동 제출하다

Voca+
答卷 dájuàn 명 답안, 답안지 | 试卷 shìjuàn 명 시험지 | 考场 kǎochǎng 명 고사실, 시험장

交②
jiāo

예 大家都愿意和他交朋友。

모두들 그와 사귀고 싶어한다.

동 사귀다

0007

交流
jiāoliú

예 不同语言的两个人交流很不方便。

언어가 다른 두 사람이 교류하는 것은 불편하다.

동 교류하다

0008

开玩笑
kāi wánxiào

예 他开玩笑的表情实在是太好笑了，大家都笑得肚子疼。

그의 장난치는 표정이 정말이지 너무 웃겨서 모두들 배가 아프게 웃었다.

동 농담하다, 장난치다

Voca+
表情 biǎoqíng 명 표정 | 实在 shízai 부 정말로, 참으로 | 好笑 hǎoxiào 형 웃기다

0009

礼貌①
lǐmào

예 商场要求营业员必须礼貌地接待每一位顾客。

상점은 종업원들에게 모든 손님을 예의바르게 대하라고 요구했다.

형 예의바르다

Voca+
营业员 yíngyèyuán 명 점원, 판매원 | 接待 jiēdài 동 접대하다, 응대하다

礼貌②
lǐmào

예 对于长辈，我们要讲礼貌，这是我们做人的道理。

연장자에게 예의를 중시해야 하는 것은 사람으로서의 도리이다.

명 예의

Voca+
长辈 zhǎngbèi 명 집안 어른, 손윗사람, 연장자 | 道理 dàolǐ 명 도리, 이치

0010

联系

liánxì

유의 联络 liánluò

예 不管你去什么地方，一定和我保持联系。

네가 어디를 가든 반드시 나에게 계속 연락해야 한다.

동 연락하다

Voca+

保持 bǎochí 동 (지속적으로) 유지하다, 지키다

0011

商量

shāngliang

예 我要跟你商量一下装修房间的事情。

나는 당신과 방의 인테리어에 대해 좀 상의하려고 해요.

동 상의하다

Voca+

装修 zhuāngxiū 명 인테리어

0012

师傅①

shīfu

예 司机师傅，麻烦你车开慢一点，我晕车。

택시기사님, 좀 천천히 가주시겠습니까? 제가 멀미가 나네요.

명 기사님, 선생님

명 아저씨, 아주머니 [다른 사람에 대한 일반적인 존칭]

Voca+

晕车 yùn chē 동 차멀미하다

师傅②

shīfu

유의 师父 shīfu

반의 弟子 dìzǐ, 徒弟 túdì

예 他的师傅是谁?

그의 스승은 누구입니까?

명 (기예 · 기능을 전수하는) 스승, 사부

0013

邀请

yāoqǐng

예 经不住他再三邀请，只好勉强去了。

그의 계속되는 요청에 어쩔 수 없이 갔다.

동 초청하다, 요청하다

Voca+

经不住 jīngbúzhù 동 감당할(이겨 낼) 수 없다 | 勉强 miǎnqiǎng 형 간신히 (가까스로, 억지로) ~하다

0014

意见

yìjiàn

예 这个问题至今没有人提出过不同的意见。

이 문제는 지금껏 다른 의견을 제시한 사람이 없었다.

명 의견

Voca+

至今 zhìjīn 부 지금까지, 여태껏, 오늘까지 | 提出 tíchū 동 제의하다, 제시하다

0015

印象

yìnxiàng

예 跟我一起吃饭时，为了给我留个好印象，他只喝一点点酒。

나와 식사할 때 그는 내게 좋은 인상을 남기기 위해 술을 조금만 마셨다.

명 인상

0016

友谊

yǒuyì

예 奥林匹克运动会现在已经成为了和平与友谊的象征。

올림픽은 현재 이미 평화와 우정의 상징이 되었다.

명 우정, 우의

Voca+

奥林匹克运动会 Àolínpǐkè yùndònghuì 명 올림픽 (경기) | 和平 hépíng 명 평화 | 象征 xiàngzhēng 명 상징, 심벌, 표시

0017

约会

yuēhuì

예 我今天有个十分重要的约会。

나는 오늘 매우 중요한 약속이 있다.

명 약속 동 약속하다

0018

祝贺

zhùhè

예 祝贺你，你获得了这次钢琴比赛的冠军！

네가 이번 피아노 콩쿠르에서 1등 한 것을 진심으로 축하해!

동 축하하다

Voca+

钢琴 gāngqín 명 피아노 | 冠军 guànjūn 명 챔피언, 우승(자), 1등

0019

打招呼

dǎ zhāohu

예 从前，不管姐姐多么恨他，表面上总是装的无所谓，见面总是先打招呼。

예전에 언니는 그를 얼마나 미워하든지 간에 겉으로는 만날 때마다 아무렇지 않은 듯 항상 먼저 인사했다.

동 인사하다

Voca+

装 zhuāng 동 ~인 척하다 | 无所谓 wúsuǒwèi 상관없다, 개의치 않다

0020

短信

duǎnxìn

예 现在的年轻人，都喜欢用短信的方式与他人联络感情。

요즘 젊은이들은 문자메시지로 다른 사람과 교류하는 것을 좋아한다.

명 (휴대전화) 문자메시지

Voca+

联络 liánluò 동 연락하다, 접촉하다, 소통하다

0021

聚会

jùhuì

예 今年春节回家的时候，和半年没见的朋友们一起聚会了。

올해 설에 집에 돌아갔을 때 반년 동안 못 본 친구들과 함께 모였다.

동 모이다 명 모임

1. 보기에서 알맞은 단어를 고르세요.

보기 A. 表格 B. 出差 C. 词语 D. 专业 E. 答案 F. 放暑假

① 답안 ________ ② 양식, 표 ________

③ 단어, 어구 ________ ④ 출장 가다 ________

⑤ 전공 ________ ⑥ 여름방학을 하다 ________

2. 중국어의 뜻과 병음을 서로 연결하세요.

① 교수 •	• 文章 •	• jiàoshòu
② 학기 •	• 学期 •	• wénzhāng
③ 페이지, 쪽 •	• 页 •	• jiàoyù
④ 문장, 글 •	• 教授 •	• xuéqī
⑤ 교육하다 •	• 教育 •	• yè

3. 밑줄 친 부분에 적합한 단어를 쓰세요.

보기 A. 预习 B. 毕业 C. 合格 D. 阅读 E. 语言 F. 博士

① 通过努力的学习我终于在这次考试中都________了。

② ________后能找到一份好工作是我目前唯一的心愿。

③ 汉语是全中国通用的________。

④ 上课以前要________生词，努力把生词的意思记住。

⑤ 我的梦想是读书读到________，因为知识才是最宝贵的财富。

⑥ 一个人如果掌握一万多词、900多个汉字，就可以________90%的出版物。

■ 정답은 178쪽에 있습니다.

1. 보기에서 알맞은 단어를 고르세요.

보기 A. 奖金 B. 广告 C. 招聘 D. 零钱 E. 技术 F. 任务

① 임무 ______ ② 채용하다 ______

③ 기술 ______ ④ 보너스, 상금 ______

⑤ 잔돈 ______ ⑥ 광고, 선전 ______

2. 중국어의 뜻과 병음을 서로 연결하세요.

① 수입 •	• 经济 •	• jīngjì
② 낭비하다 •	• 密码 •	• shōurù
③ 비밀번호 •	• 浪费 •	• mìmǎ
④ 경제 •	• 收入 •	• miǎnfèi
⑤ 무료로 하다 •	• 免费 •	• làngfèi

3. 밑줄 친 부분에 적합한 단어를 쓰세요.

보기 A. 赚 B. 首都 C. 工资 D. 加班 E. 大使馆 F. 顾客

① 对于做生意的人来说，______就是上帝，就是一切。

② 北京是中国的______，是中国政治、经济、文化的中心。

③ 没钱想办法______钱啊！可他成天睡大觉，这哪能______钱呢。

④ 这个月工作太忙了，每天晚上都要______到很晚。

⑤ 在国外旅行中护照丢失的话，应该去当地的韩国______再申请。

⑥ 今天真的很开心，因为我努力工作，领导要给我涨______了。

■ 정답은 178쪽에 있습니다.

Chapter 4. 시간과 장소

A4-1 4-1 시간·날짜

Let's Start Up! 주제에 맞는 단어와 예문을 학습해 보세요.

0001
当时
dāngshí

예 当时，我并不知道他也是喜欢我的。
그때, 나는 그도 나를 좋아한다는 것을 결코 몰랐다.

명 당시, 그때

Voca+
并 bìng 부 결코, 전혀, 조금도

0002
将来
jiānglái

예 将来，他知道了真相，会恨你的。
나중에 그가 진상을 알았을 때 너를 원망할 수도 있다.

명 장래, 미래

Voca+
真相 zhēnxiàng 명 진상, 실상 | 恨 hèn 동 원망하다, 증오하다

0003
平时
píngshí

유의 平常 píngcháng

예 他平时不喝酒，不知道为什么今天喝得这么多。
그는 평소에 술을 마시지 않는데 오늘은 왜 이렇게 많이 마셨는지 모르겠다.

명 평소

0004
世纪
shìjì

예 19世纪末的工业革命，给社会带来了巨大的进步。
19세기 말의 산업혁명은 사회에 커다란 진보를 가져왔다.

명 세기

Voca+
工业革命 gōngyè gémìng 명 산업혁명 | 巨大 jùdà 형 (규모·수량 등이) 아주 크다 | 进步 jìnbù 명 진보

0005

暂时

zànshí

유의 临时 línshí

반의 长期 chángqī
长久 chángjiǔ

예 这些运动能帮助我解除压力，让我暂时忘却日常杂务。

이러한 운동은 내가 스트레스를 해소하는 걸 도와주고, 일상의 잡일을 잠시 잊게 해준다.

명 잠시

Voca+

解除 jiěchú 동 없애다, 해소하다 | 忘却 wàngquè 동 망각하다, 잊어버리다

0006

准时

zhǔnshí

예 你从明天开始要早上7点起床，准时吃药。

너는 내일부터 아침 일곱 시에 일어나서 시간에 맞춰 약을 먹어야 한다.

형 (규정된) 시간에 맞다

0007

礼拜天

lǐbàitiān

유의 礼拜日 lǐbàirì
星期天 xīngqītiān
周日 zhōurì

예 这家人每个礼拜天去那个大教堂。

이 가족들은 매주 일요일에 그 대성당에 간다.

명 일요일

Voca+

大教堂 dàjiàotáng 대성당

0008

同时

tóngshí

예 我们俩同时考上了名牌大学。

우리 둘은 동시에 명문 대학에 합격했다.

명 동시, 같은 때 부 동시에

Voca+

名牌 míngpái 명 유명 상표·기관

0009

功夫

gōngfu

예 请你叫辆出租汽车，趁这功夫我包上些食物。

당신이 택시 좀 불러 주세요. 저는 그 틈을 이용해서 먹을 걸 좀 쌀게요.

명 시간, 틈

Voca+

趁 chèn 개 ~을 틈타, (시간·기회 등을) 이용해서

Chapter 4. 시간과 장소

A4-2 **4-2 방향·교통**

Let's Start Up! 주제에 맞는 단어와 예문을 학습해 보세요.

0001

乘坐
chéngzuò

예 乘坐高铁从伦敦到巴黎只需3个多小时。
고속철도를 타면 런던에서 파리까지 3시간 남짓 걸린다.

동 타다, 탑승하다

Voca+
伦敦 Lúndūn 명 런던 | 巴黎 Bālí 명 파리

0002

底
dǐ

예 他不管是什么事情，只要一开始就会干到底。
그는 어떤 일이든 간에 일단 시작하기만 하면 끝까지 해낸다.

명 바닥, 밑, 끝

0003

堵车
dǔchē

예 路上堵车，要不然我一小时前就到了。
길이 너무 막힌다. 만약 그렇지 않았더라면 나는 한 시간 전에 도착했을 것이다.

동 차가 막히다, 교통체증이 있다

0004

对面
duìmiàn

예 这家超市在他家的对面。
이 슈퍼마켓은 그의 집 맞은편에 있다.

명 맞은편, 건너편, 반대편

0005

方面
fāngmiàn

예 在中国留学的日子里各个方面都还顺利，就是有些想家。
중국에서 유학하는 동안 모든 면이 다 순조로웠는데 다만 집 생각이 조금 났다.

명 방면, 면

0006

方向

fāngxiàng

예 他家在这个路口的西北方向。

그의 집은 이 교차로의 북서쪽에 있다.

명 방향, 쪽

0007

航班

hángbān

예 您乘坐的航班是禁止吸烟的。

당신이 탄 비행기는 금연입니다.

명 (배나 비행기의) 운행편

Voca+

禁止 jìnzhǐ 동 금지하다

0008

交通

jiāotōng

예 红色在交通信号灯中的意思是“停止”。

교통 신호등에서 붉은색의 의미는 '정지'이다.

명 교통

Voca+

信号灯 xìnhàodēng 명 신호등

0009

加油站

jiāyóuzhàn

예 她去加油站为汽车加油。

그녀는 차에 기름을 넣기 위해 주유소에 갔다.

명 주유소

0010

距离

jùlí

예 遥远的距离让两个人的感情慢慢儿改变了。

먼 거리 때문에 그 두 사람의 감정이 서서히 변했다.

명 거리

Voca+

遥远 yáoyuǎn 형 (시간이나 거리가) 요원하다, 아득히 멀다

0011

内

nèi

유의 里 lǐ

반의 外 wài

예 不少国家和地区都制定了相关法律和法规，禁止在室内吸烟。

많은 국가와 지역에서 실내에서의 흡연 금지에 관한 법률과 법규를 제정했다.

명 안, 내부

Voca+

地区 dìqū 명 지역, 지구 | 制定 zhìdìng 동 (법률 등을) 제정하다 | 法律 fǎlǜ 명 법률 | 法规 fǎguī 명 법규

0012

登机牌

dēngjīpái

예 我看你的登机牌和我一样，我们是同一架班机的。

당신과 나의 탑승권이 같은 걸 보니 우리는 같은 비행기이군요.

명 탑승권

0013

高速公路

gāosùgōnglù

예 自从附近新建了高速公路，本地的房地产已经增值。

근처에 고속도로가 새로 생긴 후에 현지의 부동산이 이미 많이 올랐다.

명 고속도로

Voca+

增值 zēngzhí 동 등귀하다, 값이(가치가) 오르다

0014

迷路

mílù

예 他不会迷路的，他有很好的方向感。

그는 방향 감각이 좋아서 길을 잃어버릴 리가 없다.

동 길을 잃다

Chapter 4. 시간과 장소

A4-3 4-3 장소·지역

Let's Start Up!

주제에 맞는 단어와 예문을 학습해 보세요.

0001

长城

Chángchéng

예 长城不但是中国最重要的历史文物，而且已成为中华民族的象征。

만리장성은 중국에서 가장 중요한 역사 문물일 뿐 아니라 이미 중화민족의 상징이 되었다.

명 만리장성, 창청

Voca+

象征 xiàngzhēng 명 상징

0002

长江

Cháng Jiāng

예 长江和黄河是中国最有名的河。

양쯔강과 황하는 중국에서 가장 유명한 강이다.

명 장강, 양쯔강

0003

地址

dìzhǐ

예 请把收款人的地址和名字写清楚。

수취인의 주소와 이름을 정확하게 쓰세요.

명 주소

Voca+

收款人 shōukuǎnrén 명 수취인

0004

桥

qiáo

예 这条河上已经建了两座桥。

이 강에 이미 두 개의 다리를 건설했다.

명 다리, 교량

0005

入口

rùkǒu

유의 进口 jìnkǒu

반의 出口 chūkǒu

예 大楼的入口和出口都有警察。

건물의 입구와 출구에 모두 경찰이 있다.

명 입구

0006

亚洲
Yàzhōu

예 韩国在亚洲的东部，是一个历史很悠久的国家。
한국은 아시아의 동쪽에 있는, 역사가 유구한 국가이다.

명 아시아

Voca+
悠久 yōujiǔ 형 유구하다, 장구하다

0007

餐厅
cāntīng

예 这家餐厅今天开业，门口摆满了鲜花。
이 식당이 오늘 개업해서 입구에 꽃들이 가득 놓여 있다.

명 식당

Voca+
摆 bǎi 동 벌여 놓다, 진열하다 | 鲜花 xiānhuā 명 생화, 꽃

0008

郊区
jiāoqū

예 现在不少人喜欢住在郊区，到城市里上班。
지금 많은 사람들이 교외에 살면서 도시로 출근하는 것을 좋아한다.

명 교외, 변두리

0009

卫生间
wèishēngjiān

예 卫生间的气味怎么这么香?
화장실의 냄새가 어떻게 이렇게 좋나요?

명 화장실

Voca+
气味 qìwèi 명 냄새

0010

邮局
yóujú

예 我上周一早上在邮局往家乡寄了两个包裹。
지난주 월요일 아침에 나는 우체국에서 고향집으로 소포를 두 개 보냈다.

명 우체국

Voca+
智慧 zhìhuì 명 지혜 | 包裹 bāoguǒ 명 소포

0011

周围
zhōuwéi

예 他的智慧使周围的人很佩服。
그의 지혜는 주변 사람으로 하여금 감탄하게 한다.

명 주위, 주변

Voca+
智慧 zhìhuì 명 지혜 | 佩服 pèifú 동 탄복하다, 감탄하다

0012

地点

dìdiǎn

예 这个地点的开发将会影响周围的城市。

이 지역의 개발은 주위 도시에 영향을 미칠 것이다.

명 장소, 지점

0013

座位

zuòwèi

유의 座席 zuòxí

예 他从自己的座位上站起来走向讲台准备演讲。

그는 자신의 자리에서 일어서서 연설을 준비하기 위해 강단으로 걸어갔다.

명 자리, 좌석

Voca+

讲台 jiǎngtái 명 교단, 강단 | 演讲 yǎnjiǎng 명 강연, 연설

1. 보기에서 알맞은 단어를 고르세요.

보기 A. 准时 B. 当时 C. 世纪 D. 暂时 E. 功夫 F. 将来

① 세기 ________ ② 당시, 그때 ________

③ 제시간에 ________ ④ 장래, 미래 ________

⑤ 잠시 ________ ⑥ 시간, 틈 ________

2. 중국어의 뜻과 병음을 서로 연결하세요.

① 맞은편, 건너편 •	• 方向 •	• jiāotōng
② 차가 막히다 •	• 乘坐 •	• dǔchē
③ 타다 •	• 对面 •	• chéngzuò
④ 교통 •	• 堵车 •	• fāngxiàng
⑤ 방향 •	• 交通 •	• duìmiàn

3. 밑줄 친 부분에 적합한 단어를 쓰세요.

보기 A. 航班 B. 迷路 C. 交通 D. 堵车 E. 底 F. 登机牌

① 您乘坐的________是禁止吸烟的。

② 他不管是什么事情，只要一开始就会坚决干到________。

③ 我看你的________和我一样，我们是同一架班机的。

④ 他不会________的, 他有很好的方向感。

⑤ 路上________, 要不然我一小时前就到了。

⑥ 红色在________信号灯中的意思是“停止”。

■ 정답은 179쪽에 있습니다.

1. 보기에서 알맞은 단어를 고르세요.

보기 A. 长城 B. 周围 C. 桥 D. 邮局 E. 内 F. 郊区

① 다리, 교량 ______ ② 우체국 ______

③ 만리장성, 창청 ______ ④ 안, 내부 ______

⑤ 주위, 주변 ______ ⑥ 교외, 변두리 ______

2. 중국어의 뜻과 병음을 서로 연결하세요.

① 입구 •	• 地址 •	• jùlí
② 자리, 좌석 •	• 距离 •	• dìdiǎn
③ 거리 •	• 座位 •	• dìzhǐ
④ 장소, 지점 •	• 地点 •	• zuòwèi
⑤ 주소 •	• 入口 •	• rùkǒu

3. 밑줄 친 부분에 적합한 단어를 쓰세요.

보기 A. 距离 B. 卫生间 C. 加油站 D. 地址 E. 长江 F. 高速公路

① 请把收款人的______和名字写清楚。

② ______的气味怎么那么香?

③ ______和黄河是中国最有名的河之一。

④ 自从附近新建了______，本地的地产已经增值。

⑤ 她去______为汽车加油。

⑥ 遥远的______让两个人的感情慢慢儿改变了。

■ 정답은 179쪽에 있습니다.

Chapter 5. 자연

A5-1 5-1 날씨·계절·환경

Let's Start Up! 주제에 맞는 단어와 예문을 학습해 보세요.

0001

凉快

liángkuài

유의 凉爽 liángshuǎng

예 天太热，等凉快一点儿再走吧。

날이 너무 더우니 좀 시원해지면 갑시다.

형 시원하다

0002

暖和

nuǎnhuo

예 因为北京屋里暖和，穿一件薄的衣服就可以。

베이징의 집 안은 따뜻해서 얇은 옷을 입어도 괜찮다.

형 따뜻하다

0003

气候

qìhòu

예 湿润的气候有利于人放松精神，因此南方人头脑冷静，感情丰富。

습한 기후는 사람들이 마음을 편안히 하는 데 도움을 준다. 따라서 남쪽 지역의 사람들은 사고는 냉철하고 감정은 풍부하다.

명 기후

Voca+

湿润 shīrùn 형 습윤하다 | 放松 fàngsōng 동 정신적 긴장을 풀다 | 头脑 tóunǎo 명 두뇌, 머리 | 冷静 lěngjìng 형 냉철하다

0004

温度

wēndù

예 夏天最高温度有三十七八度，冬天最低温度只有零下十几度，相差四十多度。

여름에는 최고 온도가 37~38도이고, 겨울에는 최저 온도가 겨우 영하 10몇 도라서 40여 도의 차이가 있다.

명 온도

5 자연

0005
云
yún

예 今天天晴，天上一点儿云都没有。
오늘은 날씨가 맑아서, 하늘에 구름 한 점 없다.

명 구름

0006
地球
dìqiú

예 我们应该保护地球环境，为了自己，也为了下一代。
우리는 우리와 그리고 다음 세대를 위해 지구 환경을 보호해야만 한다.

명 지구

0007
海洋
hǎiyáng

예 海洋是世界上最大的矿物和食物宝库。
해양은 세계에서 가장 큰 광물과 식량의 보고이다.

명 해양, 바다

Voca+
矿物 kuàngwù 명 광물 | 宝库 bǎokù 명 보고 [귀중한 물건을 보관해 두는 곳]

0008
火
huǒ

예 火的用处很多，但火的危害也很多。
불의 용도는 다양하지만 위험 및 손해도 크다.

명 불

Voca+
危害 wēihài 명 위험 및 손해

0009
空气①
kōngqì

예 这里的空气非常新鲜，对病人有好处。
이곳의 공기는 매우 신선해서 환자들에게 좋다.

명 공기

空气②
kōngqì

유의 气氛 qìfēn

예 学校里的学习空气很浓厚。
학교 안의 학습 분위기가 매우 농후하다.

명 분위기

Voca+
浓厚 nónghòu 형 농후하다, 짙다, 깊다

0010

阳光
yángguāng

예 阳光从窗外照进来，房间里很亮。

햇볕이 창 밖에서 들어와서 방이 아주 환하다.

명 태양빛, 햇빛

0011

景色
jǐngsè

유의 景致 jǐngzhì

예 这儿的风景真是难得看到的好景色，气候也非常好。

이곳의 풍경은 정말이지 보기 드문 예쁜 경치이고 기후 역시 매우 좋다.

명 경치

0012

森林
sēnlín

예 那里的森林中松树最多。

저 숲 속에는 소나무가 가장 많다.

명 삼림, 숲

Voca+
松树 sōngshù 명 소나무

0013

污染①
wūrǎn

예 一天中，中午和下午空气比较清洁，早晨、傍晚和夜间空气污染较严重。

하루 중에는 정오와 오후의 공기가 비교적 깨끗하고 새벽, 저녁 무렵, 밤의 공기 오염이 비교적 심각하다.

명 오염

Voca+
清洁 qīngjié 형 깨끗하다, 청결하다 | 早晨 zǎochen 명 (이른) 아침, 새벽 | 傍晚 bàngwǎn 명 저녁 무렵 | 夜间 yèjiān 명 밤, 야간

污染②
wūrǎn

반의 净化 jìnghuà

예 那儿的空气污染得太厉害了。

그곳의 공기는 매우 심각하게 오염되었다.

동 오염되다, 오염시키다

5 자연

Chapter 5. 자연

A5-2 **5-2 동물·식물**

Let's Start Up!

주제에 맞는 단어와 예문을 학습해 보세요.

0001

老虎

lǎohǔ

예 老虎是森林之王。

호랑이는 삼림의 왕이다.

명 호랑이

0002

叶子

yèzi

예 秋天来了，树上的叶子都黄了。

가을이 되어서 나뭇잎이 모두 노랗게 되었다.

명 잎, 나뭇잎

0003

植物

zhíwù

예 有些植物是从国外传到中国来的，中国古时候没有这些植物。

어떤 식물은 외국에서 중국으로 들어온 것으로 중국 고대에는 이런 식물이 없었다.

명 식물

1. 보기에서 알맞은 단어를 고르세요.

보기 A. 景色 B. 海洋 C. 植物 D. 污染 E. 地球 F. 温度

① 지구 ______ ② 오염, 오염되다 ______

③ 식물 ______ ④ 온도 ______

⑤ 해양 ______ ⑥ 경치 ______

2. 중국어의 뜻과 병음을 서로 연결하세요.

① 공기 •	• 气候 •	• qìhòu
② 햇빛 •	• 凉快 •	• kōngqì
③ 시원하다 •	• 阳光 •	• yángguāng
④ 따뜻하다 •	• 暖和 •	• liángkuài
⑤ 기후 •	• 空气 •	• nuǎnhuo

3. 밑줄 친 부분에 적합한 단어를 쓰세요.

보기 A. 凉快 B. 污染 C. 阳光 D. 老虎 E. 温度 F. 叶子

① 天太热，______一下再走。

② ______是森林之王。

③ ______从窗外照进来，房间里很亮。

④ 一天中，中午和下午空气比较清洁，早晨、傍晚和夜间空气______较严重。

⑤ 夏天最高______有三十七八度，冬天最低______只有零下十几度。

⑥ 秋天来了，树上的______都黄了。

■ 정답은 179쪽에 있습니다.

Chapter 6. 감정과 태도

A6-1 6-1 **감정·느낌**

Let's Start Up! 주제에 맞는 단어와 예문을 학습해 보세요.

0001
爱情
àiqíng

유의 恋情 liànqíng

예 真正的爱情是两个人在危难的时候相互傍依。
진정한 사랑은 두 사람이 어렵고 힘든 시기에 서로 의지하는 것이다.

명 사랑, 애정

Voca+
危难 wēinàn 형 위험하고 어렵다 | 傍依 bàngyī 동 기대다, 의지하다

0002
抱歉
bàoqiàn

예 你别总抱歉了，不然我也不好意思了。
당신 계속 미안해하지 마세요. 저까지도 미안해지잖아요.

동 미안해하다

0003
吃惊
chījīng

예 她剪掉最爱的长发，让大家很吃惊。
그녀가 가장 좋아하던 긴 머리를 잘라서 모두를 놀라게 했다.

형 놀라다

Voca+
剪 jiǎn 동 자르다, 깎다

0004
感动
gǎndòng

예 在这次大地震中，很多国家都捐了款，让我很感动。
이번 대지진에서 많은 국가들이 돈을 기부해서 나로 하여금 감동하게 했다.

동 감동하다, 감격하다

Voca+
捐款 juān kuǎn 동 돈을 기부하다, 헌금하다

0005
感谢
gǎnxiè

예 我感谢他在最困难的时候帮了我。
내가 가장 어려울 때 그가 도와준 것에 대해 나는 매우 고마워하고 있다.

동 고맙다, 감사하다

0006

感觉①

gǎnjué

유의 觉得 juéde

예 每当我和他在一起的时候我感觉到很安心。

매번 나는 그와 함께 있을 때 안심이 된다.

동 ~라고 느끼다, ~라고 생각하다

感觉②

gǎnjué

예 我对他一点儿感觉都没有。

나는 그에게 조금의 느낌도 없다.

명 느낌

0007

感情

gǎnqíng

유의 情感 qínggǎn

예 这些年来我对他的感情没有变化。

요 몇 년간 그에 대한 나의 감정은 변화가 없다.

명 감정

0008

害羞

hàixiū

예 房间里的人都在看新娘，她有一点儿害羞。

방에 있는 사람은 모두 신부를 보고 있어서 그녀는 조금 부끄러웠다.

형 부끄러워하다, 수줍어하다

Voca+

新娘 xīnniáng 명 신부

0009

激动

jīdòng

반의 冷静 lěngjìng

예 我看到我儿子出生的场面，特别激动。

내 아들이 태어난 장면을 보았을 때 나는 매우 감동했다.

동 감격하다, 감동하다

0010

开心

kāixīn

예 今天是奶奶的八十岁生日，她开心地和大家一起吃了生日蛋糕。

오늘은 할머니의 80세 생신이다. 할머니는 모두와 함께 즐겁게 생일 케이크를 드셨다.

형 기쁘다

0011

可怜
kělián

예 那些人现在也可怜地沿街摆摊卖东西。

그 사람들은 지금도 불쌍하게 길가에서 노점을 늘어놓고 물건을 판다.

형 불쌍하다, 가련하다

Voca+

沿街 yánjiē 명 길가 | 摆 bǎi 동 놓다, 벌여 놓다 | 摊 tān 명 노점

0012

可惜
kěxī

예 放弃考试太可惜了。

시험을 포기하다니 너무 아쉽다.

형 애석하다, 아쉽다

0013

难受①
nánshòu

예 听到这个消息，大家都十分难受。

이 소식을 듣고 모두들 매우 마음이 아프다.

형 (마음의 상처를 받아) 슬프다, 견디기 어렵다

难受②
nánshòu

예 昨天晚上我肚子疼，难受得一夜没睡。

어제 저녁 나는 배가 아파서 밤새도록 힘들어서 잠을 못 잤다.

동 (몸이 아파서) 불편하다, 아프다

0014

伤心
shāngxīn

유의 痛心 tòngxīn

예 他实在不想再让母亲伤心。

그는 정말로 다시는 어머니의 마음을 아프게 하고 싶지 않다.

동 상심하다, 슬퍼하다

0015

失望
shīwàng

반의 希望 xīwàng

예 孩子他爸总是说话不算数，孩子心理失望极了。

애들 아빠는 항상 자신의 말에 책임을 지지 않아서, 아이들 실망이 크다.

형 실망스럽다 동 실망하다

Voca+

算数 suàn shù 동 한 말에 책임을 지다

0016

讨厌①
tǎoyàn

예 看电视可以打发时间，就是节目都差不多，有时挺讨厌。

TV를 보면서 시간을 보낼 수 있지만, 프로그램이 모두 비슷해서 어떤 때는 정말 싫다.

형 싫다, 얄밉다

Voca+
打发 dǎfa 동 시간을 보내다

讨厌②
tǎoyàn

유의 厌恶 yànwù
반의 喜欢 xǐhuan, 喜爱 xǐ'ài

예 开始他讨厌这儿，后来才慢慢适应了。

처음에 그는 이곳을 싫어했지만 나중에는 천천히 적응했다.

동 싫어하다

Voca+
适应 shìyìng 동 적응하다

0017

同情
tóngqíng

예 他收到许多来信，寄信人向他表示同情和祝福。

그는 많은 편지들을 받았는데 편지를 보내는 사람들은 그에게 동정과 축복을 표했다.

명 동정

0018

羡慕
xiànmù

예 他唱得太棒了，我真羡慕他。

그는 노래를 너무 잘 불러서 나는 그가 정말 부럽다.

동 부러워하다

0019

兴奋
xīngfèn

반의 平静 píngjìng

예 红色可以使人兴奋并乐观。

붉은 색은 사람을 흥분시키고 낙관적으로 만든다.

형 흥분하다, 기쁘다

Voca+
乐观 lèguān 형 낙관적이다, 희망차다

0020

信心
xìnxīn

예 他缺乏信心，总是觉得自己不行。

그는 자신감이 부족해서 늘 자신은 안 된다고 생각한다.

명 자신감, 자신, 확신

Voca+
缺乏 quēfá 동 결핍되다, 결여되다

0021

幸福

xìngfú

반의 痛苦 tòngkǔ
悲惨 bēicǎn

예 这些不是组成幸福家庭的必要条件。

이것들이 행복한 가정을 만드는 필수 조건은 아니다.

형 행복하다

0022

心情

xīnqíng

유의 情绪 qíngxù

예 微笑可以使你有愉快的心情，愉快的心情能够使你身体健康。

미소는 당신을 유쾌한 심정으로 만들고, 유쾌한 마음은 당신을 건강하게 만든다.

명 심정, 기분

Voca+
微笑 wēixiào 명 미소

0023

愉快

yúkuài

유의 高兴 gāoxìng
欢乐 huānlè

예 我爸爸跟周围的人愉快相处。

우리 아빠는 주위 사람들과 즐겁게 잘 지내신다.

형 유쾌하다

Voca+
相处 xiāngchǔ 동 함께 살다, 지내다

Chapter 6. 감정과 태도

A6-2 6-2 판단·사고

Let's Start Up! 주제에 맞는 단어와 예문을 학습해 보세요.

0001

猜

cāi

예 在今晚的元旦活动中，我表演了一个猜谜语的节目。

오늘 밤 신년맞이 행사 중에 나는 수수께끼 맞히기 프로그램을 공연했다.

동 추측하다, 예상하다

Voca+

谜语 míyǔ 명 수수께끼

0002

反对

fǎnduì

반의 支持 zhīchí
赞成 zànchéng

예 父母并不反对我在大学期间谈恋爱。

부모님께서는 내가 대학 재학 중에 연애하는 것을 결코 반대하지 않으신다.

동 반대하다

0003

烦恼①

fánnǎo

예 这几天干什么事都不是很顺利，我很烦恼。

요 며칠 하는 일마다 다 순조롭지 않아서 나는 고민이다.

형 고민하다

Voca+

顺利 shùnlì 형 순조롭다

烦恼②

fánnǎo

예 哥哥有很多烦恼，但是他还是积极地生活着。

오빠는 걱정이 많지만 그래도 적극적으로 생활하고 있다.

명 번뇌, 걱정

Voca+

积极 jījí 형 적극적이다

0004

估计

gūjì

예 我估计这次考试我通过不了了。

나는 이번 시험에 통과하지 못할 것 같다.

동 추측하다

0005

回忆

huíyì

유의 回顾 huígù

예 我回忆起小时候，感到很愉快。

나는 어릴 때를 추억하기 시작하자 기분이 좋아졌다.

동 기억하다, 추억하다

0006

坚持

jiānchí

예 经过我们坚持不懈的努力，终于在天黑前下山了。

우리는 끝까지 포기하지 않고 노력해서 마침내 날이 어두워지기 전에 산을 내려왔다.

동 견지하다, 계속 해나가다

Voca+

坚持不懈 jiānchíbúxiè 성 조금도 느슨해지지 않고 끝까지 견지하다

0007

计划①

jìhuà

유의 打算 dǎsuàn

예 我们计划周六去公园，结果下雨了。

우리는 토요일에 공원에 가기로 했으나 비가 왔다.

동 계획하다

计划②

jìhuà

예 我们本来有个计划今天去香山，没想到雨下得这么厉害。

우리는 원래 오늘 향산에 갈 계획이 있었는데, 비가 이렇게 많이 올지는 생각도 못했다.

명 계획

0008

错误

cuòwù

유의 失误 shīwù

반의 正确 zhèngquè

예 对于这件事的错误与否我们无法判断。

이 일의 착오 여부에 대해 우리는 판단할 방법이 없다.

명 착오, 잘못

Voca+

与否 yǔfǒu 명 여부 | 无法 wúfǎ 동 방법이 없다

0009

考虑

kǎolǜ

예 经过妈妈的批评教育，我发现这件事是我考虑不周到。

엄마의 꾸짖음으로 이 일은 내가 세심하게 생각하지 못했다는 것을 알았다.

동 고려하다

Voca+
周到 zhōudào 형 세심하다, 치밀하다, 꼼꼼하다

0010

理解

lǐjiě

예 此时我能够理解到他内心的痛苦，并且感到了遗憾。

이때 나는 그의 마음 속의 고통을 이해할 수 있었고, 또한 안타까움을 느꼈다.

동 이해하다

Voca+
痛苦 tòngkǔ 명 고통, 아픔 | 遗憾 yíhàn 명 안타까움

0011

理想①

lǐxiǎng

반의 现实 xiànshí

예 这个规定对于个人来说也许很理想，但对于组织来说则不尽然。

이 규정은 개인에게는 이상적일 수도 있지만 조직에 있어서 꼭 그런 것은 아니다.

형 이상적이다

Voca+
不尽然 bújìnrán 완전히 그런 것은 아니다, 반드시 그런 것은 아니다

理想②

lǐxiǎng

예 老师告诉我们从小要树立正确的理想。

선생님은 우리들에게 어릴 때부터 정확한 이상을 세우라고 말씀하셨다.

명 이상

Voca+
树立 shùlì 동 수립하다, 세우다

0012

判断

pànduàn

예 我姐姐很善于判断人的性格。

우리 누나는 사람의 성격을 판단하는 것을 매우 잘한다.

동 판단하다

0013

批评
pīpíng

반의 表扬 biǎoyáng
夸奖 kuājiǎng

예 不管是谁，做错了就要批评。
누구든지 간에 잘못을 하면 혼나야 한다.

동 혼내다, 비평하다

0014

误会
wùhuì

예 如果我们言辞不适当，就会被别人误会。
만약 우리가 사용하는 어휘가 적절하지 않다면 다른 사람에게 오해를 살 수 있다.

동 오해하다

Voca+
言辞 yáncí 명 (말이나 문장에 사용하는) 말, 어휘 | 适当 shìdàng 형 적절하다, 적합하다, 알맞다

0015

值得
zhíde

반의 不值得 bù zhíde

예 这样的做法真的很值得称赞。
이런 방법은 정말 칭찬받을 만하다.

동 ~할 가치가 있다

0016

主意
zhǔyi

예 这是个好主意，就这样做吧。
이건 좋은 생각이다. 이렇게 하자.

명 생각, 아이디어

0017

以为
yǐwéi

유의 认为 rènwéi

예 我以为他不懂，其实他很明白。
나는 그가 잘 모른다고 생각했는데, 사실 그는 잘 알고 있다.

동 ~라고 여기다, 생각하다

Voca+
其实 qíshí 부 사실은

Tip '以为'는 주로 '~라고 여겼는데 알고 보니 아니다'라는 의미로 사용됩니다.

Chapter 6. 감정과 태도

A 6-3 **6-3 태도·방식**

Let's Start Up! 주제에 맞는 단어와 예문을 학습해 보세요.

0001

诚实
chéngshí

유의 老实 lǎoshi

반의 狡猾 jiǎohuá

예 我可以保证他是一个诚实可靠的人。

그가 성실하고 믿을만한 사람이라는 것을 제가 보증할 수 있습니다.

형 성실하다

Voca+
保证 bǎozhèng 동 보증하다, 담보하다

0002

骄傲①
jiāo'ào

예 我在比赛中得了第一名，回家以后告诉爸爸妈妈，他们为我骄傲。

나는 시합에서 일등을 했다. 집에 돌아가서 부모님께 말씀드렸더니 나를 자랑스러워 하셨다.

형 자랑스럽다, 스스로 자부심을 느끼다

骄傲②
jiāo'ào

반의 谦虚 qiānxū
虚心 xūxīn

예 这个学生骄傲得连自己的老师都看不起了。

이 학생은 자신의 선생님도 무시할 정도로 거만하다.

형 거만하다, 오만하다

Voca+
看不起 kànbuqǐ 동 경시하다, 얕보다

0003

态度
tàidu

예 如果你还是这种学习态度的话，你就是请教授来专门辅导也没用。

만약 네가 계속 이런 학습 태도라면 너는 교수를 불러서 과외를 해도 아무 소용이 없다.

명 태도

Voca+
辅导 fǔdǎo 동 (학습을) 지도하다, 과외하다

0004

勇敢

yǒnggǎn

예 他不但不生气，反而说我勇敢。

그는 화를 내지 않았을 뿐만 아니라 오히려 나에게 용감하다고 말했다.

형 용감하다

0005

友好

yǒuhǎo

예 在国外读书时，房东对我很友好。

외국에서 공부할 때 집주인이 나에게 우호적으로 대해줬다.

형 우호적이다

0006

支持

zhīchí

반의 反对 fǎnduì

예 很多人支持他的建议。

많은 사람들이 그의 의견을 지지했다.

동 지지하다

Voca+

建议 jiànyì 명 의견 동 제안하다

0007

直接

zhíjiē

반의 间接 jiànjiē

예 有意者可直接来本公司面试。

관심 있는 분은 직접 회사에 와서 면접을 보시기 바랍니다.

형 직접적이다 부 직접

0008

重视

zhòngshì

반의 轻视 qīngshì
小看 xiǎokàn

예 很少有父母重视孩子的心理辅导。

자녀의 심리 지도를 중요하게 생각하는 부모는 많지 않다.

동 중시하다

0009

尊重

zūnzhòng

유의 尊敬 zūnjìng

예 我们的关系是以互相尊重为基础的。

우리의 관계는 서로 존중하는 것을 기반으로 하고 있다.

동 존중하다

Voca+

以A为B yǐ A wéi B A를 B로 삼다, 여기다

1. 보기에서 알맞은 단어를 고르세요.

보기 A. 讨厌 B. 感情 C. 感动 D. 感觉 E. 可惜 F. 伤心

① 상심하다, 슬퍼하다 ________ ② 애석하다 ________

③ ~라고 느끼다 ________ ④ 감동하다, 감격하다 ________

⑤ 싫다, 얄밉다 ________ ⑥ 감정 ________

2. 중국어의 뜻과 병음을 서로 연결하세요.

① 부끄러워하다 •	• 抱歉 •	• kāixīn
② 기쁘다 •	• 开心 •	• hàixiū
③ 미안해하다 •	• 愉快 •	• yúkuài
④ 유쾌하다 •	• 害羞 •	• bàoqiàn
⑤ 감격하다 •	• 激动 •	• jīdòng

3. 밑줄 친 부분에 적합한 단어를 쓰세요.

보기 A. 兴奋 B. 信心 C. 羡慕 D. 爱情 E. 失望 F. 吃惊

① 她剪掉最爱的长发，让大家很________。

② 真正的________是两个人在危难的时候相互傍依。

③ 孩子他爸总是说话不算数，孩子心理________极了。

④ 他唱得太棒了，我真________他。

⑤ 红色可以使人________并乐观。

⑥ 他缺乏________，总是觉得自己不行。

■ 정답은 179쪽에 있습니다.

1. 보기에서 알맞은 단어를 고르세요.

보기 A. 坚持 B. 烦恼 C. 回忆 D. 反对 E. 诚实 F. 理解

① 성실하다 ________ ② 반대하다 ________

③ 추억하다 ________ ④ 고민하다 ________

⑤ 이해하다 ________ ⑥ 견지하다 ________

2. 중국어의 뜻과 병음을 서로 연결하세요.

① 중시하다 •	• 值得 •	• zhīchí
② 오해하다 •	• 重视 •	• pīpíng
③ 지지하다 •	• 批评 •	• zhíde
④ ~할 가치가 있다 •	• 支持 •	• wùhuì
⑤ 비평하다 •	• 误会 •	• zhòngshì

3. 밑줄 친 부분에 적합한 단어를 쓰세요.

보기 A. 骄傲 B. 友好 C. 错误 D. 直接 E. 尊重 F. 以为

① 我在比赛中得了第一名，回家以后告诉爸爸妈妈，他们为我________。

② 我________他不懂，其实他很明白。

③ 有意者可________来本公司面试。

④ 在国外读书时，房东对我很________。

⑤ 对于这件事的________与否我们无法判断。

⑥ 我们的关系是以互相________为基础的。

■ 정답은 179쪽에 있습니다.

Chapter 7. 성질과 상태

A7-1 7-1 **모양·외모**

Let's Start Up!

주제에 맞는 단어와 예문을 학습해 보세요.

0001

低
dī

유의 矮 ǎi
반의 高 gāo

예 这家公司条件不太好，工资太低。
이 회사의 조건은 그다지 좋지 않다. 월급이 너무 낮다.

형 (높이가) 낮다

Voca+
条件 tiáojiàn 명 조건

0002

厚①
hòu

반의 薄 báo

예 书太厚了，带着很不方便。
책이 너무 두꺼워서 가지고 다니기에 불편하다.

형 (두께가) 두껍다

厚②
hòu

예 我和他的交情很厚，他一定会帮我的。
나와 그의 우정이 두터워서 그는 분명히 나를 도울 것이다.

형 (감정이) 두텁다, 깊다

Voca+
交情 jiāoqing 명 우정, 친분

0003

美丽
měilì

유의 漂亮 piàoliang

예 她是一个温文尔雅、美丽的姑娘。
그녀는 온화하고 교양있는 아름다운 아가씨이다.

형 아름답다

Voca+
温文尔雅 wēnwén'ěryǎ 성 태도가 온화하고 교양이 있다

0004

样子

yàngzi

유의 模样 múyàng

예 他的样子变化很大，我没有认出来。

그의 모습이 많이 변해서 나는 그를 알아보지 못했다.

명 모양, 모습

0005

帅

shuài

예 他高高的瘦瘦的，样子帅极了。

그는 키가 아주 크고 늘씬한 것이 너무 멋지다.

형 잘생겼다, 멋있다

Chapter 7. 성질과 상태

A7-2 **7-2 상태 · 색깔**

Let's Start Up!

주제에 맞는 단어와 예문을 학습해 보세요.

0001

安全
ānquán

유의 平安 píng'ān

반의 危险 wēixiǎn

예 有了空中管制，飞机飞行起来安全多了。

공중 관제센터가 생기고 나서 비행기의 비행이 많이 안전해졌다.

형 안전하다

Voca+
空中管制 kōngzhōng guǎnzhì 명 공중(교통) 관제센터

0002

超过①
chāoguò

예 参加会议的代表已超过了两千人。

회의에 참가한 대표가 이미 2,000명을 넘어섰다.

동 초과하다, 넘다

超过②
chāoguò

예 最后三米时，他被后面的运动员超过了。

마지막 3미터에서 그는 뒤쪽의 선수에게 추월당했다.

동 추월하다, 앞지르다

0003

得意
déyì

예 我们班这次比赛获得了冠军，我们非常得意。

우리 반이 이번 시합에서 우승을 차지해서 우리는 매우 만족스럽다.

형 득의양양하다, 만족하다

0004

富
fù

유의 裕 yù, 余 yú

반의 贫 pín, 穷 qióng

예 他是这里最富的人，但是他生活很朴素。

그는 이곳에서 가장 부유하지만 생활은 소박하다.

형 부유하다

Voca+
朴素 pǔsù 형 소박하다, 알뜰하다

0005

丰富①

fēngfù

유의 丰厚 fēnghòu

반의 贫乏 pínfá

예 孩子们往往有丰富的想象力。

아이들은 종종 풍부한 상상력을 가지고 있다.

형 풍부하다

丰富②

fēngfù

예 通过实践，他丰富了工作经验。

실천을 통해, 그는 업무 경험을 풍부하게 했다.

동 풍부하게 하다, 풍족하게 하다

Voca+
实践 shíjiàn 명 실천

0006

符合

fúhé

반의 违反 wéifǎn

예 老师说只有不染头发、不烫头发才符合一个中学生的身份。

선생님께서는 머리를 염색하지 않고 파마하지 않는 것이야말로 중·고등학생 신분에 적합한 것이라고 말씀하셨다.

동 부합하다, 일치하다

Voca+
染 rǎn 동 염색하다, 물들이다 | 烫 tàng 동 (머리를) 파마하다 | 身份 shēnfen 명 신분, 지위

0007

复杂

fùzá

반의 单纯 dānchún
简单 jiǎndān

예 这件事情对他来说是很复杂的。

이 일은 그에게는 복잡한 것이다.

형 복잡하다

0008

共同

gòngtóng

반의 单独 dāndú

예 我相信这项措施将有助于我们共同的利益和名誉。

나는 이 조치가 우리의 공통된 이익과 명예에 도움이 될 거라고 믿는다.

형 공동의, 더불어

Voca+
措施 cuòshī 명 조치, 대책 | 利益 lìyì 명 이익, 이득 | 名誉 míngyù 명 명예, 명성

0009
合适
héshì

유의 适宜 shìyí

예 看来很难找到一个合适的平衡点，以同时满足新手和专家的要求。

초보자와 전문가의 요구사항을 동시에 만족시키기에 적당한 균형점을 찾는 것이 쉽지 않아 보인다.

형 적당하다, 알맞다

Voca+
平衡点 pínghéngdiǎn 명 균형점 | 新手 xīnshǒu 명 신참, 초보자

0010
假
jiǎ

반의 真 zhēn

예 人们都知道他说的话是假的。

사람들은 모두 그가 하는 말이 거짓이라는 것을 안다.

형 가짜의, 거짓의

0011
精彩
jīngcǎi

예 我们会尽力打好每一场比赛，把精彩的比赛和胜利的喜悦奉献给球迷。

우리는 매 경기마다 힘을 다해, 멋진 시합과 승리의 기쁨을 축구 팬들에게 바칠 것이다.

형 뛰어나다, 훌륭하다

Voca+
尽力 jìn lì 동 힘을 다하다 | 喜悦 xǐyuè 형 기쁘다, 즐겁다 | 奉献 fèngxiàn 동 공헌하다, 이바지하다 | 球迷 qiúmí 명 (축구·야구 등의) 구기광

0012
紧张①
jǐnzhāng

반의 轻松 qīngsōng

예 她紧张得一句话都不敢说。

그녀는 긴장해서 감히 한마디도 말하지 못했다.

형 (정신적으로) 긴장되다

紧张②
jǐnzhāng

예 现在是旅游淡季，车票不太紧张。

지금은 여행 비수기여서 차표를 사기가 어렵지 않다.

형 (물품이) 빠듯하다, 부족하다

Voca+
淡季 dànjì 명 비성수기, 비수기

0013

苦①

kǔ

반의 甜 tián

예 良药苦口利于病，快吃吧。

좋은 약은 입에 쓰니 어서 먹으렴.

형 쓰다

Voca+

良药苦口 liángyàokǔkǒu 성 좋은 약은 입에 쓰다

苦②

kǔ

반의 乐 lè

예 前几年，家里的日子过得很苦，现在好多了。

몇 년 전, 집의 생활이 많이 힘들었는데 지금은 많이 좋아졌다.

형 고생스럽다

0014

困

kùn

예 吃午饭以后，我开始感觉到特别困。

점심식사를 한 후 나는 매우 졸리기 시작했다.

형 졸리다, 곤란하다

0015

困难①

kùnnán

반의 容易 róngyì
便利 biànlì

예 风浪比较大，船开得很困难。

파도가 비교적 세서 배를 운전하기가 쉽지 않다.

형 곤란하다

Voca+

风浪 fēnglàng 명 풍랑

困难②

kùnnán

예 他们战胜了很多困难，终于取得了最后的胜利。

그들은 많은 어려움을 이겨내고 마침내 최후의 승리를 얻어냈다.

명 어려움, 고난

Voca+

战胜 zhànshèng 동 승리하다, 싸워서 이기다

0016

流利

liúlì

유의 流畅 liúchàng

예 我不认为托福成绩是一种衡量英语流利程度的好标准。

나는 토플 시험이 영어의 유창한 정도를 측정하는 좋은 기준은 아니라고 생각한다.

형 유창하다

Voca+

托福 tuōfú 명 토플(TOEFL) | 衡量 héngliáng 동 측정하다, 판단하다, 평가하다

0017

流行

liúxíng

유의 盛行 shèngxíng

예 互联网在社会生活中很流行。

인터넷은 사회 생활 중에 매우 유행하고 있다.

동 유행하다

Voca+

互联网 hùliánwǎng 명 인터넷

0018

厉害①

lìhài

예 爷爷由于吸烟过多，睡眠太少，头疼得厉害。

할아버지는 담배를 너무 많이 피우시고 잠도 적게 주무셔서 두통이 심하시다.

형 대단하다, 굉장하다, 심하다

厉害②

lìhài

반의 和气 héqi
和善 héshàn

예 我家养着一条十分厉害的狗。

우리 집에서는 굉장히 사나운 개를 기른다.

형 무섭다, 사납다

厉害③

lìhài

예 他对学生总是那么厉害。

그는 학생들에게 늘 그렇게 엄하다.

형 엄하다, 매섭다

0019

麻烦①

máfan

반의 方便 fāngbiàn

예 这几天总有一些麻烦的事给我造成很大的困惑。

요 며칠 줄곧 번거로운 일들이 나를 곤혹스럽게 만들었다.

형 귀찮다, 번거롭다

麻烦②

máfan

반의 方便 fāngbiàn

예 麻烦您转告老师我今天身体不舒服，不能上课，谢谢您了！

번거롭겠지만 선생님께 제가 오늘 몸이 안 좋아서 수업에 못 간다고 말씀 좀 전해 주세요. 감사합니다!

동 폐를 끼치다, 번거롭게하다

0020
满
mǎn

예 对不起，我把行李放在哪儿？行李舱已经满了。
죄송합니다만, 제 짐을 어디에 둘까요? 짐칸이 이미 다 차서요.

형 꽉 차다

0021
普遍
pǔbiàn

유의 广泛 guǎngfàn

예 吸烟是引起慢性支气管炎最主要最普遍的原因。
흡연은 만성 기관지염을 일으키는 가장 주요하고 가장 보편적인 원인이다.

형 보편적이다

Voca+
慢性支气管炎 mànxìng zhīqìguǎnyán 만성 기관지염

0022
轻
qīng

반의 重 zhòng

예 刷牙的动作要轻，不要太用力，但要反复多次。
이는 가볍게 닦아야지 너무 힘을 줘서 닦으면 안 된다. 그러나 여러 번 반복해서 닦아야 한다.

형 가볍다

0023
轻松
qīngsōng

반의 紧张 jǐnzhāng, 难 nán

예 这活儿看起来轻松，做起来挺难。
이 일은 보기에는 쉬워 보이지만 해보면 매우 어렵다.

형 가볍다, 간단하다

0024
穷
qióng

예 小时候家里穷，经常要在家里劳动，不能去上课，但他成绩一直很好。
어릴 때 집이 가난해서 집에서 일을 하느라 자주 학교에 가지 못했지만, 그는 줄곧 성적이 좋았다.

형 가난하다

0025
缺少
quēshǎo

유의 缺乏 quēfá

예 我们都缺少经验。
우리는 모두 경험이 부족하다.

동 부족하다

0026

热闹

rènao

반의 冷清 lěngqīng
冷落 lěngluò

예 热闹的马路不长草，聪明的脑袋不长毛。

번화한 길에는 풀이 자라지 않고, 똑똑한 머리에는 털이 자라지 않는다.

형 번화하다, 북적거리다

Voca+
长草 zhǎng cǎo 풀이 자라다

0027

深①

shēn

반의 浅 qiǎn

예 这种鱼生活在深海里。

이런 물고기는 깊은 바닷속에 산다.

형 깊다

深②

shēn

예 他的风度和气质深深地吸引了我。

그의 풍모와 자질이 나를 깊이 매료시켰다.

형 (정이) 두텁다, (관계가) 밀접하다

Voca+
风度 fēngdù 명 품격, 풍모, 기품 | 气质 qìzhì 명 기질, 자질

深③

shēn

반의 淡 dàn

예 海水的蓝色比天空深多了。

바다의 파란 색이 하늘보다 훨씬 진하다.

형 (색깔이) 짙다, 진하다

0028

剩

shèng

예 他一个人就买走了十张票，现在没剩几张了。

그가 혼자서 열 장의 표를 사가서, 현재 남은 표가 몇 장 없다.

동 남다

0029

空①

kōng

예 这瓶子完全空了。

이 병은 완전히 비었다.

형 (속이) 비다, 텅 비다

空②

kòng

예 你什么时候有空?

당신은 언제 시간이 있나요?

명 시간, 짬

0030

失败
shībài

반의 成功 chénggōng

예 世界上没有真正的失败，除非你自己放弃。

이 세상에 네 스스로 포기하는 것 외에는 진정한 실패란 없다.

동 실패하다, 패배하다

Voca+
除非 chúfēi 접 ~아니고서는, 제외하고 | 放弃 fàngqì 동 (원래의 권리·의견 등을) 버리다, 포기하다

0031

适合
shìhé

예 你看起来很瘦，很适合跑长跑。

너는 보기에는 말라 보이지만, 장거리 달리기에 아주 적합하다.

동 적합하다

0032

实际①
shíjì

유의 现实 xiànshí

반의 想象 xiǎngxiàng

예 本病实际病情往往比临床症状重，尤其是儿童。

이 병은 실제 병세가 임상 증상보다 심각한 경우가 종종 있는데, 특히 아이들이 그렇다.

형 실제적이다

Voca+
病情 bìngqíng 명 병세 | 临床 línchuáng 동 진료(치료)하다 | 症状 zhèngzhuàng 명 증상, 증후

实际②
shíjì

예 你这些想法太不实际了。

너의 이러한 생각은 매우 현실적이지 못하다.

형 현실적이다, 실제에 부합되다

0033

受不了
shòubuliǎo

예 这里的环境太差，叫我受不了，所以我决定搬家。

이곳의 환경이 너무 안 좋아서 나는 견딜 수 없어 이사를 하기로 결정했다.

견딜 수 없다

0034

顺利

shùnlì

반의 坎坷 kǎnkě

예 近几年来我在公司当经理，工作不顺利的时候常常对公司的人发脾气。

요 몇 년 나는 회사에서 매니저로 일했는데, 일이 순조롭지 않을 때면 항상 회사 사람들에게 화를 냈다.

형 순조롭다

0035

熟悉

shúxi

유의 了解 liǎojiě

반의 陌生 mòshēng

예 这个理论是我所不熟悉的，当然值得研究。

이 이론은 내가 익숙치 않으니 당연히 연구할 가치가 있다.

형 잘 알다, 익숙하다

Voca+

值得 zhídé 동 ~할 가치가 있다

0036

所有

suǒyǒu

예 他把所有的时间用来努力工作。

그는 모든 시간을 써서 열심히 일했다.

형 모든

0037

危险

wēixiǎn

반의 安全 ānquán

예 不要在街上并排骑车，因为那样很危险。

길가에서 자전거를 세워두면 안 된다. 그러면 너무 위험하기 때문이다.

형 위험하다

0038

无

wú

유의 没 méi, 不 bù

반의 有 yǒu

예 我对他做的方式并无不满。

나는 그가 하는 방식에 대해 전혀 불만이 없다.

동 없다, ~이 아니다

0039

无聊

wúliáo

반의 有趣 yǒuqù

예 有人建议我不要去参加那个晚会，因为这可能是个单调无聊的场合。

누군가 나에게 그 파티에 참석하지 말라고 제안했다. 왜냐하면 단조롭고 무료한 곳일 것이라고 했다.

형 무료하다, 심심하다

Voca+

单调 dāndiào 형 단조롭다

0040

响①

xiǎng

예 由于放电云层离我们太远，或者发出的声音不够响，我们就只看见闪电而听不见雷声。

방전 구름층이 우리와 너무 멀리 떨어져 있거나 소리가 충분이 크지 않아서 우리는 번개만 보고 천둥 소리를 듣지 못하기도 한다.

형 소리가 크다

Voca+

放电 fàng diàn 동 전기에너지를 방출하다 | 云层 yúncéng 명 구름층 | 闪电 shǎndiàn 명 번개 | 雷声 léishēng 명 천둥, 벼락치는 소리

响②

xiǎng

예 从早上8点起，电话铃声就响个不停。

아침 8시부터 전화벨이 쉴 새 없이 울렸다.

동 울리다

Voca+

铃声 língshēng 명 벨소리

0041

香①

xiāng

반의 臭 chòu

예 做了什么好吃的？这么香。

무슨 맛있는 음식을 만드셨나요? 향기가 너무 좋아요.

형 향기롭다, 냄새가 나다

香②

xiāng

예 这几天，他病了，吃东西一点儿也不香。

요 며칠 그는 아파서 음식을 먹어도 조금도 맛이 없다.

형 (음식이) 맛있다, (입맛이 좋아서) 맛있다

0042

相反

xiāngfǎn

반의 相同 xiāngtóng

예 幸福的婚姻给人带来快乐；相反，不幸的婚姻给人带来痛苦。

행복한 결혼은 사람들에게 즐거움을 가져다 주고, 반대로 불행한 결혼은 고통을 가져다 준다.

형 상반되다

0043

相同

xiāngtóng

반의 相反 xiāngfǎn

예 他们俩是双胞胎，可是性格大不相同。

그들 둘은 쌍둥이인데, 성격은 매우 다르다.

형 서로 같다

Voca+

俩 liǎ 수 두 사람 | 双胞胎 shuāngbāotāi 명 쌍둥이 | 性格 xìnggé 명 성격

0044

详细

xiángxì

반의 简略 jiǎnlüè
大略 dàlüè

예 有关事故发生的原因正在详细调查中。

사고가 발생한 원인에 대해 자세히 조사 중이다.

형 자세하다, 상세하다

0045

行①

xíng

예 学生不努力学习，就不行。

학생은 열심히 공부하지 않으면 안 된다.

형 (~해도) 좋다

行②

xíng

예 能处理这种业务只有他一个人，他真行。

이 업무를 처리하는 것은 오직 그만 가능하다, 그는 정말 대단하다.

형 유능하다, 재능 있다, 대단하다

0046

辛苦

xīnkǔ

유의 劳累 láolèi

예 送奶的工作比较简单，但是挺辛苦。

우유를 배달하는 일은 비교적 단순하지만 상당히 힘들다.

형 수고스럽다, 고생스럽다

0047

许多

xǔduō

유의 好多 hǎoduō

예 要是把深圳跟北京做比较的话，可以看出许多不同。

만약 선전과 베이징을 비교해 본다면, 많은 다른 점을 볼 수 있다.

형 매우 많다, 허다하다

0048

严重

yánzhòng

예 其实他们不相信报纸上的内容，认为问题没有这么严重。

사실 그들은 신문상의 내용을 믿지 않고 있으며, 문제가 그다지 심각하지 않다고 생각한다.

형 엄중하다, 심각하다

0049

永远

yǒngyuǎn

예 我永远忘不了你为我所做的一切。

나는 당신이 나를 위해 해준 모든 것을 영원히 잊을 수 없을 것이다.

부 영원히, 길이길이

0050

有趣

yǒuqù

반의 无聊 wúliáo

예 相比来说，我童年的生活比现在有趣得多。

비교해서 말하자면 어린 시절이 지금보다 훨씬 재미있었다.

형 흥미 있다, 재미있다

0051

脏

zāng

반의 洁 jié, 净 jìng

예 白色的衣服很容易脏。

흰색 옷은 더러워지기 쉽다.

형 더럽다, 불결하다

Tip 다음자 '脏'

'脏'이 4성 'zàng'으로 발음될 때는 신체의 내장 기관을 나타냅니다.

예 心脏 xīnzàng 심장

0052

正常

zhèngcháng

반의 异常 yìcháng

예 千万不要让别人的话改变了你的正常工作和生活。

절대 다른 사람들의 말 때문에 당신의 정상적인 업무나 생활이 변하게 하지 마라.

형 정상적이다

0053

正确
zhèngquè

반의 错误 cuòwù

예 他很有前途，姐姐嫁给他无疑是正确的选择。

그는 매우 전도가 유망하다. 언니가 그에게 시집가는 것은 틀림없이 옳은 선택이다.

형 정확하다, 맞다

Voca+
前途 qiántú 명 전도, 앞길, 전망 | 无疑 wúyí 형 의심할 바 없다, 틀림이 없다 | 嫁 jià 동 시집가다

0054

正式
zhèngshì

예 很多中国人都希望有一天中国的武术能成为奥运会的正式比赛项目。

많은 중국인들이 언젠가 중국의 무술이 올림픽 정식 종목으로 채택되기를 희망한다.

형 정식적인

0055

真正
zhēnzhèng

예 如果仍然认为丈夫应该比妻子强，那么就说明社会并没有真正进步。

만약 여전히 남편이 아내보다 강해야 한다고 여긴다면, 그것은 사회가 결코 진정한 발전이 없었다는 것을 의미한다.

형 진정한, 참된

0056

专门①
zhuānmén

예 国家设立了几个专门机构。

국가에서 몇 개의 전문적인 기구들을 설립했다.

형 전문적이다

Voca+
机构 jīgòu 명 기구 [기관·단체 등의 업무 단위, 내부 조직]

专门②
zhuānmén

예 他专门为你的事来。

그는 특별히 네 일 때문에 왔다.

부 특별히, 오직

0057

著名
zhùmíng

유의 知名 zhīmíng

반의 无名 wúmíng

예 他自称是著名学者，可是没人认识他。

그는 스스로 저명한 학자라고 하지만, 그를 아는 사람이 아무도 없다.

형 유명하다

0058

准确
zhǔnquè

예 一般的电子表走时都比较准确，通常每天误差在3秒钟之内。

일반적인 전자 시계는 모두 비교적 정확하게 간다. 통상적으로 매일 오차가 3초 이내이다.

형 정확하다, 틀림없다

Voca+
走时 zǒushí 동 시계의 침이 가다 | 误差 wùchā 명 오차

0059

自然①
zìrán

반의 人工 réngōng

예 她很激动，不觉得微微红了脸，动作也显得更不自然了。

그녀는 흥분해서 자기도 모르게 얼굴이 약간 붉어지고 행동도 더 부자연스러워졌다.

형 자연스럽다

自然②
zìrán

예 你长大后自然会懂。

네가 자라면 자연히 알게 될 것이다.

부 자연히, 당연히

自然③
zìrán

예 我要带着孩子到大自然中走一走。

나는 아이를 데리고 대자연 속에서 좀 걸을 것이다.

명 자연

0060

棒
bàng

예 我们班男生的吉他弹唱节目简直太棒了！

우리 반 남학생들의 기타 치고 노래 부르는 공연이 정말이지 너무 멋있다!

형 멋지다, (수준 등이) 높다, (성적이) 좋다

0061

重
zhòng

유의 沉 chén

반의 轻 qīng

예 我在他面前重重地摔了一跤。

나는 그의 앞에서 매우 심하게 미끄러졌다.

형 무겁다, (정도가) 심하다

Voca+
摔跤 shuāi jiāo 동 넘어지다, 자빠지다

Chapter 7. 성질과 상태

A7-3 7-3 성질·성격

Let's Start Up!

주제에 맞는 단어와 예문을 학습해 보세요.

0001

笨

bèn

유의 呆 dāi

반의 聪明 cōngming

예 没有笨女人，只有懒女人。

멍청한 여자는 없다. 단지 게으른 여자만 있을 뿐이다.

형 바보같다, 멍청하다

Voca+

懒 lǎn 형 게으르다, 나태하다

0002

粗心

cūxīn

반의 细心 xìxīn

예 他是个好学生，只是他偶尔有些粗心。

그는 좋은 학생이다. 단지 가끔 조금 부주의할 뿐이다.

형 부주의하다

Voca+

偶尔 ǒu'ěr 부 때때로, 가끔

0003

活泼

huópō

반의 深沉 shēnchén
严肃 yánsù

예 一个活泼的年轻妇女背着照相机和其它设备从外面进来了。

한 활발한 젊은 여자가 사진기와 기타 장비를 메고 밖에서 들어왔다.

형 활발하다, 생기가 있다

Voca+

设备 shèbèi 명 설비, 시설

0004

积极

jījí

반의 消极 xiāojí

예 不管结局怎么样，我们都应该积极地努力。

결과가 어떻게 되든지 간에, 우리는 모두 적극적으로 노력해야만 한다.

형 적극적이다

Voca+

结局 jiéjú 명 결과, 결말, 종국

0005

懒

lǎn

반의 勤 qín

예 我不难相信他在家很懒，他在学校就很懒。

나는 그가 집에서 매우 게으르다는 것이 믿기 어렵지 않다. 그는 학교에서도 매우 게으르기 때문이다.

형 게으르다

0006

浪漫

làngmàn

반의 现实 xiànshí

예 每个女孩子都喜欢浪漫的情调。

모든 여자아이들은 다 낭만적인 분위기를 좋아한다.

형 낭만적이다

Voca+

情调 qíngdiào 명 분위기, 무드

0007

冷静

lěngjìng

유의 镇静 zhènjìng

반의 激动 jīdòng

예 出现这些情况的原因很复杂，要冷静下来具体分析。

이런 상황이 출현한 원인은 복잡하다. 냉정하게 구체적으로 분석해야 한다.

형 냉정하다

Voca+

具体 jùtǐ 형 구체적이다 | 分析 fēnxī 동 분석하다

0008

马虎

mǎhu

반의 仔细 zǐxì

예 我知道她有马虎的坏习惯。

나는 그녀가 덜렁거리는 나쁜 습관이 있다는 것을 알고 있다.

형 덜렁거리다, 대충하다

0009

耐心

nàixīn

반의 急躁 jízào

예 等了30分钟，他终于失去了耐心。

30분을 기다리고 나서, 그는 마침내 인내심을 잃었다.

명 인내심 형 참을성이 강하다

Voca+

终于 zhōngyú 부 마침내, 결국 | 失去 shīqù 동 잃다, 잃어버리다

0010

脾气

píqi

유의 性格 xìnggé

예 我可知道他的脾气，你越劝他去，他越不去。

나는 그의 성격을 잘 아는데, 당신이 그에게 가도록 권할수록 그는 더욱 더 가지 않을 거예요.

명 화, 기질, 성격

Voca+

劝 quàn 동 권하다, 타이르다

0011

缺点

quēdiǎn

반의 优点 yōudiǎn

예 有缺点不要紧，谁没缺点？

결점이 있어도 괜찮아요. 결점 없는 사람이 누가 있겠어요?

명 결점, 단점

Voca+

不要紧 búyàojǐn 형 괜찮다, 문제 될 것이 없다

0012

性格

xìnggé

유의 性情 xìngqíng

예 这个人的性格十分内向，是个不爱说话的人。

이 사람의 성격은 매우 내성적이고, 말하는 것을 좋아하지 않는 사람이다.

명 성격

Voca+

内向 nèixiàng 형 (성격이) 내성적이다, 내향적이다

0013

严格

yángé

유의 严厉 yánlì

예 他们的教练对队员要求很严格。

그들의 코치는 팀원들에 대한 요구가 매우 엄격하다.

형 엄격하다

Voca+

教练 jiàoliàn 명 감독, 코치

0014

幽默

yōumò

유의 风趣 fēngqù

반의 严肃 yánsù

예 他这个人幽默感十足，跟他相处不会觉得无聊。

그는 유머감이 뛰어나서, 그와 함께 지내면 무료함을 느끼지 않을 것이다.

형 유머러스하다

Voca+

相处 xiāngchǔ 동 함께 살다(지내다)

0015

优秀

yōuxiù

유의 良好 liánghǎo

반의 恶劣 èliè

예 奥运会每四年举办一次，全世界最优秀的运动员都来参加比赛。

올림픽은 4년마다 한 번 열리며, 전 세계의 가장 우수한 선수들이 모두 대회에 참가한다.

형 우수하다

0016

质量

zhìliàng

예 这种充电器质量很好，使用方便，价格也不错。

이 충전기는 품질도 좋고, 사용이 편리할 뿐만 아니라 가격도 괜찮다.

명 품질

Voca+

充电器 chōngdiànqì 명 충전기

0017

仔细

zǐxì

유의 细心 xìxīn

반의 马虎 mǎhu

예 跟你的看法不一样，我认为他是一个工作认真、仔细的人。

네 생각과 다르게 나는 그가 일도 열심히 하고 꼼꼼한 사람이라고 생각해.

형 자세하다, 세심하다

1. 보기에서 알맞은 단어를 고르세요.

보기 A. 样子 B. 超过 C. 安全 D. 帅 E. 得意 F. 假

① 모양 ______ ② 득의양양하다 ______

③ 가짜의, 거짓의 ______ ④ 안전하다 ______

⑤ 잘생겼다, 멋있다 ______ ⑥ 초과하다, 넘다 ______

2. 중국어의 뜻과 병음을 서로 연결하세요.

① 아름답다 •	• 复杂 •	• jīngcǎi
② 복잡하다 •	• 合适 •	• fúhé
③ 뛰어나다 •	• 精彩 •	• héshì
④ 부합하다 •	• 美丽 •	• fùzá
⑤ 적당하다 •	• 符合 •	• měilì

3. 밑줄 친 부분에 적합한 단어를 쓰세요.

보기 A. 苦 B. 紧张 C. 困 D. 共同 E. 深 F. 富

① 她______得一句话都不敢说。

② 我相信这项措施将有助于我们______的利益和名誉。

③ 吃午饭以后，我开始感觉到特别______。

④ 他是这里最______的人，但是他生活很朴素。

⑤ 这种鱼生活在______海里。

⑥ 良药______口利于病，快吃吧。

■ 정답은 179쪽에 있습니다.

1. 보기에서 알맞은 단어를 고르세요.

보기 A. 流利 B. 缺少 C. 普遍 D. 流行 E. 热闹 F. 麻烦

① 번화하다 ________ ② 귀찮다, 번거롭다 ________

③ 부족하다 ________ ④ 유창하다 ________

⑤ 유행하다 ________ ⑥ 보편적이다 ________

2. 중국어의 뜻과 병음을 서로 연결하세요.

① 대단하다 •	• 熟悉 •	• lìhài
② 잘 알다 •	• 适合 •	• shìhé
③ 모든 •	• 所有 •	• shòubuliǎo
④ 견딜 수 없다 •	• 厉害 •	• suǒyǒu
⑤ 적합하다 •	• 受不了 •	• shúxī

3. 밑줄 친 부분에 적합한 단어를 쓰세요.

보기 A. 重重 B. 剩 C. 失败 D. 危险 E. 满 F. 穷

① 不要在街上并排骑车，因为那样很________。

② 他一个人就买走了十张票，现在没________几张了。

③ 世界上没有真正的________，除非你自己放弃。

④ 我在他面前________地摔了一跤。

⑤ 对不起，我把行李放哪儿？行李舱已经________了。

⑥ 小时候家里________，经常要在家里劳动，不能去上课，但他成绩一直很好。

■ 정답은 179쪽에 있습니다.

1. 보기에서 알맞은 단어를 고르세요.

보기 A. 许多 B. 详细 C. 无聊 D. 严重 E. 辛苦 F. 响

① 소리가 크다 ________ ② 수고스럽다 ________

③ 무료하다 ________ ④ 자세하다 ________

⑤ 엄중하다 ________ ⑥ 매우 많다 ________

2. 중국어의 뜻과 병음을 서로 연결하세요.

① 더럽다 •	• 丰富 •	• zhèngcháng
② 진정한, 참된 •	• 真正 •	• yǒuqù
③ 정상적이다 •	• 有趣 •	• zāng
④ 풍부하다 •	• 正常 •	• zhēnzhèng
⑤ 흥미 있다 •	• 脏 •	• fēngfù

3. 밑줄 친 부분에 적합한 단어를 쓰세요.

보기 A. 正式 B. 棒 C. 准确 D. 香 E. 专门 F. 自然

① 我们班男生的吉他弹唱节目简直太________了!

② 国家设立了几个________机构。

③ 她很激动，不觉得微微红了脸，动作也显得更不________了。

④ 很多中国人都希望有一天中国的武术能成为奥运会的________比赛项目。

⑤ 做了什么好吃的? 这么________。

⑥ 一般的电子表走时都比较________，通常每天误差在3秒钟之内。

■ 정답은 179쪽에 있습니다.

1. 보기에서 알맞은 단어를 고르세요.

보기 A. 活泼 B. 懒 C. 马虎 D. 永远 E. 脾气 F. 仔细

① 활발하다 ________ ② 영원하다 ________

③ 화, 성격 ________ ④ 덜렁거리다 ________

⑤ 세심하다 ________ ⑥ 게으르다 ________

2. 중국어의 뜻과 병음을 서로 연결하세요.

① 우수하다 •	• 耐心 •	• quēdiǎn
② 냉정하다 •	• 严格 •	• lěngjìng
③ 인내심 •	• 缺点 •	• yángé
④ 결점, 단점 •	• 优秀 •	• nàixīn
⑤ 엄격하다 •	• 冷静 •	• yōuxiù

3. 밑줄 친 부분에 적합한 단어를 쓰세요.

보기 A. 幽默 B. 质量 C. 浪漫 D. 相同 E. 性格 F. 耐心

① 每个女孩子都喜欢________的情调。

② 这个人的________十分内向，是个不爱说话的人。

③ 这种充电器________很好，使用方便，价格也不错。

④ 他这个人________感十足，跟他相处不会觉得很压抑。

⑤ 他们俩是双胞胎，可是性格大不________。

⑥ 等了30分钟，他终于失去了________。

■ 정답은 179쪽에 있습니다.

Chapter 8. 행위와 동작

A8-1 **8-1 행위**

Let's Start Up!

주제에 맞는 단어와 예문을 학습해 보세요.

0001

安排
ānpái

유의 布置 bùzhì
部署 bùshǔ

예 老师安排我们去办公室打扫卫生。
선생님께서는 우리를 사무실에 가서 청소하라고 안배하셨다.

동 안배하다

0002

保护
bǎohù

유의 维护 wéihù

반의 破坏 pòhuài

예 地球环境需要人类共同来保护。
지구 환경은 인류가 다 같이 보호해야 한다.

동 보호하다

0003

报名
bào míng

예 我报名参加了一个汉语演讲比赛。
나는 중국어 말하기 대회에 참가를 신청했다.

동 접수하다, 등록하다

Voca+
演讲 yǎnjiǎng 명 강연, 웅변

0004

保证
bǎozhèng

유의 担保 dānbǎo

예 我可以保证这些信息绝对信实。
나는 이 소식들이 절대 믿을 만한 것이라고 보증할 수 있다.

동 보증하다

Voca+
信息 xìnxī 명 정보 | 绝对 juéduì 형 절대적인, 무소건석인 | 信实 xìnshí 형 진실하다, 참되다

0005

表扬
biǎoyáng

반의 批评 pīpíng

예 他平时看上去对什么都满不在乎，但是大庭广众之下表扬他，他还是会害羞。

그는 평소에는 어떤 것에 대해서도 전혀 개의치 않는 것처럼 보이지만, 그러나 홀의 관중이 그를 칭찬하면 그는 아무래도 부끄러워할 것이다.

동 칭찬하다, 표창하다

Voca+
满不在乎 mǎnbúzàihu 성 전혀 개의치 않다, 조금도 마음에 두지 않다 | 广众 guǎngzhòng 명 군중, 많은 사람 | 害羞 hàixiū 동 부끄러워하다, 수줍어하다

0006

参观
cānguān

예 我们参观了西藏的布达拉宫，很辉煌。

우리는 시짱의 포탈라궁을 참관했는데, 매우 휘황찬란했다.

동 참관하다

Voca+
布达拉宫 Bùdálāgōng 명 포탈라(Potala)궁 | 辉煌 huīhuáng 형 (빛이) 휘황찬란하다, 눈부시다

0007

打扮
dǎban

유의 化妆 huàzhuāng

예 她花了3个小时打扮自己。

그녀는 3시간을 들여 화장을 했다.

동 화장하다, 치장하다

0008

打扰
dǎrǎo

예 我睡觉的时候最讨厌别人打扰我了。

나는 잘 때 다른 사람이 나를 방해하는 것을 가장 싫어한다.

동 방해하다, 폐를 끼치다

0009

打印
dǎyìn

예 老师交给我一份文件，要求我务必在下午上课之前打印好交给他。

선생님께서 나에게 파일를 하나 주시면서, 반드시 오후 수업 전까지 다 프린트해서 그에게 제출하라고 요구하셨다.

동 인쇄하다, 프린트하다

Voca+
务必 wùbì 부 반드시, 꼭

0010

自信
zìxìn

예 看起来他体格结实而且很有自信。

그는 체격이 건장하고 자신감이 있어 보인다.

형 자신 있다 명 자신

0011

打折

dǎzhé

예 今天过节，所有商店都打折促销。

오늘 새해를 맞이해서, 모든 상점이 다 할인 판매를 하고 있다.

동 할인하다

Voca+

促销 cùxiāo 동 판매를 촉진시키다, 판촉하다

Tip '打折'는 '세일하다, 할인하다'는 의미의 단어로 구체적으로 몇 퍼센트 세일인지를 표시할 수도 있습니다. '打七折'라고 한다면, 얼핏 보기에는 70% 세일인 것으로 생각될 수 있지만, 이것은 10을 기준으로 7에 해당하는 가격만 받는다는 뜻으로 '30% 할인'이라는 의미이므로 혼동하지 않도록 주의하세요.

0012

当

dāng

예 妻子不在家，他又当爸爸又当妈妈，很辛苦。

아내가 집에 없어서 그는 아빠 역할도 담당하고, 엄마 역할도 담당하느라 고생이 많다.

동 담당하다

0013

调查

diàochá

예 凡是参与这次调查的人，都可以收到一份纪念品。

이번 조사에 참가한 모든 사람은 모두 기념품을 받을 수 있다.

명 조사 동 조사하다

Voca+

凡是 fánshì 부 모든, 대체로, 무릇

0014

丢

diū

유의 失 shī

반의 得 dé

예 星期天出去玩，回来之后我发现我丢了好多东西。

일요일에 놀러 나갔다가 돌아온 후에 나는 여러 가지 물건을 잃어버렸다는 것을 발견했다.

동 잃어버리다

0015

放弃

fàngqì

빈의 保留 bǎoliú

예 他放弃了学了十年的医学，改学文学。

그는 10년 동안 공부했던 의학을 포기하고, 문학 공부로 바꿨다.

동 포기하다

0016

翻译

fānyì

예 你可以把他刚说的给我翻译一下吗?

당신 저에게 그가 방금 말한 것을 좀 통역해 줄 수 있나요?

동 통역하다, 번역하다

0017

复印

fùyìn

예 要想办理手续，我必须要提交我的身份证复印件。

수속을 처리하려면, 나는 반드시 내 신분증 복사본을 제출해야 한다.

명 복사 동 복사하다

Voca+

身份证 shēnfènzhèng 명 신분증

0018

负责

fùzé

예 她在工厂负责看管机器零配件仓库。

그녀는 공장에서 기계 부품 창고를 맡아보는 일을 책임지고 있다.

동 책임지다

Voca+

零配件 língpèijiàn 명 부품, 부속품 | 仓库 cāngkù 명 창고, 곳간, 식량 창고

0019

够

gòu

예 冰箱里的水果已经够多的了。

냉장고 안의 과일이 이미 충분히 많다.

동 만족하다, 충분하다

0020

管理

guǎnlǐ

예 作为一个领导人，你要学会管理一个集体。

리더로서 당신은 그룹을 관리하는 것을 배워야 한다.

동 관리하다

Voca+

集体 jítǐ 명 집단, 단체, 그룹

0021

鼓励

gǔlì

반의 打击 dǎjī

예 当你做好了某一件事的时候，你要自己鼓励自己。

당신이 어떤 일을 잘 해냈을 때는 스스로 자신을 격려해야 한다.

동 격려하다, 용기를 북돋우다

0022

后悔
hòuhuǐ

예 我很后悔当初没有和他一起走，如果一起走就不会有这么多麻烦事。

나는 애초에 그와 함께 가지 않은 것을 매우 후회하고 있다. 만약 함께 갔다면 이렇게 번거로운 일이 많지는 않았을 것이다.

동 후회하다

Voca+
当初 dāngchū 명 당시, 그때

0023

怀疑
huáiyí

유의 疑心 yíxīn
반의 相信 xiāngxìn

예 他们的所作所为，很有理由让我怀疑他们有阴谋。

그들의 모든 행위는 나로 하여금 그들이 음모가 있다는 것을 의심하게 하는 충분한 이유가 된다.

동 의심하다

Voca+
所作所为 suǒzuòsuǒwéi 성 모든 행위, 행동거지, 한 일 | 阴谋 yīnmóu 명 음모

0024

活动
huódòng

예 我们今天有好多活动，但是因为他受伤了，所以大家都玩得不开心。

우리는 오늘 여러 가지 활동이 있었지만, 그의 부상 때문에 모두들 즐겁게 놀지는 못했다.

명 활동 동 활동하다

0025

解释
jiěshì

유의 说明 shuōmíng
解说 jiěshuō

예 事情已经查清楚了，你不用解释了。

일은 이미 분명하게 조사됐으니, 당신이 설명할 필요는 없습니다.

동 해설하다, 해석하다

Voca+
查 chá 동 검사하다, 조사하다

0026

接受
jiēshòu

유의 接收 jiēshōu
반의 拒绝 jùjué

예 他接受了我的意见，我以后会很认真地帮助他度过难关。

그는 내 의견을 받아들였다. 나는 이후에 그가 난관을 헤쳐나가는 것을 열심히 도와줄 것이다.

동 받아들이다, 접수하다

Voca+
度过 dùguò 동 (시간을) 보내다, 지내다 | 难关 nánguān 명 어려움, 난관

0027

节约

jiéyuē

반의 浪费 làngfèi

예 我们现在要节约粮食，为后代人创造更好的生活条件。

우리가 지금 식량을 절약해야 하는 것은 후대 사람들에게 더 좋은 생활 조건을 만들어주기 위해서이다.

동 절약하다

Voca+

创造 chuàngzào 동 창조하다, 만들다

0028

经历

jīnglì

예 他的人生经历了很多坎坷，不过现在他生活得很好。

그의 인생은 많은 어려움을 겪었으나 지금 그는 매우 잘 살고 있다.

동 겪다, 경험하다

Voca+

坎坷 kǎnkě 형 인생이 순탄하지 못하다, 불우하다

0029

竞争

jìngzhēng

예 这个社会是有竞争的社会，适者生存，弱者淘汰。

이 사회는 경쟁 사회이다. 적자가 생존하고 약자는 도태된다.

명 경쟁 동 경쟁하다

Voca+

淘汰 táotài 동 (쓸데없거나 적합하지 않은 것 등을) 도태하다, 추려내다

0030

进行

jìnxíng

예 我们今天晚上要进行篮球比赛，我们一定会拼尽全力的。

우리는 오늘 저녁 농구 시합을 진행하려고 한다. 우리는 반드시 전력을 다할 것이다.

동 진행하다

Voca+

拼尽 pīnjìn 동 전력을 다하다

0031

禁止

jìnzhǐ

유의 制止 zhìzhǐ

반의 允许 yǔnxǔ

예 这里贴有禁止吸烟的标志，但他还是在这里抽烟。

여기에 흡연금지 표지가 붙어있는데도 그는 여전히 이곳에서 담배를 피우고 있다.

동 금지하다

0032

举办

jǔbàn

유의 举行 jǔxíng

예 这届奥运会将在我们国家举办，对此我们都感到非常兴奋。

이번 올림픽은 우리나라에서 개최된다. 이것에 대해 우리는 모두 매우 흥분하고 있다.

동 거행하다, 개최하다

0033

拒绝

jùjué

유의 回绝 huíjué

반의 答应 dāying

예 小明说他喜欢我，但我拒绝了他。

샤오밍은 그가 나를 좋아한다고 말했다. 그러나 나는 그를 거절했다.

동 거절하다

0034

来不及

láibují

반의 来得及 láidejí

예 我每天早上都起来得很迟，所以很担心来不及上课。

나는 매일 아침 늦게 일어난다. 그래서 제시간에 수업에 가지 못할까 봐 걱정이다.

동 제시간에 맞추지 못하다

0035

来得及

láidejí

반의 来不及 láibují

예 别急，我们一定能来得及去那个地方。

조급해하지 마세요. 우리는 반드시 그곳에 제시간에 갈 수 있어요.

동 제시간에 맞출 수 있다

0036

例如

lìrú

예 小卖部虽然很小，但东西很全，例如服装、家电、食品等应有尽有。

매점은 비록 작지만 물건은 다 갖추어져 있다. 예를 들어 옷, 가전제품, 식품 등 있을 것은 다 있다.

동 예를 들다

Voca+

应有尽有 yīngyǒujìnyǒu 성 온갖 것이 다 있다, 없는 것이 없다

0037

排列
páiliè

예 一切都在记忆中，一想便全想起来，他得慢慢把它们排列起来，整理好。

모든 것이 다 기억 속에 있어서 한번 생각하기 시작하면 전부 다 생각이 난다. 그는 천천히 그것들을 배열해서 잘 정리해야만 한다.

동 배열하다

0038

陪
péi

예 今天他有时间陪我们去玩儿。

오늘 그는 시간이 있어서 우리를 데리고 놀러 갔다.

동 동반하다, 모시다

0039

骗
piàn

유의 欺 qī

예 他常常骗人，没有人相信他。

그는 자주 사람을 속이기 때문에 아무도 그를 믿지 않는다.

동 속이다

0040

取
qǔ

예 他还没把钱取回来。

그는 아직 돈을 찾아 돌아오지 않았다.

동 받다, 취하다

0041

省
shěng

반의 费 fèi

예 为了省时间，他买了一个汉堡包，一边走一边吃。

시간을 절약하기 위해, 그는 햄버거를 사서 걸으면서 먹었다.

동 절약하다

0042

申请
shēnqǐng

예 等我学完语言，我想申请个更好的大学进修。

언어를 다 배우고 나면, 나는 더 좋은 대학교의 연수 과정을 신청하고 싶다.

동 신청하다

0043

排队
pái duì

예 学生们按照身高进行排队。

학생들은 키 순서대로 줄을 섰다.

동 정렬하다, 줄을 서다

0044

适应

shìyìng

유의 适合 shìhé

예 他们完全适应了从早到晚整齐划一的生活。

그들은 아침부터 저녁까지 규칙적이고 획일적인 생활에 완전히 적응했다.

동 적응하다

Voca+

整齐 zhěngqí 형 규칙적이다, 정연하다, 단정하다 | 划一 huàyī 형 획일적이다

0045

使用

shǐyòng

예 她使用汉语的时候一点儿也不困难。

그녀는 중국어를 사용할 때 조금도 어려움을 느끼지 않는다.

동 사용하다

0046

收拾

shōushi

유의 收束 shōushù

예 她想先洗洗衣服，然后收拾一下儿房间。

그녀는 먼저 빨래를 하고, 그러고 나서 방을 좀 정리하려고 한다.

동 정리하다, 치우다

0047

输

shū

반의 赢 yíng

예 中国队以1比2输给了韩国队。

중국팀은 1 대 2로 한국팀에게 졌다.

동 지다, 패하다

0048

说明

shuōmíng

유의 解说 jiěshuō

예 他说明了这台机器的用法。

그는 이 기계의 사용법에 대해 설명했다.

동 설명하다

0049

填空

tián kòng

예 选择正确的词填空。

알맞은 단어를 선택해서 빈칸을 채우세요.

동 빈칸을 채우다

0050

提供
tígōng

예 塑料袋在为消费者提供方便的同时，却也造成了严重的资源浪费和环境污染。

비닐봉지는 소비자에게 편리함을 제공하는 동시에, 또한 심각한 자원 낭비와 환경오염을 조성했다.

동 제공하다

Voca+
塑料袋 sùliàodài 명 비닐봉지 | 消费者 xiāofèizhě 명 소비자

0051

提前
tíqián

유의 提早 tízǎo
반의 推迟 tuīchí

예 如果你也参加，请不要迟到，并且提前做好准备。

만약 당신도 참가할 거면 지각하지 마세요. 그리고 미리 준비를 마쳐 주세요.

동 (예정보다 시간을) 앞당기다

0052

提醒
tíxǐng

유의 提示 tíshì

예 谢谢你提醒我，我完全忘了他今天下午要来。

저에게 알려주셔서 고맙습니다. 저는 그가 오늘 오후에 온다는 것을 완전히 잊고 있었어요.

동 일깨우다, 알리다

0053

推迟
tuīchí

반의 提前 tíqián

예 今天下了一场大雨，原定的计划要推迟了。

오늘 비가 많이 와서 원래 예정되어 있던 계획을 뒤로 미루려고 한다.

동 뒤로 미루다, 연기하다

0054

笑话
xiàohua

유의 见笑 jiànxiào

예 他很会说笑话。

그는 우스갯소리를 잘한다.

명 우스갯소리, 우스운 이야기

0055

建议
jiànyì

예 医生建议病人马上做手术，他也同意了。

의사는 환자에게 바로 수술하자고 건의했고, 그도 동의했다.

동 건의하다 명 건의, 제안

0056

吸引

xīyǐn

반의 排斥 páichì

예 电视和电影演这样的内容比较容易吸引观众。

TV와 영화에서 이러한 내용을 방영하면 비교적 쉽게 관중의 관심을 끌 수 있다.

동 관심을 끌다

0057

赢

yíng

유의 胜 shèng

반의 输 shū

예 股市里要想赢得最大的收入和利益，把握卖股票的时间十分重要。

주식 시장에서 최대의 수입와 이익을 거두고 싶으면, 주식을 파는 시간을 장악하는 것이 무척 중요하다.

동 이기다, 따다

Voca+

股市 gǔshì 명 주식 시장 | 股票 gǔpiào 명 주식, 증권 | 把握 bǎwò 동 파악하다, 장악하다

0058

引起

yǐnqǐ

예 他的行动引起了大家的注意。

그의 행동은 모두의 주의를 끌었다.

동 야기하다, (사건 등을) 일으키다

0059

原谅

yuánliàng

유의 谅解 liàngjiě

반의 责备 zébèi

예 他既然已经认错了，就原谅他这一次吧。

그는 이미 잘못을 인정했으니, 이번 한번만 그를 용서해 주세요.

동 용서하다

Voca+

认错 rèn cuò 동 잘못을 인정하다, 오류를 시인하다

0060

允许

yǔnxǔ

유의 容许 róngxǔ

반의 禁止 jìnzhǐ

예 我希望父亲允许我去美国留学。

나는 내가 미국 유학 가는 것을 아빠가 허락해 주시기를 희망한다.

동 허락하다, 허가하다

0061

整理
zhěnglǐ

예 她偶尔轻轻地抬手整理整理头发。

그녀는 가끔 가볍게 손을 들어 머리카락을 한번 정리하곤 한다.

동 정리하다

0062

证明
zhèngmíng

예 这个决定，现在已为事实所证明，也无需进行任何解释了。

이 결정은 현재 이미 사실로 증명되었으며, 또한 어떠한 해설도 진행할 필요가 없다.

동 증명하다

Voca+

无需 wúxū 동 ~할 필요가 없다 | 解释 jiěshì 명 해석, 해설

0063

指
zhǐ

예 “月光族”就是指那些把当月工资花得一分不剩的年轻消费群体。

'월광족'은 그 달의 월급을 남김없이 다 쓰는 젊은 소비층을 일컫는 말이다.

동 가리키다, 지시하다

Voca+

群体 qúntǐ 명 단체, 집단

0064

总结
zǒngjié

예 他们总结了过去的经验。

그들은 과거의 경험을 총정리했다.

동 총괄하다, 정리하다

0065

表示
biǎoshì

예 “两”和“二”都表示“2”这个数目，在量词前用“两”不用“二”。

'两'과 '二'은 모두 '2'라는 숫자를 표시한다. 양사 앞에서는 '两'을 쓰고, '二'을 쓰지 않는다.

동 표시하다

Voca+

数目 shùmù 명 숫자 | 量词 liàngcí 명 양사

0066

举行
jǔxíng

예 2018年平昌举行了冬季奥林匹克运动会。
2018년 평창은 동계올림픽을 개최했다.

동 거행하다, 개최하다

Voca+
奥林匹克运动会 Àolínpǐkè Yùndònghuì 명 올림픽

0067

使
shǐ

예 丢了护照使他很着急。
여권을 잃어버린 것이 그를 초조하게 했다.

동 (~에게) ~하게 하다

Voca+
丢 diū 동 잃어버리다 | 护照 hùzhào 명 여권

0068

作用
zuòyòng

예 这药起到治疗失眠的作用。
이 약은 불면증을 치료하는 작용을 한다.

명 작용, 역할, 효과

Voca+
药 yào 명 약 | 治疗 zhìliáo 동 치료하다 | 失眠 shīmián 명 불면증

0069

放松
fàngsōng

반의 抓紧 zhuājǐn

예 今天感觉到特别累，所以晚上要好好地放松一下。
오늘 특히 피곤하게 느껴져서 저녁에 잘 쉬어야겠다.

동 (긴장을) 늦추다, 쉬다

0070

接着①
jiēzhe

예 对不起，我还有事，明天接着谈好吗？
죄송합니다, 제가 또 일이 있어서요. 내일 계속해서 이야기해도 괜찮으신가요?

부 연달아, 계속해서

接着②
jiēzhe

예 我们要先把书本的知识看一遍，接着再做练习。
우리는 먼저 책 속의 지식을 한 번 다 보고 그러고 나서 다시 익혀야 한다.

접 그러고 나서, 그런 후에

0071

应聘

yìngpìn

반의 招聘 zhāopìn

예 我不能应聘那家公司，我决定回国了。

나는 이미 귀국하기로 결정했기 때문에 나는 그 회사에 지원할 수 없다.

동 지원하다

0072

旅行①

lǚxíng

예 旅行社将为你安排旅行，或者你也可以自己安排交通工具。

여행사에서 네 여행을 안배해줄 수도 있고, 아니면 네 스스로도 교통수단을 정할 수도 있다.

동 여행하다

旅行②

lǚxíng

예 天气恶劣，破坏了我们的旅行。

날씨가 너무 나빠서 우리의 여행을 망쳤다.

명 여행

0073

研究

yánjiū

예 这项工作值得研究。

이 일은 연구할 가치가 있다.

동 연구하다, 탐구하다

0074

照①

zhào

예 这些灯把这里照得非常明亮。

이 등불이 이곳을 아주 밝게 밝혔다.

동 비추다, 비치다, 빛나다

照②

zhào

예 我照的是妈妈的侧面。

내가 찍은 것은 어머니의 측면이다.

동 (사진이나 영화를) 찍다

Voca+

侧面 cèmiàn 명 옆면, 측면

照③

zhào

예 照目前的情况看，我们班主任还那么忙。

현재의 상황에 비춰보면, 우리 담임선생님은 아직도 그렇게 바쁘시다.

개 ~에 의거해서, ~에 근거해서

Voca+

班主任 bānzhǔrèn 명 담임교사, 학급담임

1. 보기에서 알맞은 단어를 고르세요.

보기 A. 打折 B. 表扬 C. 安排 D. 解释 E. 翻译 F. 当

① 할인하다 ________ ② 해설하다, 해석하다 ________

③ 담당하다 ________ ④ 칭찬하다, 표창하다 ________

⑤ 안배하다 ________ ⑥ 통역하다, 번역하다 ________

2. 중국어의 뜻과 병음을 서로 연결하세요.

① 관리하다 •	• 调查 •	• dǎyìn
② 인쇄하다 •	• 保护 •	• huáiyí
③ 보호하다 •	• 管理 •	• diàochá
④ 의심하다 •	• 怀疑 •	• bǎohù
⑤ 조사하다 •	• 打印 •	• guǎnlǐ

3. 밑줄 친 부분에 적합한 단어를 쓰세요.

보기 A. 负责 B. 放弃 C. 打扰 D. 保证 E. 报名 F. 后悔

① 我可以________这些信息绝对信实。

② 我睡觉的时候最讨厌别人________我了。

③ 他________了学了十年的医学，改学文学。

④ 她在工厂________看管机器零配件仓库。

⑤ 我很________当初没有和他一起走，如果一起走就不会有这么多麻烦事。

⑥ 我________参加了一个汉语演讲比赛。

■ 정답은 180쪽에 있습니다.

1. 보기에서 알맞은 단어를 고르세요.

보기 A. 排列 B. 来得及 C. 例如 D. 输 E. 骗 F. 节约

① 예를 들다 ______ ② 속이다 ______

③ 시간에 맞출 수 있다 ______ ④ 지다 ______

⑤ 배열하다 ______ ⑥ 절약하다 ______

2. 중국어의 뜻과 병음을 서로 연결하세요.

① 적응하다 •	• 经历 •	• shìyìng
② 겪다, 경험하다 •	• 适应 •	• jiēshòu
③ 받아들이다 •	• 填空 •	• tígōng
④ 빈칸을 채우다 •	• 提供 •	• jīnglì
⑤ 제공하다 •	• 接受 •	• tián kòng

3. 밑줄 친 부분에 적합한 단어를 쓰세요.

보기 A. 陪 B. 禁止 C. 拒绝 D. 进行 E. 省 F. 收拾

① 我们今天晚上要______篮球比赛，我们一定会拼尽全力的。

② 这里贴有______吸烟的标志，但他还是在这里抽烟。

③ 今天他有时间______我们去玩儿。

④ 她想先洗洗衣服，然后______一下儿房间。

⑤ 小明说他喜欢我，但我______了他。

⑥ 为了______时间，他买了一个汉堡包，一边走一边吃。

■ 정답은 180쪽에 있습니다.

Chapter 8. 행위와 동작

A8-2 **8-2 동작**

Let's Start Up! 주제에 맞는 단어와 예문을 학습해 보세요.

0001

抱

bào

예 她抱的希望过大，所以受的打击也大。

그녀는 품은 희망이 무척 커서, 받은 타격도 크다.

동 안다, 껴안다

Voca+

打击 dǎjī 동 타격을 주다, 의욕이나 기를 꺾다

0002

擦

cā

예 妈妈用湿毛巾擦孩子的脸。

엄마가 물수건으로 아이의 얼굴을 닦아 준다.

동 마찰하다, 문지르다

Voca+

湿 shī 형 습하다, 축축하다 | 毛巾 máojīn 명 수건, 타월

0003

抽烟

chōu yān

유의 吸烟 xīyān

예 我想阻止我爸爸抽烟，但他不听我的。

나는 우리 아빠가 담배 피우시는 걸 막고 싶은데, 내 얘기를 듣지 않으신다.

동 담배 피우다

0004

出发

chūfā

유의 动身 dòngshēn

예 我听说你要回国，你什么时候出发?

나는 당신이 귀국한다고 들었는데, 당신 언제 출발하나요?

동 출발하다

0005

提

tí

예 我向他提了一个建议。

나는 그에게 한 가지 건의를 제기했다.

동 제시하다, 제기하다

0006

掉
diào

예 树叶纷纷从树上掉下来。

나뭇잎이 나무에서 연달아 떨어져 내렸다.

동 떨어지다

Voca+
纷纷 fēnfēn 부 (많은 사람이나 사물이) 잇달아, 연달아

0007

动作
dòngzuò

예 他帅气的动作很像明星。

그의 멋진 동작은 마치 연예인 같다.

명 동작 동 움직이다

Voca+
明星 míngxīng 명 스타 [유명한 연예인·운동 선수·기업인 등을 이름]

0008

干
gàn

예 我干了半天活，才赚了一点儿钱。

나는 한참 동안 일을 하고, 겨우 푼돈을 벌었다.

동 일을 하다, 담당하다

Voca+
干活 gàn huó 동 일하다 | 半天 bàntiān 명 한나절, 한참

Tip '干'은 '일하다'라는 동사로 쓰일 때는 4성으로 발음하지만, '건조하다, 마르다'라는 뜻의 형용사로 쓰일 때는 'gān'이라고 1성으로 발음합니다.

0009

挂
guà

예 那个钉子太小了，怕是挂不了这么重的东西。

그 못은 너무 작아서 이렇게 무거운 물건을 걸지 못할 것 같아요.

동 붙어있다, 걸다

Voca+
钉子 dīngzi 명 못

0010

逛
guàng

예 妈妈最喜欢逛街，每个周末都去逛商店。

엄마는 거리 구경하는 것을 가장 좋아하셔서 매주 주말에 상점 구경을 가신다.

동 거닐다, 구경하다

0011

继续
jìxù

예 读完大学我要继续深造，攻读硕士学位。

대학을 마치고 나는 계속 학문을 닦아 석사 학위를 딸 것이다.

동 계속하다, 끊임없이 하다

Voca+
深造 shēnzào 동 더욱 깊이 연구하다, 학문을 더 닦다 | 攻读 gōngdú 동 공부하다, 전공하다 | 硕士学位 shuòshì xuéwèi 명 석사 학위

0012

拉

lā

반의 推 tuī

예 孩子不停地拉妈妈的袖子试图引起她的注意。

아이가 끊임없이 엄마의 소매를 끌어당기며 엄마의 주의를 끌려고 시도했다.

동 끌다, 당기다

Voca+

袖子 xiùzi 명 소매 | 试图 shìtú 동 시도하다

0013

理发

lǐfà

예 这个理发店的生意不错，原因是师傅的理发手艺好。

이 이발소의 장사는 괜찮다. 원인은 아저씨의 이발 솜씨가 좋기 때문이다.

동 이발하다

Voca+

手艺 shǒuyì 명 손재간, 솜씨

0014

留

liú

반의 去 qù

예 这屋子里没有什么可留用的东西了，都处理了吧。

이 방에는 뭐 남겨서 쓸만한 물건이 없어요. 다 처리하세요.

동 남기다, 머무르다

0015

弄

nòng

예 他把我的车弄坏了。

그는 내 차를 망가뜨렸다.

동 하다, 만들다, 다루다

0016

敲

qiāo

예 我听见了敲门声。

나는 노크 소리를 들었다.

동 두드리다, 노크하다

0017

扔

rēng

유의 丢 diū

예 她今天收拾了房子，把没用的东西通通扔出去了。

그녀는 오늘 방을 정리하고, 필요 없는 물건을 싹 버렸다.

동 던지다, 버리다

Voca+

通通 tōngtōng 부 모두, 전부, 다

0018

收

shōu

반의 送 sòng, 发 fā

예 我没收到包裹。

나는 소포를 받지 못했다.

동 받다

Voca+

包裹 bāoguǒ 명 소포, 보따리

0019

受到

shòudào

예 孩子们受到了很好的教育。

아이들은 매우 좋은 교육을 받았다.

동 받다

0020

抬

tái

반의 压 yā

예 我难为情得抬不起头来。

나는 쑥스러워서 고개를 들 수가 없다.

동 들어올리다

Voca+

难为情 nánwéiqíng 형 부끄럽다, 쑥스럽다

0021

谈

tán

유의 聊 liáo

예 要是有矛盾，双方应该坐下来谈一谈。

만약 갈등이 있으면, 쌍방이 앉아서 이야기를 좀 해야 한다.

동 말하다, 이야기하다

0022

躺

tǎng

예 我们家的猫在沙发上躺着呢。

우리 집 고양이는 소파에 누워 있다.

동 눕다

0023

讨论

tǎolùn

유의 议论 yìlùn

예 我们要养成讨论的习惯，在讨论中找出解答问题的最佳途径。

우리는 토론하는 습관을 기르고, 토론하는 과정 속에서 문제를 해결하는 가장 좋은 경로를 찾아야 한다.

동 토론하다 명 토론

Voca+

解答 jiědá 동 해답하다, 의문을 풀다 | 佳 jiā 형 좋다, 아름답다 | 途径 tújìng 명 경로, 과정, 방법

0024
通过
tōngguò

예 他通过了人学考试。
그는 입학 시험을 통과했다.

동 건너가다, 통과하다

0025
通知
tōngzhī

예 他们接到了一个紧急通知。
그들은 긴급 통지를 받았다.

명 통지

0026
推
tuī

반의 拉 lā

예 前边推过来一辆卖菜的小车，车上放着各种蔬菜，都很新鲜。
앞쪽에서 채소를 파는 차를 밀고 왔는데, 차에 놓인 각종 채소들은 모두 다 신선했다.

동 밀다

Voca+
蔬菜 shūcài 명 채소, 야채

0027
醒
xǐng

반의 睡 shuì, 醉 zuì

예 今天是周末，但是突然闹钟响了，我醒了。
오늘은 주말인데, 갑자기 알람이 울려서 나는 잠에서 깼다.

동 잠에서 깨다

0028
举
jǔ

예 他和爸爸在下棋，举着棋子，断定不了往哪儿走。
그는 아버지와 장기를 두고 있는데, 장기알을 들고 어디에 둘지 결정을 못하고 있다.

동 들다, 들어올리다

Voca+
下棋 xiàqí 동 장기·바둑을 두다 | 断定 duàndìng 동 결정하다, 결론을 내리다

0029
来自
láizì

예 来自世界各地的朋友们在这里聚会。
세계 각지에서 온 친구들이 여기서 모인다.

동 ~로부터 오다

0030

停①
tíng

유의 休 xiū

예 等雨停了再走。
비가 그치면 가세요.

동 정지하다, 멎다

停②
tíng

예 路过北京停了三天。
베이징에 들러 3일을 머물렀다.

동 머물다, 묵다, 체류하다

0031

转①
zhuàn

예 风车不停地转。
바람개비가 끊임없이 돈다.

동 돌다, 회전하다

Voca+
风车 fēngchē 명 바람개비

转②
zhuàn

예 弟弟在世界各地转了一圈。
남동생은 세계 각지를 두루 돌아다녔다.

동 (한가하게) 돌아다니다

Voca+
圈 quān 양 바퀴 명 동그라미

转③
zhuǎn

예 我们希望明天天气转好。
우리는 내일 날씨가 좋아지기를 바란다.

동 돌다, 바뀌다, 전환하다

0032

存
cún

유의 蓄 xù

예 今年的目标是存好多的钱，然后给我自己买一个自行车。
올해의 목표는 많은 돈을 저축하는 것이다. 그러고 나서 나는 자신에게 자전거를 사줄 것이다.

동 저축하다, 모으다

0033

倒

dào

반의 正 zhèng, 顺 shùn

예 司机师傅一般倒车的时候，都会很注意路面的状况。

운전기사는 일반적으로 후진할 때 노면의 상황에 대해 매우 주의한다.

동 (상하 또는 전후가) 뒤집히다

Tip '倒'가 '넘어지다, 쓰러지다, 파산하다' 등의 의미로 쓰일 때는 'dǎo'라고 3성으로 읽습니다.

0034

降落

jiàngluò

반의 起飞 qǐfēi

예 飞机安全地降落在仁川国际机场。

비행기는 안전하게 인천국제공항에 착륙했다.

동 내려오다, 착륙하다

0035

修理

xiūlǐ

예 他联系了一个会修理复印机的人。

그는 복사기를 수리할 수 있는 사람에게 연락했다.

동 수리하다, 고치다

Voca+

复印机 fùyìnjī 명 복사기

0036

赶①

gǎn

예 你赶末班车还来得及。

당신 막차를 타기에 아직 시간이 늦지 않았어요.

동 뒤쫓다, 따라가다, 재촉하다

Voca+

末班车 mòbānchē 명 막차 | 来得及 láidejí 늦지 않다, 시간에 댈 수 있다

赶②

gǎn

예 他匆匆赶写出了几篇文章。

그는 매우 급하게 글을 몇 편 써냈다.

동 서두르다, 다그치다, 재촉하다

Voca+

匆匆 cōngcōng 형 매우 급하다

赶③

gǎn

예 如果你不交房租，就会被赶出去。

만약 네가 방세를 내지 않으면 바로 쫓겨날 거야.

동 쫓아내다, 쫓아버리다, 몰아내다

Tip 赶不上 gǎnbushàng 따라잡지 못하다, (시간이 부족하여) ~할 시간이 없다
赶回来 gǎnhuílái 급히(서둘러) 돌아오다

1. 보기에서 알맞은 단어를 고르세요.

보기 A. 动作 B. 赶 C. 拉 D. 挂 E. 举 F. 来自

① 붙어있다, 걸다 ______ ② 들다, 들어올리다 ______

③ ~로부터 오다 ______ ④ 끌다, 당기다 ______

⑤ 뒤쫓다, 따라가다 ______ ⑥ 움직이다 ______

2. 중국어의 뜻과 병음을 서로 연결하세요.

① 하다, 다루다 •	• 通过 •	• tuī
② 밀다 •	• 弄 •	• jiàngluò
③ 착륙하다 •	• 降落 •	• jìxù
④ 끊임없이 하다 •	• 推 •	• nòng
⑤ 통과하다 •	• 继续 •	• tōngguò

3. 밑줄 친 부분에 적합한 단어를 쓰세요.

보기 A. 躺 B. 敲 C. 提 D. 擦 E. 停 F. 抽烟

① 我向他______了一个建议。

② 等雨______了再走。

③ 我们家的猫在沙发上______着呢。

④ 我听见了______门声。

⑤ 妈妈用湿毛巾______孩子的脸。

⑥ 我想阻止我爸爸______，但他不听我的。

■ 정답은 180쪽에 있습니다.

Chapter 8. 행위와 동작

A8-3 **8-3 출현·변화**

Let's Start Up!

주제에 맞는 단어와 예문을 학습해 보세요.

0001

成功

chénggōng

유의 胜利 shènglì

반의 失败 shībài

예 这一次买卖成功了，我再也不主张冒这样的风险赚钱。

이번 거래가 성공하고 나면, 나는 다시는 이렇게 위험을 무릅쓰고 돈을 벌자고 주장하지 않을 것이다.

동 성공하다 명 성공

Voca+

冒 mào 동 (위험을) 무릅쓰다, 아랑곳하지 않다 | 风险 fēngxiǎn 명 위험, 모험

0002

成为

chéngwéi

예 自从她成为家庭主妇以后，总觉得心里少了点儿什么似的。

그녀는 전업주부가 된 이후로, 늘 마음 속에 뭔가 부족한 것 같은 생각이 들었다.

동 ~이(가) 되다, ~으로 되다

Voca+

似的 shìde 조 ~와 같다, ~와 비슷하다

0003

出生

chūshēng

유의 诞生 dànshēng

반의 死亡 sǐwáng

예 他出生在北京。

그는 베이징에서 태어났다.

동 태어나다

0004

降低

jiàngdī

예 通货膨胀会降低物品的市场价格。

통화팽창은 물품의 시장 가격을 떨어뜨린다.

동 내리다, 내려가다

Voca+

膨胀 péngzhàng 동 팽창하다

0005

发展
fāzhǎn

반의 倒退 dàotuì

예 今天的韩国已经发展成了经济大国。

오늘날의 한국은 이미 경제대국으로 발전했다.

동 발전하다, 발전시키다

0006

改变
gǎibiàn

유의 更动 gēngdòng

예 她想改变自己的生活，不愿做家庭妇女。

그녀는 가정주부로 있기를 원하지 않고, 자신의 생활을 바꾸고 싶어한다.

동 변하다, 바뀌다, 달라지다

0007

获得
huòdé

예 在这次比赛中我获得了第一名。

이번 시합에서 나는 1등을 했다.

동 얻다, 획득하다

0008

发生
fāshēng

예 我不知道到底发生了什么事，怎么会有这么多人围在这里。

도대체 무슨 일이 생겨서 이렇게 많은 사람들이 이곳을 둘러싸고 있는지 나는 모르겠다.

동 발생하다, 일어나다

Voca+
围 wéi 동 둘러싸다, 에워싸다

0009

减少
jiǎnshǎo

반의 升高 shēnggāo
提高 tígāo

예 我们应该减少废气排放，注意环境污染。

우리는 폐기 가스 배출을 감소시키고, 환경오염에 주의해야만 한다.

동 감소하다

Voca+
废气 fèiqì 명 폐기 가스 | 排放 páifàng 명 (폐기물 등의) 배출

0010

出现
chūxiàn

반의 消失 xiāoshī

예 雨后天空中出现了一道彩虹。

비 온 뒤에 하늘에 무지개가 나타났다.

동 출현하다, 나타나다

Voca+
天空 tiānkōng 명 하늘 | 彩虹 cǎihóng 명 무지개

0011

积累
jīlěi

유의 积聚 jījù

반의 消费 xiāofèi

예 知识是需要慢慢积累的，并不是一朝一夕的事。

지식은 천천히 쌓이는 것이지, 하루에 쌓이는 것이 아니다.

동 쌓이다, 누적되다

Voca+

一朝一夕 yìzhāoyìxī 형 아주 짧은 시간, 하루아침

0012

破
pò

예 这一带的古长城早已破败不堪了。

이 일대의 옛 만리장성은 이미 심하게 파괴되었다.

동 파손되다, 깨지다, 찢어지다

Voca+

破败 pòbài 형 (집 등이) 무너져 가다 | 不堪 bùkān 형 (부정적인 의미로) 몹시 심하다

0013

养成
yǎngchéng

예 不要让孩子养成坏习惯。

아이가 나쁜 습관을 기르지 않도록 하세요.

동 길러지다, 형성하다

0014

增加
zēngjiā

유의 增多 zēngduō

반의 减少 jiǎnshǎo

예 这个办法还增加了很多工作的机会，使很多人有了工作。

이 방법은 일할 기회를 많이 증가시켜서, 많은 사람들이 일자리가 생겼다.

동 증가하다

1. 보기에서 알맞은 단어를 고르세요.

보기 A. 降低 B. 养成 C. 获得 D. 发展 E. 出现 F. 积累

① 발전하다 ________ ② 얻다, 획득하다 ________

③ 내리다 ________ ④ 출현하다 ________

⑤ 쌓이다 ________ ⑥ 길러지다 ________

2. 중국어의 뜻과 병음을 서로 연결하세요.

① 발생하다 •	• 出生 •	• chūshēng
② 증가하다 •	• 发生 •	• gǎibiàn
③ 태어나다 •	• 改变 •	• fāshēng
④ 성공하다, 성공 •	• 成功 •	• zēngjiā
⑤ 변하다, 바뀌다 •	• 增加 •	• chénggōng

3. 밑줄 친 부분에 적합한 단어를 쓰세요.

보기 A. 积累 B. 出现 C. 获得 D. 养成 E. 减少 F. 发展

① 今天的韩国已经________成了经济大国。

② 我们应该________废气排放，注意环境污染。

③ 知识是需要慢慢________的，并不是一朝一夕的是。

④ 雨后天空中________了一道彩虹。

⑤ 不要让孩子________坏习惯。

⑥ 在这次比赛中我________了第一名。

■ 정답은 180쪽에 있습니다.

Chapter 9. 기타

A 9-1

Let's Start Up!

주제에 맞는 단어와 예문을 학습해 보세요.

0001

公里

gōnglǐ

예 新疆土地辽阔，每个地方都相距好几百公里。

신짱은 땅이 넓고 광활해서, 모든 지방이 다 몇 백 킬로미터씩 거리가 떨어져 있다.

명 킬로미터(km)

Voca+

辽阔 liáokuò 형 아득히 멀고 광활하다

0002

标准①

biāozhǔn

예 老师给我们示范了标准的动作。

선생님께서는 우리들에게 표준적인 동작을 시범해 주셨다.

형 표준적이다

Voca+

示范 shìfàn 동 시범하다, 모범을 보이다

标准②

biāozhǔn

예 每个人的做事标准都不一样，所以不要强求别人。

사람마다 일을 하는 기준이 다르므로 다른 사람을 강요해서는 안 된다.

명 표준, 기준

Voca+

强求 qiǎngqiú 동 억지로 요구하다, 강요하다

0003

方法

fāngfǎ

예 我们要掌握好的学习方法才可以更好地学习。

우리는 좋은 학습 방법을 장악해야만 더 공부를 잘할 수 있다.

명 방법

0004

关键

guānjiàn

예 这件事情的关键是她说不说实话。

이 일의 관건은 그녀가 사실을 얘기할지 아닐지이다.

명 관건, 키포인트

0005

部分

bùfen

반의 整体 zhěngtǐ
全体 quántǐ

예 生儿育女的花费是家庭支出的很大一部分。

자녀 교육에 들어가는 비용은 가정 지출의 매우 큰 부분이다.

명 부분

Voca+

花费 huāfei 명 경비, 쓴 돈

0006

过程

guòchéng

유의 进程 jìnchéng

예 这件事情的发展过程值得引起人们的注意。

이 일의 발전 과정은 사람들의 주의를 끌 만하다.

명 과정

0007

结果

jiéguǒ

반의 原因 yuányīn

예 谁也没有预料到这件事的结果。

아무도 이 일의 결과를 예측하지 못했다.

명 결과

Voca+

预料 yùliào 동 예상하다, 예측하다

0008

经验

jīngyàn

예 我们不能从本能和直觉中获得任何帮助，只能依靠经验。

우리는 본능과 직관으로는 어떠한 도움도 얻을 수 없다. 경험에 의존하는 수밖에 없다.

명 경험

Voca+

直觉 zhíjué 명 직관, 직감

0009

看法

kànfǎ

유의 见解 jiànjiě

예 我对他的看法取决于他怎么处理这件事。

그에 대한 내 견해는 그가 이번 일을 어떻게 처리하는지에 달려 있다.

명 견해

Voca+

取决 qǔjué 동 ~에 달려 있다

0010

梦想

mèngxiǎng

예 当小学老师是我的梦想。

초등학교 선생님이 되는 것이 내 꿈이다.

명 꿈

0011

目的

mùdì

유의 目标 mùbiāo

예 学校开运动会的目的是为了鼓励学生经常参加体育锻炼。

학교에서 운동회를 여는 목적은 학생들이 자주 체육단련에 참가하도록 격려하기 위해서이다.

명 목적

0012

内容

nèiróng

예 报纸上常常宣传环保的重要性，中小学生的课本里也有环保的内容。

신문에서 종종 환경보호의 중요성을 선전하고, 초중등학생의 교과서에도 환경보호의 내용이 있다.

명 내용

Voca+

宣传 xuānchuán 동 선전하다, 홍보하다

0013

能力

nénglì

예 这项工作你没有发挥出你的能力。

이 일에서 당신은 당신의 능력을 발휘하지 못했다.

명 능력

Voca+

发挥 fāhuī 동 발휘하다

0014

情况

qíngkuàng

유의 状况 zhuàngkuàng

예 一般情况下，一次记大量东西是记不住的。

일반적인 상황 아래서, 한 번에 많은 것을 외우는 것은 기억되지 않는다.

명 상황

0015

全部

quánbù

유의 完全 wánquán

반의 部分 bùfen

예 我把椅子全部搬到外边去了。

나는 의자를 전부 밖으로 옮겼다.

명 전부, 전체, 모두

0016

区别

qūbié

유의 差异 chāyì

예 这两个词的意思只有微小的区别。

이 두 단어의 뜻은 단지 아주 작은 차이가 있다.

명 차이

Voca+
微小 wēixiǎo 형 작다, 미세하다

0017

生活

shēnghuó

예 在我们的生活中，电脑发挥了很大作用。

우리의 생활 중에 컴퓨터는 많은 작용을 한다.

명 생활

Voca+
发挥 fāhuī 동 발휘하다

0018

数量

shùliàng

예 我国每天使用塑料袋的数量超过10亿。

우리나라가 매일 사용하는 비닐봉지의 수량은 10억 개가 넘는다.

명 수량, 양

0019

顺序

shùnxù

유의 程序 chéngxù
次序 cìxù

예 这也不会影响我们处理事情的先后顺序。

이것도 우리가 일을 처리하는 순서에 영향을 주진 않을 것이다.

명 순서

0020

数字

shùzì

예 从市场调查的数字来看，市场数码相机热点机型主要还是集中在2500~3500元之间。

시장 조사 수치를 살펴보면, 시장에서의 디지털 카메라 인기 모델은 주로 2500~3500위안의 가격대에 집중되어 있다.

명 숫자, 수치

Voca+
数码相机 shùmǎ xiàngjī 명 디지털 카메라 | 热点 rèdiǎn 명 인기 장소, 관심거리 | 机型 jīxíng 명 모델, 기종 | 集中 jízhōng 동 집중하다, 모으다

0021

速度
sùdù

예 如果这个计划成功的话，中国人口增加速度就会慢下来。

만약 이 계획이 성공한다면, 중국의 인구 증가 속도는 느려질 것이다.

명 속도

Voca+
增加 zēngjiā 동 증가하다, 더하다

0022

特点
tèdiǎn

유의 特征 tèzhēng

예 人们喜欢利用动物的特点来编写故事和创造有趣的表达。

사람들은 동물의 특징을 이용해서 이야기를 만들거나 재미있는 표현을 창조해내는 것을 좋아한다.

명 특징

Voca+
编写 biānxiě 동 창작하다, 집필하다

0023

条件
tiáojiàn

예 这个地方具有很好的自然条件。

이곳에는 훌륭한 자연 조건이 구비되어 있다.

명 조건

0024

效果
xiàoguǒ

유의 成效 chéngxiào
成果 chéngguǒ

예 看电视不如看电影效果好。

TV를 보는 것은 영화를 보는 것만큼 효과가 좋지 않다.

명 효과

Voca+
不如 bùrú 동 ~만 못하다

0025

消息
xiāoxi

유의 信息 xìnxī
声息 shēngxī

예 听到这个消息，他感到很突然。

이 소식을 듣고, 그는 매우 갑작스럽다고 느꼈다.

명 소식

0026

压力
yālì

예 相关企业承受着巨大的资金压力。

관련 기업이 엄청난 자금 압박을 견디고 있다.

명 스트레스, 압력

Voca+

承受 chéngshòu 동 받아들이다, 견뎌내다, 감당하다

0027

原因
yuányīn

반의 结果 jiéguǒ

예 一瞬间发生的事，原因不明。

순식간에 벌어진 일이라 원인이 분명하지 않다.

명 원인

Voca+

瞬间 shùnjiān 명 순간, 눈 깜짝하는 사이

0028

责任
zérèn

예 这件事应该追查是谁的责任。

이 일이 누구의 책임인지 반드시 규명해야 한다.

명 책임

Voca+

追查 zhuīchá 동 캐내다, 추적 조사하다

0029

重点
zhòngdiǎn

유의 要点 yàodiǎn

예 现在环境污染和能源短缺问题已经成为全世界关注的重点。

현재 환경오염과 에너지 부족 문제는 이미 전 세계가 주목하는 중점이 되었다.

명 중점, 핵심

Voca+

关注 guānzhù 동 주시하다 | 能源 néngyuán 명 에너지

0030

左右①
zuǒyòu

예 他家左右两面都是高山。

그의 집 좌우 양쪽은 모두 높은 산이다.

명 좌와 우

左右②
zuǒyòu

예 全国40%左右的人口患有这种疾病。

전국 40% 가량의 인구가 이 병을 앓고 있다.

명 가량, 내외 [수량사 뒤에 쓰여 대략적인 수를 나타냄]

Voca+

患有 huànyǒu 동 ~을 앓고 있다 | 疾病 jíbìng 명 병, 질병

1. 보기에서 알맞은 단어를 고르세요.

보기 A. 部分 B. 结果 C. 情况 D. 消息 E. 效果 F. 责任

① 책임 ______ ② 소식 ______

③ 효과 ______ ④ 결과 ______

⑤ 상황 ______ ⑥ 부분 ______

2. 중국어의 뜻과 병음을 서로 연결하세요.

① 킬로미터(km) •	• 关键 •	• zhòngdiǎn
② 경험 •	• 经验 •	• gōnglǐ
③ 특징 •	• 重点 •	• guānjiàn
④ 중점, 핵심 •	• 特点 •	• jīngyàn
⑤ 관건, 키포인트 •	• 公里 •	• tèdiǎn

3. 밑줄 친 부분에 적합한 단어를 쓰세요.

보기 A. 速度 B. 区别 C. 条件 D. 顺序 E. 压力 F. 过程

① 这两个词的意思只有微小的______。

② 这也不会影响我们处理事情的先后______。

③ 相关企业承受着巨大的资金______。

④ 如果这个计划成功的话，中国人口增加______就会慢下来。

⑤ 这个地方具有很好的自然______。

⑥ 这件事情的发展______值得引起人们注意。

■ 정답은 181쪽에 있습니다.

新HSK 4급

기능별 어휘

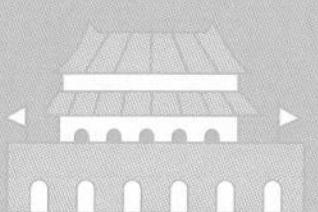

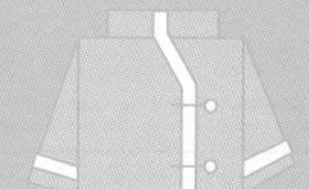

Chapter 1. 대사

B1-1 **1-1 인칭**

Let's Start Up! 주제에 맞는 단어와 예문을 학습해 보세요.

0001

各①
gè

예 虽然每天都要面对各种各样的压力，但是他还是坚持下来了。

그는 비록 매일 여러 가지 스트레스에 직면해 있지만 여전히 버텨내고 있다.

대 여러, 각자

各②
gè

예 现在双方各有一次比赛机会。

현재 쌍방은 각각 한 번씩 시합할 기회가 있다.

부 각각, 제각기

0002

咱们
zánmen

유의 我们 wǒmen

예 咱们一起去看电影，怎么样?

우리 같이 영화 보러 가는 거 어때?

대 우리

Tip '**咱们**'은 반드시 말하는 쪽과 듣는 쪽 쌍방을 모두 포함하는 데 비해, '**我们**'은 상황에 따라 '**咱们**'과 같이 말하는 쪽과 듣는 쪽 쌍방을 모두 포함하기도 하고, 말하는 쪽만을 가리키기도 합니다.

Chapter 1. 대사

B 1-2

1-2 지시

Let's Start Up! 주제에 맞는 단어와 예문을 학습해 보세요.

0001

其中

qízhōng

예 我们班总共20个同学，其中有8个男同学。

우리 반에는 모두 20명의 학생이 있는데 그중 8명은 남학생이다.

대 그중

0002

任何

rènhé

예 如果有坚强的意志，任何困难都会战胜。

강한 의지가 있다면, 어떠한 어려움도 모두 이겨낼 수 있다.

대 어떠한, 어느

Voca+

坚强 jiānqiáng 형 굳세다, 완강하다 | 意志 yìzhì 명 의지 | 战胜 zhànshèng 동 이겨내다

Tip '任何'는 뒤에 주로 '都'와 호응하여 '任何 + 명사 + (都)'의 형태로 쓰입니다.

0003

一切

yíqiè

유의 所有 suǒyǒu

예 日子过了很久，可一切还是老样子。

시간이 오래 지났지만 모든 것이 여전히 그대로이다.

대 모든 것, 전부

Chapter 2. 개사

B 2-1 **2-1 대상·방향**

Let's Start Up!

주제에 맞는 단어와 예문을 학습해 보세요.

0001

对于

duìyú

유의 关于 guānyú

예 对于学校的强制要求，学生们只能照做。

학교의 강제 요구에 대해 학생들은 따를 수밖에 없다.

개 ~에 대해

Voca+

强制 qiángzhì 통 강제하다, 강요하다 | 照 zhào 부 ~대로, ~따라

Tip '对 duì'와 '对于 duìyú'의 비교

对	对于
- 공통점: '사물이 사람에 대해'라는 뜻일 때는 '对'와 '对于' 둘 다 쓸 수 있음 사물 + 对/对于 + 사람 语法对很多学生来说都是很头疼的。(O) 语法对于很多学生来说都是很头疼的。(O)	
사람 + 对 + 사람 房东对我们特别友好。(O)	사람 + 对于 + 사람 房东对于我们特别友好。(X)
부사, 조동사는 '对 + 대상'의 앞뒤 모두에 올 수 있음 他们都对京剧很感兴趣。(O) 他们对京剧都很感兴趣。(O)	부사, 조동사는 '对于 + 대상'의 뒤에만 올 수 있음 他们对于京剧都很感兴趣。(O) 他们都对于京剧很感兴趣。(X)

Tip '关于 guānyú'와 '对于 duìyú'의 비교

'关于'는 범위나 내용을 나타내고, '对于'는 대상을 가리킬 때 씁니다.

关于	对于
범위나 내용을 나타내며, '关于 + 명사/대사'는 부사어로 쓰일 때 반드시 주어 앞에 위치함 关于污染问题，我还要研究。(O) 我们关于污染问题还要研究。(X)	대상[사람/사물]을 나타내며, '对于 + 명사/대사'는 부사어로 쓰일 때 주어 앞뒤 모두에 올 수 있음 对于这个话题，我很感兴趣。(O) 我对于这个话题很感兴趣。(O)

0002

与

yǔ

유의 跟 gēn, 和 hé

예 韩国政府与美国政府签订了自由贸易协定。

한국 정부는 미국 정부와 자유무역협정을 체결했다.

개 ~와

Voca+

签订 qiāndìng 동 (조약을) 체결하다 | 协定 xiédìng 명 협정

0003

随着

suízhe

예 随着市场经济的进一步发展，旅游业与交通工具的联系越来越密切。

시장 경제가 한걸음 더 발전함에 따라 여행업과 교통수단의 관계는 점점 밀접해졌다.

개 ~에 따라

Voca+

密切 mìqiè 형 밀접하다, 긴밀하다

Chapter 2. 개사

B2-2 **2-2 근거**

Let's Start Up!

주제에 맞는 단어와 예문을 학습해 보세요.

0001

由①
yóu

예 这篇文章由四部分组成。
이 글은 네 개의 부분으로 이루어져 있다.
개 ~에 의해, ~으로 [근거나 구성 요소를 나타냄]

由②
yóu

예 经济方面的各种数字都由他们统计。
경제 방면의 각종 숫자들은 모두 그들이 통계를 낸 것이다.
개 ~이(가) [동작의 주체를 나타냄]

Voca+
统计 tǒngjì 동 통계하다

由③
yóu

예 由去年开始到现在都没停过。
작년부터 시작해서 지금까지 멈춘 적이 없다.
개 ~에서(부터) [시간 · 장소 · 변화 등의 시작을 나타냄]

由④
yóu

예 这是由吃了不干净的东西引起的。
이것은 깨끗하지 않은 음식을 먹었기 때문에 생겨난 것입니다.
개 ~로 인해, ~을 통해 [원인 혹은 이유를 나타냄]

Voca+
引起 yǐnqǐ 동 야기하다, 일으키다

0002

按照
ànzhào

유의 依照 yīzhào

예 只要你按照说明书来操作，很快就可以学会了。
네가 설명서대로 조작하기만 하면 곧 배울 수 있을 거야.
개 ~에 따라

Voca+
操作 cāozuò 동 조작하다, 다루다

yǐ

예 他是以一个班代表的身份来参加的。

그는 반 대표의 자격으로 참가한 것이다.

개 ~로써, ~을 가지고

以②

yǐ

예 这是以申请顺序进行编排的。

이것은 신청 순서에 따라 배열한 것이다.

개 ~에 의해서, ~에 따라

Voca+

编排 biānpái 동 배열하다

Chapter 3. 조사

B3-1 **3-1 어기·구조**

Let's Start Up!

주제에 맞는 단어와 예문을 학습해 보세요.

0001

等

děng

예 这水果店里有苹果、香蕉、草莓、西瓜等等。

이 과일 가게에는 사과, 바나나, 딸기, 수박 등이 있다.

조 등, 따위

0002

呀

ya

예 群众的力量真的很伟大呀!

군중의 역량은 정말 위대하다!

조 앞에 있는 음절이 a, e, i, o, ü로 끝난 경우에 '啊 a'가 변해 만들어진 어기조사

Voca+

伟大 wěidà 형 위대하다

Tip '呀'가 '아!, 야!'라는 뜻으로 놀람을 나타내는 감탄사로 쓰일 때는 'yā'로 발음됩니다.

0003

之

zhī

예 少数民族占人口的百分之六。

소수민족이 인구의 6%를 차지하고 있다.

조 ~의

1. 보기에서 알맞은 단어를 고르세요.

보기 A. 咱们 B. 由 C. 等 D. 一切 E. 其中 F. 对于

① 그중 ______ ② ~에 대해 ______

③ 우리 ______ ④ 모든 것 ______

⑤ ~에 의해 ______ ⑥ 등, 따위 ______

2. 중국어의 뜻과 병음을 서로 연결하세요.

① ~로써 •	• 任何 •	• yǔ
② ~와 •	• 各 •	• ànzhào
③ 어떠한 •	• 按照 •	• gè
④ ~에 따라 •	• 以 •	• yǐ
⑤ 각각 •	• 与 •	• rènhé

3. 밑줄 친 부분에 적합한 단어를 쓰세요.

보기 A. 其中 B. 与 C. 任何 D. 一切 E. 各 F. 随着

① 韩国政府______美国政府签订了自由贸易协定。

② 日子过了很久，可______还是老样子。

③ 我们班总共20个同学，______有8个男同学。

④ 如果有坚强的意志，______困难都会战胜。

⑤ 虽然每天都要面对______种______样的压力，但是他还是坚持下来了。

⑥ ______市场经济的进一步发展，旅游业与交通工具的联系越来越密切。

■ 정답은 181쪽에 있습니다.

Chapter 4. 수사와 양사

B4-1 **4-1 수사**

Let's Start Up!

주제에 맞는 단어와 예문을 학습해 보세요.

0001

俩
liǎ

예 咱夫妻俩最近怎么总是吵架呢，这样生活真的很累。

우리 부부는 어째서 요즘 늘 싸우는 건지, 이렇게 생활하는 것은 너무 피곤하다.

수 두 사람, 두 개

Voca+
吵架 chǎo jià 동 다투다, 말다툼하다

Tip '俩'는 '两个'를 뜻하므로, 뒤에 '个'나 다른 양사를 중복해서 쓰지 않도록 주의하세요.

0002

百分之
bǎifēnzhī

예 我们都同意负担百分之十的费用。

우리는 10%의 비용을 지불하는 것에 동의했다.

수 퍼센트

Chapter 4. 수사와 양사

B4-2 4-2 **명량사**

Let's Start Up! 주제에 맞는 단어와 예문을 학습해 보세요.

0001
倍
bèi

예 股价已经涨了三倍，你还不打算卖?
주가가 이미 3배나 올랐는데, 당신은 아직도 팔지 않을 계획인가요?
양 배, 배수, 곱절

Voca+
股价 gǔjià 명 주가

0002
份
fèn

예 我们两家公司联署了一份今年的合作意向书。
우리 두 회사는 올해의 합작의향서에 서로 서명했다.
양 부 [신문 · 간행물 · 문서 등을 세는 단위]

Voca+
联署 liánshǔ 동 연서하다, 잇따라 서명하다

0003
棵
kē

예 今天我在院子里种了两棵树。
오늘 나는 정원에 나무 두 그루를 심었다.
양 그루 [나무를 세는 단위]

0004
篇
piān

예 这篇文章虽然长，但并不难。
이 글은 비록 길지만 그러나 결코 어렵지 않다.
양 편 [시나 문학 작품을 세는 단위]

0005
台
tái

예 那台机器的毛病还是检查不出来。
그 기계의 결점은 여전히 알아낼 수 없다.
양 대 [가전 제품을 세는 단위]

Voca+
毛病 máobìng 명 (기계의) 고장, (개인의) 결점

0006

座
zuò

예 在那座很有名气的山上有一座庙。
그 유명한 산에 절이 하나 있다.

양 동, 채 [큰 건물 등을 세는 단위]

Voca+
庙 miào 명 사당, 절

0007

毛①
máo

예 这是五块八毛的。
이건 5.8위안 짜리이다.

양 마오 [화폐 단위, '元'의 1/10]

毛②
máo

예 这种羽毛很轻，又很暖和，做被子很好。
이런 깃털은 가볍고 따뜻해서 이불을 만들면 좋다.

명 털

Chapter 4. 수사와 양사

B4-3 **4-3 동량사**

Let's Start Up!

주제에 맞는 단어와 예문을 학습해 보세요.

0001

遍①
biàn

예 对不起，我听不清楚，请您再说一遍。
죄송합니다만, 잘 못 들었네요. 다시 한 번 말씀해 주세요.

양 번, 회

Tip 동량사 '次 cì'와 '遍 biàn'의 비교
'次'와 '遍'은 '번, 회'의 뜻으로 동작의 횟수를 나타냅니다. 두 단어의 용법은 같지만, '次'는 단순히 동작이 이루어지는 횟수를 나타내며, '遍'은 어떤 동작이 처음부터 끝까지의 전 과정이 이루어짐을 강조할 때 씁니다.

遍②
biàn

예 桃花红遍了全山。
복숭아꽃이 온 산을 붉게 물들였다.

형 널리 퍼져 있다, 전면적이다

0002

场
chǎng

예 本场演出票已售完，要不您买下一场的？
이번 공연의 표는 이미 다 팔렸네요. 그러지 말고 다음 공연 것을 사시겠습니까?

양 번, 차례 [문예 · 오락 · 체육 활동 등에 쓰임]

0003

趟
tàng

예 去一趟天津，两天时间应该够了。
톈진에 한 번 다녀오는 데 이틀이면 충분하다.

양 한바탕, 한 차례

0004

秒
miǎo

예 声音在空气中每秒钟约走340米，而光在空气里差不多每秒走30万公里。
소리는 공기 중에서 초당 약 340미터를 가지만, 빛은 공기 중에서 초당 대략 30만 킬로미터를 간다.

양 초 [시간을 세는 단위]

0005

节①

jié

예 今天是星期三，我有八节课，下午六点才下课。

오늘은 수요일이다. 나는 8교시 수업이 있고, 오후 6시가 되어야 수업이 끝난다.

양 교시 [수업 등을 세는 단위]

节②

jié

예 国庆节那天的天安门分外壮观。

국경절의 톈안먼은 유달리 장관이다.

명 절기, 명절, 기념일

Voca+

分外 fènwài 부 특별히, 각별히 | 壮观 zhuàngguān 형 장관이다, 경관이 훌륭하고 장대하다

1. 보기에서 알맞은 단어를 고르세요.

보기 A. 座 B. 倍 C. 篇 D. 节 E. 百分之 F. 份

① 퍼센트 ______ ② 부 [간행물을 세는 단위] ______

③ 동, 채 ______ ④ 편 [시문을 세는 단위] ______

⑤ 배, 배수, 곱절 ______ ⑥ 교시 [수업을 세는 단위] ______

2. 중국어의 뜻과 병음을 서로 연결하세요.

① 화폐 단위 ['元'의 1/10] •	• 趟 •	• chǎng
② 번, 차례 [활동에 쓰임] •	• 场 •	• máo
③ 한바탕, 한 차례 •	• 棵 •	• tái
④ 그루, 나무 •	• 台 •	• kē
⑤ 대 [가전제품 세는 단위] •	• 毛 •	• tàng

3. 밑줄 친 부분에 적합한 단어를 쓰세요.

보기 A. 遍 B. 节 C. 毛 D. 趟 E. 百分之 F. 倍

① 股价已经涨了三______，你还不打算卖?

② 我们都同意负担______十的费用。

③ 对不起，我听不清楚，请您再说一______。

④ 去一______天津，两天时间应该够了。

⑤ 今天是星期三，我有八______课，下午六点才下课。

⑥ 这是五块八______的。

■ 정답은 181쪽에 있습니다.

Chapter 5. 부사

B5-1 **5-1 범위**

Let's Start Up! 주제에 맞는 단어와 예문을 학습해 보세요.

0001
到处
dàochù

예 春天来了，到处都开满了鲜花。
봄이 와서 도처에 꽃이 만개했다.

부 도처에, 곳곳에

0002
光①
guāng
유의 只 zhǐ

예 女人不能光有美貌，还应该有智慧。
여자는 단지 아름다움만 있어서는 안 되고, 반드시 지혜도 있어야 한다.

부 단지, 오직

Voca+
美貌 měimào 명 미모, 아름다움 | 智慧 zhìhuì 명 지혜, 슬기

光②
guāng

예 光以每秒约30万公里的速度传播。
빛은 초당 약 30만 킬로미터의 속도로 전파된다.

명 빛

Voca+
传播 chuánbō 동 전파하다, 퍼뜨리다

光③
guāng

예 这种纸很光，写字很不容易。
이런 종이는 너무 반들반들해서 글씨를 쓰기가 매우 어렵다.

형 매끄럽다, 반들반들하다

光④
guāng

예 他把杯子里的酒都喝光了。
그는 컵에 있는 술을 다 마셨다.

형 하나도 남기지 않다, 아무것도 없다

0003

随便

suíbiàn

예 只是随便看看，电影频道和新闻频道都没好节目。

그냥 마음대로 한번 보는 거예요. 영화 채널이랑 뉴스 채널이 괜찮은 프로그램이 없네요.

부 마음대로, 자유롭게

Voca+

频道 píndào 명 채널

0004

完全①

wánquán

예 他完全相信自己的想法。

그는 자신의 생각을 완전히 믿는다.

부 완전히, 매우

完全②

wánquán

유의 完整 wánzhěng

예 他的话还没说完全。

그는 아직 완전히 말하지 않았다.

형 완전하다, 충분하다

Chapter 5. 부사

B5-2 **5-2 정도**

Let's Start Up!

주제에 맞는 단어와 예문을 학습해 보세요.

0001
稍微
shāowēi

유의 稍稍 shāoshāo

예 我比他稍微高一点儿。
나는 그보다 약간 크다.

부 조금, 약간

Tip '稍微'는 '一下', '一点', '一些', '一会儿' 등과 함께 써서 '조금~하다'라는 표현을 나타냅니다. 그러나 '稍微'는 동사 앞에 쓰고, '一下', '一点', '一些', '一会儿' 등은 동사 뒤에 써야 하니 어순에 주의하세요.

0002
十分
shífēn

유의 非常 fēicháng
相当 xiāngdāng

예 她长得很一般，可是她老公却十分英俊。
그녀는 평범하게 생겼지만 그녀의 남편은 굉장히 잘생겼다.

부 매우, 대단히

Voca+
老公 lǎogōng 명 남편 | 英俊 yīngjùn 형 잘생기다, 재능이 출중하다

0003
挺
tǐng

예 送报纸的工作比较简单，但是挺辛苦。
신문 배달 업무는 비교적 단순하지만 매우 고생스럽다.

부 매우

0004
尤其
yóuqí

예 我喜欢音乐，尤其古典音乐。
나는 음악을 좋아하는데 특히 클래식 음악을 좋아한다.

부 더욱이, 특히

0005
最好
zuìhǎo

예 如果不能来，你最好事先跟我打个招呼。
만약 네가 올 수 없다면 내게 미리 알려주는 것이 좋겠어.

부 가장 좋기로는

Voca+
事先 shìxiān 명 사전(에), 미리 | 打招呼 dǎ zhāohu 동 알리다, 인사하다

Chapter 5. 부사

B5-3 **5-3 부정**

Let's Start Up!

주제에 맞는 단어와 예문을 학습해 보세요.

0001

是否
shìfǒu

예 明天是否要去学校，我也不清楚。
내일 학교에 가야 하는지 아닌지 나도 잘 모른다.

부 ~인지 아닌지

Chapter 5. 부사

B5-4 **5-4 빈도**

Let's Start Up!

주제에 맞는 단어와 예문을 학습해 보세요.

0001

重新
chóngxīn

예 擦干眼泪，重新开始新的生活。

눈물을 닦고 새로운 생활을 다시 시작한다.

부 다시, 재차

Voca+
擦 cā 동 닦다, 비비다

0002

往往
wǎngwǎng

유의 常常 chángcháng

예 这里的冬天往往很干燥，我真受不了。

이곳의 겨울은 종종 너무 건조해서 나는 견딜 수가 없다.

부 종종

Voca+
干燥 gānzào 형 건조하다 | 受不了 gānzào 참을 수 없다, 견딜 수 없다

Tip '常常 chángcháng'과 '往往 wǎngwǎng'의 비교

'常常'과 '往往'은 모두 '자주', '항상'이라는 뜻으로 어떤 행위나 일 등이 빈번히 일어남을 나타내지만 용법상 다음과 같은 차이점이 있습니다.

	常常	往往
규칙성	규칙적, 불규칙적인 일 모두 쓰임 我们常常在周末见面。(O) →규칙적 我们常常写信。(O) →불규칙적	일정한 규칙이 있는 경우에 쓰임 我们往往在周末见面。(O) →규칙적 我们往往写信。(X) →불규칙적
시제	과거, 현재, 미래에 쓰임 希望你以后能常常来玩儿。 (O)→ 미래	과거, 현재에 쓰이지만 미래에는 쓸 수 없음 希望你以后能往往来玩儿。 (X)→미래
쓰이는 조건	행동과 관련된 상황이나 조건, 결과가 없어도 쓸 수 있음 他常常打篮球。(O)	행동과 관련된 상황이나 조건, 결과가 있어야 쓸 수 있음 他往往打篮球。(X)
부정	'不常常'이 아닌 '不常'이라고 씀	부정부사를 써서 부정할 수 없음

Chapter 5. 부사

B5-5 **5-5 시간**

Let's Start Up!

주제에 맞는 단어와 예문을 학습해 보세요.

0001

按时

ànshí

유의 按期 ànqī

예 回家前，老师说，回家可别犯错误，可要按时返校。

집에 돌아가기 전에 선생님께서 집에 돌아가서 실수하지 말고 시간에 맞춰 학교로 돌아오라고 말씀하셨다.

부 제시간에, 제때에

Voca+
犯错误 fàn cuòwù 실수를 저지르다

0002

从来

cónglái

예 从来都没有永远的失败，重要的是摔倒了再怎么站起来。

지금껏 영원한 실패는 없다. 중요한 것은 넘어진 후에 어떻게 다시 일어서는 지이다.

부 지금까지, 여태껏

Voca+
摔倒 shuāidǎo 동 자빠지다, 넘어지다

Tip '从来'는 주로 부정문에 쓰이며, '从来'를 쓰면 매우 강한 어조를 나타내게 됩니다.

0003

刚

gāng

예 你来得正好，他刚来了。

당신 때맞춰 잘 오셨네요. 그가 방금 왔어요.

부 방금, 막

Tip '刚 gāng'와 '刚才 gāngcái'의 비교
'刚才'는 '방금'이라는 뜻의 시간사로 주어 앞이나 뒤에 쓰일 수 있지만, '刚'은 부사로 동사 앞에 써야 합니다. 문장의 맨 앞에 쓰지 않도록 주의하세요.

0004

其次

qícì

예 安全是最重要的，别的都在其次。

안전은 가장 중요한 것이다. 다른 것은 그 다음이다.

부 그 다음, 두 번째

0005

及时①

jíshí

예 爷爷得了病，幸亏及时治疗，恢复得不错。

할아버지께서 병에 걸리셨는데 다행히 제때에 치료해서 잘 회복하셨다.

부 제때에, 즉시, 신속히

Voca+

幸亏 xìngkuī 부 다행히 | 恢复 huīfù 동 회복하다

及时②

jíshí

반의 迟缓 chíhuǎn

예 送报必须及时，不及时就失去意义了。

신문을 배달하는 것은 반드시 시기적절해야지 그렇지 않으면 가치가 없어진다.

형 시기적절하다, 때맞다

0006

偶尔

ǒu'ěr

유의 偶然 ǒu'rán

반의 经常 jīngcháng

예 我不喜欢体育运动，只是偶尔看电视上播放的篮球比赛。

나는 체육활동을 좋아하지 않는다. 단지 이따금 TV에서 방송하는 농구 시합을 본다.

부 간혹, 이따금

0007

仍然

réngrán

유의 仍旧 réngjiù

예 他虽然移居海外，但是仍然很关心祖国。

그는 비록 해외로 이민 갔지만 여전히 조국에 많은 관심을 가지고 있다.

부 여전히, 아직도

Voca+

移居 yíjū 동 이주하다, 이민 가다

0008

首先①

shǒuxiān

예 学汉语首先应该注意发音和声调。

중국어를 배울 때는 우선 발음과 성조에 주의해야 한다.

부 가장 먼저, 우선

首先②

shǒuxiān

예 首先校长来讲话，其次是5班的班主任发言。

먼저 교장선생님께서 말씀하시고, 그 다음에 5반 담임선생님이 발언한다.

대 첫째(로), 먼저

0009

顺便

shùnbiàn

반의 特地 tèdì

예 你要是出去顺便把垃圾扔了。

만약 당신이 나갈 거면 가는 김에 쓰레기를 버려주세요.

부 ~하는 김에

Tip '顺便'은 구어적인 표현에서 주로 사용되며, 주어 앞에선 쓰이지 못하고 주어 뒤 술어 앞에서만 쓸 수 있습니다.

0010

正好①

zhènghǎo

예 今天正好是星期六，我可以跟你一起去。

오늘은 마침 토요일이니 나는 너와 함께 갈 수 있다.

부 마침, 때마침

正好②

zhènghǎo

예 你来得正好，我想请你帮个忙。

너 딱 맞춰 잘 왔어. 나 너에게 도움을 청하고 싶어.

형 딱 맞다, 딱 좋다

Chapter 5. 부사

B5-6 5-6 어기

Let's Start Up!

주제에 맞는 단어와 예문을 학습해 보세요.

0001

本来
běnlái

유의 原来 yuánlái

예 我们本来是要说工作的，但不知不觉就谈开了足球。

우리는 원래는 업무에 대한 이야기를 하려고 했는데, 어느새 축구에 대해 이야기하기 시작했다.

부 본래

Voca+
不知不觉 bù zhī bù jué 자신도 모르는 사이에

Tip '本来 běnlái'와 '原来 yuánlái'의 비교
'本来'와 '原来'가 '원래', '본래'라는 의미로 쓰일 때에는 서로 바꾸어 쓸 수 있으나, '原来'가 '알고 보니'라는 뜻으로 예전에 모르고 있었던 상황을 알게 됨을 나타낼 때에는 서로 바꾸어 쓸 수 없습니다.

0002

差不多①
chàbuduō

예 再向前走差不多五百米就可以到了。

앞으로 거의 500미터만 더 가면 도착할 수 있다.

부 거의, 대체로

差不多②
chàbuduō

예 他总是用差不多的借口来处理事情。

그는 늘 비슷한 변명으로 일을 처리한다.

형 비슷하다, 차이가 별로 없다

Voca+
借口 jièkǒu 명 핑계 동 핑계를 대다

差不多③
chàbuduō

예 差不多的工作他都胜任。

대다수의 일을 그가 다 능히 감당하고 있다.

형 대다수의, 일반적인

Voca+
胜任 shèngrèn 동 감당할 수 있다, 능히 맡을 수 있다

0003

不得不

bùdébù

예 妈妈有事需要出去，我不得不在家里照顾弟弟。

엄마가 일 때문에 나가셔야 해서, 나는 어쩔 수 없이 집에서 남동생을 돌봐야만 한다.

부 어쩔 수 없이, 부득이하게

0004

大概①

dàgài

유의 大约 dàyuē

예 这些苹果大概有2斤。

이 사과는 대략 2근 정도이다.

부 대략, 대강

大概②

dàgài

예 看了这个材料，我心里已经明白了个大概。

이 자료를 보고 나는 마음속으로 이미 대략적인 내용을 이해했다.

명 대강, 개략, 대략적인 내용

大概③

dàgài

예 他说了半天，我总算听出来了大概的意思。

그가 한참을 말하고서야 나는 마침내 대략적인 의미를 알아들었다.

형 대략의, 대략적인

0005

到底①

dàodǐ

예 你到底知不知道这件事?

당신은 대체 이 일을 아세요, 모르세요?

부 도대체 [의문문에 쓰여 깊이 따지는 것을 나타냄]

到底②

dàodǐ

유의 毕竟 bìjìng
究竟 jiūjìng

예 爸爸到底同意了儿子的要求。

아버지는 마침내 아들의 요구에 동의했다.

부 마침내, 결국

0006

大约

dàyuē

유의 大致 dàzhì
大概 dàgài

예 大约有两百个居民在这里生活。

대략 200여 명의 주민이 여기에서 생활한다.

부 대략, 아마

0007

敢

gǎn

예 我不喜欢恐怖电影，不敢看。

나는 공포영화를 싫어해서 감히 보지 못한다.

부 감히

Voca+
恐怖 kǒngbù 명 공포

0008

故意

gùyì

반의 无意 wúyì

예 踢足球的时候，朋友故意推了我。

축구를 할 때, 친구가 나를 고의로 밀었다.

부 고의로, 일부러

0009

好像

hǎoxiàng

유의 似乎 sìhū, 仿佛 fǎngfú

예 平静的湖面好像一面镜子一样。

평온한 호수의 수면은 마치 거울과 같다.

부 마치 ~와 같다

Tip '好像'은 일반적으로 뒤에 '一样', '似的'와 함께 씁니다.

0010

互相

hùxiāng

예 朋友之间应该互相信任，不能互相疑忌。

친구 사이에는 서로 믿어야지 의심하고 질투해서는 안 된다.

부 서로

Voca+
疑忌 yíjì 동 의심하고 질투하다

0011

究竟①
jiūjìng

예 究竟是真还是假？谁也说不清楚。
도대체 진짜일까, 가짜일까? 누구도 정확히 말하지 못한다.

부 도대체

究竟②
jiūjìng

유의 毕竟 bìjìng
到底 dàodǐ

예 他究竟还年轻，遇到这样的事不知怎么办好。
그는 역시 아직 어려서 이런 일이 생겼을 때 어떻게 해야 좋을지를 모른다.

부 어쨌든, 역시, 아무튼

究竟③
jiūjìng

예 事后，大家都想知道个究竟。
일이 생긴 후에 모두들 결과를 알고 싶어 한다.

명 결과, 결말

0012

肯定①
kěndìng

예 人生肯定有许多机会，所以要紧紧抓住机会。
인생은 분명 많은 기회가 있을테니 기회를 잘 잡아야 한다.

부 확실히, 틀림없이

肯定②
kěndìng

반의 否定 fǒudìng

예 请给我一个肯定的回答。
제게 긍정적인 답을 주세요.

형 긍정적이다

肯定③
kěndìng

반의 否定 fǒudìng

예 通过这件事我肯定了他的能力。
이번 일을 통해서 나는 그의 능력을 인정했다.

동 긍정하다, 좋다고 인정하다

0013

竟然
jìngrán

유의 居然 jūrán

예 他成绩一向不好，这次竟然考了第一名。
그의 성적이 계속 좋지 않았는데 이번에는 뜻밖에 일등을 했다.

부 뜻밖에도, 놀랍게도

0014

恐怕①
kǒngpà

예 要不是你告诉我，恐怕我还不知道。

만약 네가 알려주지 않았더라면 나는 아마 여전히 몰랐을 것이다.

부 아마 ~일 것이다

恐怕②
kǒngpà

예 妈妈恐怕我一个人上学不安全，所以每天都要送。

엄마는 내가 혼자 학교 다니는 것이 안전하지 못할까 봐 걱정돼서 매일 데려다준다.

동 걱정하다, 염려하다

0015

连①
lián

예 已经连下了几天雨了。

이미 며칠 동안 계속해서 비가 왔다.

부 계속하여, 연이어

连②
lián

예 那儿山连着海，海连着天。

그곳의 산은 바다와 이어져 있고, 바다는 하늘과 이어져 있다.

동 잇다, 붙이다, 연결하다

连③
lián

예 没有书桌，也没有书本，连笔也没有，有的是求知的渴望。

책상도 없고, 책도 없고, 심지어 펜조차도 없다. 있는 것이라고는 지식에 대한 갈망뿐이다.

개 ~조차도

Voca+
求知 qiúzhī 동 지식을 탐구하다 | 渴望 kěwàng 명 갈망

0016

乱①
luàn

예 请你不要乱扔东西。

물건을 함부로 버리지 마세요.

부 함부로, 제멋대로

乱②
luàn

예 你的房间真乱，打扫打扫吧。

네 방이 너무 지저분하니 청소 좀 해라.

형 어지럽다, 지저분하다

0017

难道

nándào

예 吃一顿饭，难道一个小时还不够？

밥 한 끼 먹는데 설마 한 시간도 부족하니?

부 설마 ~이겠는가

0018

千万

qiānwàn

예 离开家时千万不要忘了锁门。

집을 나갈 때 문 잠그는 것을 절대 잊지 말아라.

부 절대, 제발, 아무쪼록

0019

却

què

예 学生们都很准时，而老师却迟到了。

학생들은 모두 제시간에 왔는데 오히려 선생님이 늦었다.

부 도리어, 오히려

0020

确实①

quèshí

예 这里的天气确实非常冷。

여기의 날씨는 확실히 매우 춥다.

부 확실히, 틀림없이

确实②

quèshí

예 这消息是否确实，现在还很难说。

이 소식이 정확한지 아닌지 지금은 말하기 어렵다.

형 확실하다, 정확하다

0021

实在①

shízài

예 工作这么忙，我再请假，实在说不过去。

업무가 이렇게 바쁜데 나는 또 휴가를 내려니, 정말이지 말을 꺼낼 수가 없다.

부 확실히, 정말

实在②

shízài

예 这人说话是很实在，不吹牛。

이 사람은 말이 매우 진실되며 허풍을 떨지 않는다.

형 진실이다, 거짓이 없다

Voca+

吹牛 chuī niú 동 허풍을 떨다, 큰소리치다

5 부사

0022

甚至

shènzhì

예 在决赛中拿冠军非常难，甚至连拿个亚军都不容易。

결승에서 1등을 하는 것은 매우 어렵다. 심지어 2등을 하는 것조차도 쉽지 않다.

부 심지어 ~까지도

Voca+

决赛 juésài 명 결승 | 冠军 guànjūn 명 우승, 1등 | 亚军 yàjūn 명 준우승, 2등

0023

也许

yěxǔ

예 天阴了下来，也许会下雨。

날이 흐려지기 시작했다. 아마도 비가 올 것 같다.

부 아마, 어쩌면

0024

原来①

yuánlái

예 我以为他在家，原来他出去了，所以没有人接电话。

나는 그가 집에 있는 줄 알았는데 알고 보니 그는 나갔다. 그래서 전화를 받는 사람이 없었다.

부 원래는, 알고 보니

原来②

yuánlái

예 你把那些书放在原来的地方。

너는 그 책들을 원래의 장소에 두어라.

형 원래의, 본래의

0025

只好

zhǐhǎo

예 学校里的宿舍不够，只好让一部分学生住在学校外边。

학교 안의 기숙사가 부족해서 학교는 어쩔 수 없이 일부 학생을 학교 밖에서 살게끔 했다.

부 하는 수 없이

0026

至少

zhìshǎo

예 我们公司的会议室很大，至少能坐下300个人。

우리 회사의 회의실은 커서 적어도 300명이 앉을 수 있다.

부 최소한, 적어도

1. 보기에서 알맞은 단어를 고르세요.

보기 A. 挺 B. 是否 C. 光 D. 完全 E. 稍微 F. 按时

① 단지, 오직 ______ ② ~인지 아닌지 ______
③ 매우 ______ ④ 조금, 약간 ______
⑤ 완전히 ______ ⑥ 제시간에, 제때에 ______

2. 중국어의 뜻과 병음을 서로 연결하세요.

① 감히 •	• 最好 •	• wǎngwǎng
② 도처에, 곳곳에 •	• 敢 •	• gǎn
③ 종종 •	• 及时 •	• zuìhǎo
④ 제때에, 즉시 •	• 往往 •	• dàochù
⑤ 가장 좋기로는 •	• 到处 •	• jíshí

3. 밑줄 친 부분에 적합한 단어를 쓰세요.

보기 A. 稍微 B. 尤其 C. 偶尔 D. 重新 E. 随便 F. 实在

① 我比他______高一点儿。
② 工作这么忙，我再请假，______说不过去。
③ 我不喜欢体育运动，只是______看电视上播放的篮球比赛。
④ 擦干眼泪，______开始新的生活。
⑤ 我喜欢音乐，______古典音乐。
⑥ 只是______看看，电影频道和新闻频道都没好节目。

■ 정답은 181쪽에 있습니다.

VOCA Review 문제를 풀며 학습 내용을 복습해 보세요~

1. 보기에서 알맞은 단어를 고르세요.

보기 A. 竟然 B. 本来 C. 仍然 D. 大概 E. 其次 F. 差不多

① 본래 ________ ② 뜻밖에도, 놀랍게도 ________

③ 그 다음, 두 번째 ________ ④ 여전히, 아직도 ________

⑤ 거의, 대체로 ________ ⑥ 대략, 대강 ________

2. 중국어의 뜻과 병음을 서로 연결하세요.

① 고의로, 일부러 •	• 到底 •	• dàyuē
② 마침, 때마침 •	• 顺便 •	• zhènghǎo
③ ~하는 김에 •	• 故意 •	• dàodǐ
④ 대략, 아마 •	• 正好 •	• gùyì
⑤ 도대체 •	• 大约 •	• shùnbiàn

3. 밑줄 친 부분에 적합한 단어를 쓰세요.

보기 A. 互相 B. 仍然 C. 不得不 D. 竟然 E. 顺便 F. 是否

① 朋友之间应该________信任，不能________疑忌。

② 明天________要去学校，我也不清楚。

③ 妈妈有事需要出去，我________在家里照顾弟弟。

④ 他成绩一向不好，这次________考了第一名。

⑤ 他虽然移居海外，但是________很关心祖国。

⑥ 你要是出去________把垃圾扔了。

■ 정답은 181쪽에 있습니다.

Chapter 6. 접속사

B6-1 6-1 **병렬 · 전환**

Let's Start Up! 주제에 맞는 단어와 예문을 학습해 보세요.

0001

不过①
búguò

예 虽然跑1500米很困难，不过在我的坚持下也完成了。

비록 1,500미터 달리기가 힘들지만, 그러나 나의 포기하지 않는 노력으로 마침내 완주했다.

접 그러나, 그런데

不过②
búguò

예 能帮你的忙再高兴不过了。

너를 도와줄 수 있다면 그보다 기쁜 일은 없을 거야.

부 더 이상, 가장

不过③
búguò

예 这只不过是我的小心意罢了。

이것은 단지 저의 작은 뜻일 뿐이에요.

부 겨우, 단지

Voca+
罢了 bà le 조 단지 ~일 뿐이다 [서술문 끝에 쓰임]

0002

不仅①
bùjǐn

예 这个不仅是她的小心意，还是她想表达的歉意。

이것은 그녀의 작은 정성일 뿐만 아니라, 그녀가 표현하고 싶은 미안함이기도 하다.

접 ~만은 아니다, ~일뿐만 아니라

Voca+
歉意 qiànyì 명 미안한 마음

不仅②
bùjǐn

예 这不仅仅是我个人的事，也是我们公司的事。

이것은 단지 나 개인의 일만이 아니라, 우리 회사의 일이기도 하다.

부 ~에 그치지 않다, ~만은 아니다

6 접속사

0003

并且

bìngqiě

예 我们的老师人很好，并且她和学生们相处得很好。

우리 선생님은 사람이 좋으시고, 게다가 학생들과 잘 지내신다.

접 그리고, 게다가

0004

而

ér

예 抽烟有其害而无其利。

흡연은 해롭기만 하고 좋은 것이 없다.

접 그리고 [순접]

접 그러나 [역접]

0005

可是

kěshì

예 他虽然有病，可是仍继续工作。

그는 비록 몸이 좋지 않았지만, 그러나 여전히 일을 계속 했다.

접 그러나

0006

另外①

lìngwài

예 你可以付现金，另外，你也可以刷卡。

당신은 현금으로 계산해도 되고, 그 외에 카드로 계산해도 됩니다.

접 이외에

Voca+

刷卡 shuākǎ 카드로 결제하다

另外②

lìngwài

예 这是爸爸另外送给你的礼物。

이것은 아빠가 너에게 따로 주는 선물이야.

부 따로, 별도로

另外③

lìngwài

예 这就是我说的另外一家著名的日本餐厅。

이곳은 내가 말한 또 다른 유명한 일본 음식점이다.

대 다른 것, 다른 사람

0007

然而

rán'ér

예 我想学文学，然而妈妈建议我学医。

나는 문학을 공부하고 싶다. 그러나 엄마는 내게 의학을 공부하라고 권하신다.

접 그러나, 하지만

Chapter 6. 접속사

B6-2 **6-2 조건·인과**

Let's Start Up! 주제에 맞는 단어와 예문을 학습해 보세요.

0001
不管
bùguǎn

예 不管天气多么寒冷，我们都要坚持锻炼。
날씨가 얼마나 춥든지 간에, 우리는 끊임없이 단련할 것이다.

접 ~에 상관없이, ~를 막론하고

Voca+
寒冷 hánlěng 형 한랭하다, 몹시 춥다

0002
否则
fǒuzé

예 高考必须考好，否则我就不能上大学。
수능시험을 반드시 잘 봐야 한다. 그렇지 않으면 나는 대학에 들어갈 수 없다.

접 만약 그렇지 않으면

Voca+
高考 gāokǎo 명 대학 입학시험

0003
尽管①
jǐnguǎn

예 尽管我不知道怎么回事，可是我知道一定不是你的错。
비록 어찌된 일인지 모르지만, 그러나 나는 분명히 너의 잘못이 아니라는 것은 안다.

접 비록 ~라고 하더라도

Tip '尽管'은 일반적으로 뒤에 '但是', '然而', '还是', '却', '仍然', '还', '也' 등을 붙여 씁니다.

尽管②
jǐnguǎn

예 有困难，请尽管提出来。
어려움이 있으면 얼마든지 말씀하세요.

부 얼마든지, 마음 놓고, 하고 싶은 대로

6 접속사

0004

即使

jíshǐ

유의 如果 rúguǒ

예 即使再给几天，任务也完不成。

설령 며칠을 더 준다해도, 임무를 완성할 수 없다.

접 설령 ~하더라도

Tip '即使'가 나타내는 조건은 아직 실현되지 않았거나 이미 이루어진 사실과 상반되는 일이며, 일반적으로 뒤에 '也'를 붙여 씁니다.

0005

无论

wúlùn

예 无论哪种方法我都试过了，但都不行。

어떤 방법이든 관계없이 나는 모두 시도해 봤지만 모두 안 된다.

접 ~에 관계없이, ~에도 불구하고

0006

因此

yīncǐ

유의 所以 suǒyǐ, 因而 yīn'ér

예 父亲虽说已经年近六十，但身体仍然很好，因此我比较放心。

아버지는 연세가 이미 60이 다 되셨지만 여전히 건강하시다. 그래서 나는 비교적 마음이 놓인다.

접 그래서

0007

由于

yóuyú

예 由于经常做运动，她们都有健美的身材。

늘 운동을 하기 때문에, 그녀들은 모두 건강하고 아름다운 몸매를 가지고 있다.

접 ~때문에, ~로 인해

Tip 원인을 나타내는 복문의 앞 구절에 쓰이며, 뒷절에는 '才', '所以', '因此', '因而' 등과 함께 쓰입니다.

0008

只要

zhǐyào

유의 只有 zhǐyǒu

예 健康不怎么难，根本没有什么秘密，只要生活有规律就行。

건강은 그다지 어렵지 않고, 결코 어떤 비결도 없다. 단지 생활이 규칙적이기만 하면 된다.

접 ~하기만 하면, 오직 ~한다면

Voca+

秘密 mìmì 명 비밀, 비결 | 规律 guīlǜ 명 규칙, 규율

0009

比如

bǐrú

예 很多亚洲国家，比如中国、泰国，全年都会接待大量游客。

많은 아시아 국가들, 예를 들면 중국, 태국이 한 해 동안 많은 여행객들을 맞이할 것이다.

접 예를 들면

0010

要是

yàoshi

예 六十岁也不能算老，他要是努力，还有机会。

60세도 늙었다고 할 수 없다. 만약 그가 노력한다면 기회는 있다.

접 만약 ~이라면

Voca+

算 suàn 동 치다, 포함시키다

0011

既然

jìrán

예 既然他已经好些了，就可以回学校去了。

이왕 그의 병세가 이미 좋아졌으니, 바로 학교로 돌아갈 수 있다.

접 기왕 이렇게 된 바에, 이왕 이렇게 된 이상

Tip 앞 문장에서 이미 실현되었거나 확정된 일이 오고, 뒤 문장에서는 앞의 전제에 근거한 결론이 옵니다. 일반적으로 뒷 문장에 '就', '也', '还', '那么' 등이 쓰입니다.

0012

于是

yúshì

예 妹妹跟他们的意见相反，于是他们就争论起来了。

여동생은 그들의 의견과 상반된다. 그래서 그들은 논쟁하기 시작했다.

접 그래서, 그리하여

1. 보기에서 알맞은 단어를 고르세요.

보기 A. 不管 B. 并且 C. 否则 D. 可是 E. 由于 F. 尽管

① ~때문에 ~하다 ________ ② 만약 그렇지 않으면 ________

③ 그리고, 게다가 ________ ④ ~에 상관없이 ________

⑤ 비록 ~하더라도 ________ ⑥ 그러나, 그리고 ________

2. 중국어의 뜻과 병음을 서로 연결하세요.

① ~일뿐만 아니라 •	• 不过 •	• jíshǐ
② 설령 ~하더라도 •	• 不仅 •	• bùjǐn
③ 그러나, 그런데 •	• 即使 •	• zhǐyào
④ 기왕 이렇게 된 바에 •	• 只要 •	• jìrán
⑤ ~하기만 하면 •	• 既然 •	• búguò

3. 밑줄 친 부분에 적합한 단어를 쓰세요.

보기 A. 然而 B. 只要 C. 要是 D. 不仅 E. 比如 F. 无论

① 六十岁也不能算老，他________努力，还有机会。

② 很多亚洲国家，________中国、泰国，全年都会接待大量游客。

③ ________哪种方法我都试过了，但都不行。

④ 我想学文学，________妈妈建议我学医好。

⑤ 健康不怎么难，根本没有什么秘密，________生活有规律就行。

⑥ 这个________是她的小心意，还是她想表达的歉意。

■ 정답은 182쪽에 있습니다.

Chapter 7. 조동사

B7-1

Let's Start Up!

주제에 맞는 단어와 예문을 학습해 보세요.

0001

得

děi

예 我们得看有什么能做的。

우리는 할 수 있는 게 무엇이 있는지 봐야만 한다.

조동 ~해야 한다

Tip '得'를 부정할 때는 '~할 필요없다, ~하지 않아도 된다'라는 뜻인 '无须', '不用'을 써야 하며, '不得'를 쓰지 않는다는 것에 주의하세요. '不得'는 '~해서는 안 된다'라는 뜻입니다.

VOCA Review 정답

新HSK 4급 주제별 어휘

Chapter 1 14p

개인생활 ❶

1. ① C. 好处 ② E. 胳膊 ③ D. 日记
   ④ B. 力气 ⑤ F. 肚子 ⑥ A. 减肥

2. ① 죽다 – 死 – sǐ
   ② 장점 – 优点 – yōudiǎn
   ③ 기침하다 – 咳嗽 – késou
   ④ 피부 – 皮肤 – pífū
   ⑤ 생명 – 生命 – shēngmìng

3. ① E. 小伙子 ② B. 皮肤 ③ F. 汗
   ④ A. 死 ⑤ D. 力气 ⑥ C. 生命

개인생활 ❷

1. ① C. 大夫 ② D. 作家 ③ A. 导游
   ④ E. 房东 ⑤ B. 记者 ⑥ F. 律师

2. ① 저자, 필자 – 作者 – zuòzhě
   ② 친척 – 亲戚 – qīnqi
   ③ 손자 – 孙子 – sūnzi
   ④ 직업 – 职业 – zhíyè
   ⑤ 점원 – 售货员 – shòuhuòyuán

3. ① D. 警察 ② F. 职业 ③ B. 作者
   ④ A. 演员 ⑤ C. 记者 ⑥ E. 律师

Chapter 2 29p

일상생활 ❶

1. ① A. 酸 ② F. 材料 ③ C. 镜子
   ④ B. 尝 ⑤ E. 饼干 ⑥ D. 饺子

2. ① 소파 – 沙发 – shāfā
   ② 창문 – 窗户 – chuānghu
   ③ 설탕, 사탕 – 糖 – táng
   ④ 양말, 스타킹 – 袜子 – wàzi
   ⑤ 초콜릿 – 巧克力 – qiǎokèlì

3. ① E. 味道 ② C. 辣 ③ A. 果汁
   ④ F. 盐 ⑤ D. 脱 ⑥ B. 咸

일상생활 ❷

1. ① D. 购物 ② F. 观众 ③ A. 演出
   ④ E. 艺术 ⑤ B. 塑料袋 ⑥ C. 占线

2. ① 배드민턴 – 羽毛球 – yǔmáoqiú
   ② 소설 – 小说 – xiǎoshuō
   ③ 테니스 – 网球 – wǎngqiú
   ④ 탁구 – 乒乓球 – pīngpāngqiú
   ⑤ 웹 사이트 – 网站 – wǎngzhàn

3. ① C. 广播 ② F. 杂志 ③ B. 钥匙
   ④ D. 签证 ⑤ E. 牙膏 ⑥ A. 盒子

Chapter 3 49p

사회생활 ❶

1. ① E. 答案 ② A. 表格 ③ C. 词语
   ④ B. 出差 ⑤ D. 专业 ⑥ F. 放暑假

2. ① 교수 – 教授 – jiàoshòu
   ② 학기 – 学期 – xuéqī
   ③ 페이지, 쪽 – 页 – yè
   ④ 문장, 글 – 文章 – wénzhāng
   ⑤ 교육하다 – 教育 – jiàoyù

3. ① C. 合格 ② B. 毕业 ③ E. 语言
   ④ A. 预习 ⑤ F. 博士 ⑥ D. 阅读

사회생활 ❷

1. ① F. 任务 ② C. 招聘 ③ E. 技术
   ④ A. 奖金 ⑤ D. 零钱 ⑥ B. 广告

2. ① 수입 – 收入 – shōurù
   ② 낭비하다 – 浪费 – làngfèi
   ③ 비밀번호 – 密码 – mìmǎ
   ④ 경제 – 经济 – jīngjì
   ⑤ 무료로 하다 – 免费 – miǎnfèi

3. ① F. 顾客 ② B. 首都 ③ A. 赚
④ D. 加班 ⑤ E. 大使馆 ⑥ C. 工资

Chapter 4 59p

시간과 장소 ❶

1. ① C. 世纪 ② B. 当时 ③ A. 准时
④ F. 将来 ⑤ D. 暂时 ⑥ E. 功夫

2. ① 맞은편, 건너편 – 对面 – duìmiàn
② 차가 막히다 – 堵车 – dǔchē
③ 타다 – 乘坐 – chéngzuò
④ 교통 – 交通 – jiāotōng
⑤ 방향 – 方向 – fāngxiàng

3. ① A. 航班 ② E. 底 ③ F. 登机牌
④ B. 迷路 ⑤ D. 堵车 ⑥ C. 交通

시간과 장소 ❷

1. ① C. 桥 ② D. 邮局 ③ A. 长城
④ E. 内 ⑤ B. 周围 ⑥ F. 郊区

2. ① 입구 – 入口 – rùkǒu
② 자리, 좌석 – 座位 – zuòwèi
③ 거리 – 距离 – jùlí
④ 장소, 지점 – 地点 – dìdiǎn
⑤ 주소 – 地址 – dìzhǐ

3. ① D. 地址 ② B. 卫生间
③ E. 长江 ④ F. 高速公路
⑤ C. 加油站 ⑥ A. 距离

Chapter 5 65p

자연

1. ① E. 地球 ② D. 污染 ③ C. 植物
④ F. 温度 ⑤ B. 海洋 ⑥ A. 景色

2. ① 공기 – 空气 – kōngqì
② 햇빛 – 阳光 – yángguāng
③ 시원하다 – 凉快 – liángkuài
④ 따뜻하다 – 暖和 – nuǎnhuo
⑤ 기후 – 气候 – qìhòu

3. ① A. 凉快 ② D. 老虎 ③ C. 阳光
④ B. 污染 ⑤ E. 温度 ⑥ F. 叶子

Chapter 6 77p

감정과 태도 ❶

1. ① F. 伤心 ② E. 可惜 ③ D. 感觉
④ C. 感动 ⑤ A. 讨厌 ⑥ B. 感情

2. ① 부끄러워하다 – 害羞 – hàixiū
② 기쁘다 – 开心 – kāixīn
③ 미안해하다 – 抱歉 – bàoqiàn
④ 유쾌하다 – 愉快 – yúkuài
⑤ 감격하다 – 激动 – jīdòng

3. ① F. 吃惊 ② D. 爱情 ③ E. 失望
④ C. 羡慕 ⑤ A. 兴奋 ⑥ B. 信心

감정과 태도 ❷

1. ① E. 诚实 ② D. 反对 ③ C. 回忆
④ B. 烦恼 ⑤ F. 理解 ⑥ A. 坚持

2. ① 중시하다 – 重视 – zhòngshì
② 오해하다 – 误会 – wùhuì
③ 지지하다 – 支持 – zhīchí
④ ~할 가치가 있다 – 值得 – zhíde
⑤ 비평하다 – 批评 – pīpíng

3. ① A. 骄傲 ② F. 以为 ③ D. 直接
④ B. 友好 ⑤ C. 错误 ⑥ E. 尊重

Chapter 7 99p

성질과 상태 ❶

1. ① A. 样子 ② E. 得意 ③ F. 假
④ C. 安全 ⑤ D. 帅 ⑥ B. 超过

2. ① 아름답다 – 美丽 – měilì
② 복잡하다 – 复杂 – fùzá
③ 뛰어나다 – 精彩 – jīngcǎi
④ 부합하다 – 符合 – fúhé
⑤ 적당하다 – 合适 – héshì

3. ① B. 紧张 ② D. 共同 ③ C. 困
④ F. 富 ⑤ E. 深 ⑥ A. 苦

성질과 상태 ❷

1. ① E. 热闹 ② F. 麻烦 ③ B. 缺少
④ A. 流利 ⑤ D. 流行 ⑥ C. 普遍

2. ① 대단하다 – 厉害 – lìhài
② 잘 알다 – 熟悉 – shúxī
③ 모든 – 所有 – suǒyǒu
④ 견딜 수 없다 – 受不了 – shòubuliǎo
⑤ 적합하다 – 适合 – shìhé

3. ① D. 危险 ② B. 剩 ③ C. 失败
④ A. 重重 ⑤ E. 满 ⑥ F. 穷

성질과 상태 ❸

1. ① F. 响 ② E. 辛苦 ③ C. 无聊
④ B. 详细 ⑤ D. 严重 ⑥ A. 许多

2. ① 더럽다 – 脏 – zāng
② 진정한, 참된 – 真正 – zhēnzhèng
③ 정상적이다 – 正常 – zhèngcháng
④ 풍부하다 – 丰富 – fēngfù
⑤ 흥미 있다 – 有趣 – yǒuqù

3. ① B. 棒 ② E. 专门 ③ F. 自然
④ A. 正式 ⑤ D. 香 ⑥ C. 准确

성질과 상태 ❹

1. ① A. 活泼 ② D. 永远 ③ E. 脾气
④ C. 马虎 ⑤ F. 仔细 ⑥ B. 懒

2. ① 우수하다 – 优秀 – yōuxiù
② 냉정하다 – 冷静 – lěngjìng
③ 인내심 – 耐心 – nàixīn
④ 결점, 단점 – 缺点 – quēdiǎn
⑤ 엄격하다 – 严格 – yángé

3. ① C. 浪漫 ② E. 性格 ③ B. 质量
④ A. 幽默 ⑤ D. 相同 ⑥ F. 耐心

Chapter 8 117p

행위와 동작 ❶

1. ① A. 打折 ② D. 解释 ③ F. 当
④ B. 表扬 ⑤ C. 安排 ⑥ E. 翻译

2. ① 관리하다 – 管理 – guǎnlǐ
② 인쇄하다 – 打印 – dǎyìn
③ 보호하다 – 保护 – bǎohù
④ 의심하다 – 怀疑 – huáiyí
⑤ 조사하다 – 调查 – diàochá

3. ① D. 保证 ② C. 打扰 ③ B. 放弃
④ A. 负责 ⑤ F. 后悔 ⑥ E. 报名

행위와 동작 ❷

1. ① C. 例如 ② E. 骗 ③ B. 来得及
④ D. 输 ⑤ A. 排列 ⑥ F. 节约

2. ① 적응하다 – 适应 – shìyìng
② 겪다, 경험하다 – 经历 – jīnglì
③ 받아들이다 – 接受 – jiēshòu
④ 빈칸을 채우다 – 填空 – tián kòng
⑤ 제공하다 – 提供 – tígōng

3. ① D. 进行 ② B. 禁止 ③ A. 陪
④ F. 收拾 ⑤ C. 拒绝 ⑥ E. 省

행위와 동작 ❸

1. ① D. 挂 ② E. 举 ③ F. 来自
④ C. 拉 ⑤ B. 赶 ⑥ A. 动作

2. ① 하다, 다루다 – 弄 – nòng
② 밀다 – 推 – tuī
③ 착륙하다 – 降落 – jiàngluò

④ 끊임없이 하다 – 继续 – jìxù
⑤ 통과하다 – 通过 – tōngguò

3. ① C. 提 ② E. 停 ③ A. 躺
④ B. 敲 ⑤ D. 擦 ⑥ F. 抽烟

행위와 동작 ❹

1. ① D. 发展 ② C. 获得 ③ A. 降低
④ E. 出现 ⑤ F. 积累 ⑥ B. 养成

2. ① 발생하다 – 发生 – fāshēng
② 증가하다 – 增加 – zēngjiā
③ 태어나다 – 出生 – chūshēng
④ 성공하다, 성공 – 成功 – chénggōng
⑤ 변하다, 바뀌다 – 改变 – gǎibiàn

3. ① F. 发展 ② E. 减少 ③ A. 积累
④ B. 出现 ⑤ D. 养成 ⑥ C. 获得

Chapter 9 137p

기타

1. ① F. 责任 ② D. 消息 ③ E. 效果
④ B. 结果 ⑤ C. 情况 ⑥ A. 部分

2. ① 킬로미터(km) – 公里 – gōnglǐ
② 경험 – 经验 – jīngyàn
③ 특징 – 特点 – tèdiǎn
④ 중점, 핵심 – 重点 – zhòngdiǎn
⑤ 관건, 키포인트 – 关键 – guānjiàn

3. ① B. 区别 ② D. 顺序 ③ E. 压力
④ A. 速度 ⑤ C. 条件 ⑥ F. 过程

新HSK 4급 기능별 어휘

Chapter 1~3 147p

대사 · 개사 · 조사

1. ① E. 其中 ② F. 对于 ③ A. 咱们
④ D. 一切 ⑤ B. 由 ⑥ C. 等

2. ① ~로써 – 以 – yǐ
② ~와 – 与 – yǔ
③ 어떠한 – 任何 – rènhé
④ ~에 따라 – 按照 – ànzhào
⑤ 각각 – 各 – gè

3. ① B. 与 ② D. 一切 ③ A. 其中
④ C. 任何 ⑤ E. 各 ⑥ F. 随着

Chapter 4 153p

수사와 양사

1. ① E. 百分之 ② F. 份 ③ A. 座
④ C. 篇 ⑤ B. 倍 ⑥ D. 节

2. ① 화폐 단위 ['元'의 1/10] – 毛 – máo
② 번, 차례 [활동에 쓰임] – 趟 – tàng
③ 한바탕, 한 차례 – 场 – chǎng
④ 그루, 나무 – 棵 – kē
⑤ 대 [가전제품 세는 단위] – 台 – tái

3. ① F. 倍 ② E. 百分之 ③ A. 遍
④ D. 趟 ⑤ B. 节 ⑥ C. 毛

Chapter 5 169p

부사 ❶

1. ① C. 光 ② B. 是否 ③ A. 挺
④ E. 稍微 ⑤ D. 完全 ⑥ F. 按时

2. ① 감히 – 敢 – gǎn
② 도처에, 곳곳에 – 到处 – dàochù
③ 종종 – 往往 – wǎngwǎng
④ 제때에, 즉시 – 及时 – jíshí
⑤ 가장 좋기로는 – 最好 – zuìhǎo

3. ① A. 稍微 ② F. 实在 ③ C. 偶尔
④ D. 重新 ⑤ B. 尤其 ⑥ E. 随便

부사 ❷

1. ① B. 本来 ② A. 竟然 ③ E. 其次
④ C. 仍然 ⑤ F. 差不多 ⑥ D. 大概

2. ① 고의로, 일부러 – 故意 – gùyì
② 마침, 때마침 – 正好 – zhènghǎo
③ ~하는 김에 – 顺便 – shùnbiàn
④ 대략, 아마 – 大约 – dàyuē
⑤ 도대체 – 到底 – dàodǐ

3. ① A. 互相 ② F. 是否 ③ C. 不得不
④ D. 竟然 ⑤ B. 仍然 ⑥ E. 顺便

Chapter 6 176p

접속사

1. ① E. 由于 ② C. 否则 ③ B. 并且
④ A. 不管 ⑤ F. 尽管 ⑥ D. 可是

2. ① ~일뿐만 아니라 – 不仅 – bùjǐn
② 설령 ~하더라도 – 即使 – jíshǐ
③ 그러나, 그런데 – 不过 – búguò
④ 기왕 이렇게 된 바에 – 既然 – jìrán
⑤ ~하기만 하면 – 只要 – zhǐyào

3. ① C. 要是 ② E. 比如 ③ F. 无论
④ A. 然而 ⑤ B. 只要 ⑥ D. 不仅

색인

K

Z